MARKETING EMPREENDEDOR

MARKETING EMPREENDEDOR

COMO APRIMORAR O MARKETING TRADICIONAL E GARANTIR MAIS CRIATIVIDADE, LIDERANÇA E SUSTENTABILIDADE

PHILIP KOTLER

HERMAWAN KARTAJAYA
HOOI DEN HUAN
JACKY MUSSRY

Traduzido por André Fontenelle

SEXTANTE

Título original: *Entrepreneurial Marketing – Beyond Professionalism to Creativity, Leadership and Sustainability*

Copyright © 2023 por John Wiley & Sons, Inc.
Copyright da tradução © 2024 por GMT Editores Ltda.
Publicado mediante acordo com John Wiley & Sons, Inc.

Todos os direitos reservados. Nenhuma parte deste livro pode ser utilizada ou reproduzida sob quaisquer meios existentes sem autorização por escrito dos editores.

coordenação editorial: Juliana Souza
produção editorial: Guilherme Bernardo
preparo de originais: Priscila Cerqueira
revisão: Camila Figueiredo e Suelen Lopes
diagramação: Ana Paula Daudt Brandão
capa: DuatDesign
impressão e acabamento: Bartira Gráfica

CIP-BRASIL. CATALOGAÇÃO NA PUBLICAÇÃO
SINDICATO NACIONAL DOS EDITORES DE LIVROS, RJ

M297

Marketing empreendedor / Philip Kotler ... [et al.] ; tradução André Fontenelle. - 1. ed. - Rio de Janeiro : Sextante, 2024.

304 p. : il. ; 23 cm.

Tradução de: Entrepreneurial marketing
ISBN 978-65-5564-860-7

1. Marketing - Gestão. 2. Mudança organizacional. 3. Tomada de decisão. 4. Sucesso nos negócios. I. Kotler, Philip. II. Fontenelle, André.

24-89060   CDD: 658.8
            CDU: 658.8

Gabriela Faray Ferreira Lopes - Bibliotecária - CRB-7/6643

Todos os direitos reservados, no Brasil, por
GMT Editores Ltda.
Rua Voluntários da Pátria, 45 – 14º andar – Botafogo
22270-000 – Rio de Janeiro – RJ
Tel.: (21) 2538-4100
E-mail: atendimento@sextante.com.br
www.sextante.com.br

Aos meus nove netos e netas: Jordan, Jamie, Ellie, Abbie, Olivia, Sam, Saffire, Shaina e Dante.
– Philip Kotler

A Joko Widodo, presidente da República da Indonésia desde 2014, anfitrião da cúpula do G20 em 2022 e presidente da ASEAN em 2023, que vai levar a sabedoria indonésia a toda a humanidade. Sinto muito orgulho de você.
– Hermawan Kartajaya

Aos meus maravilhosos pais, esposa, filhas e irmãs.
– Hooi Den Huan

À minha família, que sempre acreditou em mim, aos professores e àqueles que faleceram precocemente devido à covid-19.
– Jacky Mussry

Sumário

Prefácio   9

Prólogo   O marketing na era pós-normal   11

1 O modelo omnihouse   13
Uma perspectiva holística do marketing empreendedor

2 Do marketing profissional ao marketing empreendedor   21
Os fatores-chave do modelo omnihouse

3 Como repensar a concorrência   32
Colaboração para a sustentabilidade

4 Como conduzir o cliente   48
Uma abordagem progressista para um posicionamento de mercado mais forte

5 Como unificar competências   63
A convergência de mentalidades dentro da organização

6 Como integrar funções   72
A convergência de departamentos dentro da organização

7 Como convergir criatividade e produtividade   84
Da geração da ideia à otimização do capital

8 Criatividade e balanço da empresa   97
Como garantir verba para competências criativas

9 Convergência entre inovação e aprimoramento 112
Como aumentar a margem de lucro concentrando-se em soluções

10 Convergência entre liderança e gestão 128
Como preservar valores e aumentar o valor de mercado

11 Como encontrar e aproveitar oportunidades 142
Da visão do negócio à arquitetura de marketing

12 Como adquirir competências omni 162
Da preparação à execução

13 Como garantir a trajetória futura 181
Do balanço anual ao valor de mercado

14 Como unir marketing e finanças 204
Da separação à integração

15 A humanização da tecnologia 223
High-tech, higher-touch

16 Tecnologia e stakeholders 236
Como aumentar o valor alavancando ferramentas

17 Excelência pós-operacional 250
Como equilibrar rigidez e flexibilidade

Epílogo Um vislumbre da próxima curva 267

Apêndice Punokawan e Pandava 276
Os mitos indonésios do CI-EL e do PA-PG no modelo omnihouse

Agradecimentos 280

Referências 282

Prefácio

Este livro é um belo presente para a próxima geração de profissionais de marketing. Pode se tornar o manual daquilo que Henry David Thoreau descreveu como "uma empresa consciente, uma empresa com consciência humana".

Com rigor intelectual impecável, a obra apresenta bases pragmáticas e comprovadas para que o profissional de marketing do século XXI crie uma sociedade colaborativa e sustentável.

Sucessor do renomado *Administração de marketing*, de Kotler, *Marketing empreendedor* realiza um excelente trabalho com ferramentas analíticas financeiras e contábeis, além de examinar com inteligência a evolução do marketing, explicando como podemos permanecer flexíveis e atentos às tensões gerenciais intrínsecas a qualquer empresa. Leitura obrigatória para CEOs, CFOs, CIOs e outros executivos, é um livro de referência para se ter sempre ao alcance das mãos.

– Russ Klein

Ex-executivo de publicidade das agências Leo Burnett e Foote, Cone & Belding; ex-diretor de marketing da Inspire Brands (Arby's, 7-Eleven, Dr Pepper/Seven Up, Church's Chicken); ex-presidente global do Burger King; ex-CEO da Associação Americana de Marketing

PRÓLOGO
O marketing na era pós-normal

Muitas transformações ocorreram nos últimos anos, desde avanços tecnológicos que revolucionaram a comunicação até acontecimentos que abalaram o mundo, como a covid-19. Embora haja muita incerteza em torno dessas mudanças, um fator continua evidente: o mundo dos negócios nunca mais será o mesmo.

Isso inclui o marketing. No passado, uma abordagem tradicional e processual do marketing bastaria para produzir resultados confiáveis de modo constante. Neste livro, chamaremos essa configuração de *marketing profissional*. Muitas vezes, ele está associado a conceitos como segmentação, público-alvo, posicionamento e gerenciamento de produto e de marca. Essa metodologia lenta, do tipo passo a passo, servia muito bem a uma era menos conectada.

Não é mais o caso. O mundo frenético e em permanente mudança dos dias de hoje requer uma estratégia de marketing que possa servir em toda parte – e ser ágil o bastante para mudar quando necessário. Uma abordagem empreendedora pode ser a chave para organizações interconectadas, flexíveis e movidas a resultados.

Embora o conceito de marketing empreendedor não seja necessariamente novo, o que apresentamos aqui é uma versão expandida dele. Sua definição original combinava fatores do marketing e do empreendedorismo. No entanto, devido aos acontecimentos recentes em escala global, essa abordagem precisa abranger um escopo mais amplo, em uma perspectiva holística, por assim dizer. Que integre todos os departamentos de uma empresa. Que não se restrinja a um nicho, como muitas vezes o marketing (e não só ele) fez no passado. Que promova a convergência de uma mentalidade empreendedora com uma mentalidade profissional.

Esse novo tipo de marketing empreendedor assume o protagonismo diante das rupturas que a pandemia provocou no mundo e das tecnologias disponíveis atualmente para nos conectar. Se olharmos para os próximos anos, veremos que o tempo está passando rápido para iniciativas como os Objetivos de Desenvolvimento Sustentável, projeto adotado pelas Nações Unidas em 2015 com o objetivo de erradicar a pobreza e proteger o planeta. O cronograma prevê que as metas sejam atingidas até 2030.

De certa forma, as bases foram lançadas para esta nova versão do marketing empreendedor. Pense, por exemplo, nas tecnologias on-line. O cliente pode facilmente fazer uma busca por aquilo que deseja, conhecer as empresas e finalizar sua compra. Empresas grandes e pequenas podem participar dessa comunicação interativa. É uma solução que abre caminho para um engajamento mais forte, para um aumento da retenção de clientes e para níveis mais elevados de fidelidade.

O marketing empreendedor leva essas possibilidades a um patamar acima. Busca maneiras não apenas de se conectar com o cliente, mas também de falar diretamente com ele. É mais "mão na massa". (Quer saber se uma solução está dando certo? Em vez de pedir um relatório, pergunte aos clientes!)

Além disso, o progresso digital facilitou a integração das diversas áreas de uma organização. O marketing empreendedor interage com outros setores, entre eles os departamentos financeiro, de tecnologia e de operações. Dá apoio à liderança (e também lidera), além de criar estratégias para as iniciativas. Defende a inovação e reage rapidamente às mudanças. Na prática, agrega valor para a organização e para todos os envolvidos.

Caso esteja considerando que este novo tipo de marketing tem um discurso parecido com o de um empreendedor, você tem razão. Trata-se de uma metodologia que incentiva assumir riscos e é voltada para resultados.[1] Além disso, tem obsessão por produtividade e está sempre de olho em oportunidades de aperfeiçoamento.[2] São muitas as formas de tirar proveito de seu enorme potencial.

1
O modelo omnihouse

Uma perspectiva holística do marketing empreendedor

O ambiente de negócios está sempre em rápida transformação, sobretudo depois que o mundo foi assolado pela pandemia da covid-19. Esse cenário requer uma abordagem de marketing mais holística – uma base sólida para as organizações diante dos inúmeros desafios do presente e, sobretudo, do futuro. Neste capítulo, vamos examinar os diversos fatores que compõem essa nova forma de marketing empreendedor.

Para facilitar a compreensão, usaremos, ao longo de todo o livro, o conceito de *modelo omnihouse* (Figura 1.1). Esse modelo apresenta como o marketing empreendedor deve ser implementado, mostrando de que forma esse método se integra à organização como um todo.

Omni, do latim, significa "todos", enquanto *house* ("casa", em inglês) representa o conceito de "lugar", "sede" ou "empresa". Portanto, *omnihouse* refere-se a uma organização que combina múltiplos fatores. Cada um desses componentes desempenha um papel específico e também colabora com as outras partes da empresa.

O modelo omnihouse pode ser utilizado para implementar estratégias e atingir metas específicas. Aqui falaremos brevemente sobre isso e, nos capítulos seguintes, vamos esmiuçar seus diversos componentes.

O cerne desse modelo reside em dois núcleos. O primeiro é o núcleo do *empreendedorismo*, composto por quatro fatores: *criatividade, inovação, empreendedorismo* e *liderança* (CI-EL). O segundo é o núcleo do *profissio-*

nalismo, que também apresenta quatro componentes: *produtividade, aprimoramento, profissionalismo* e *gestão* (PA-PG).

Figura 1.1 O modelo omnihouse

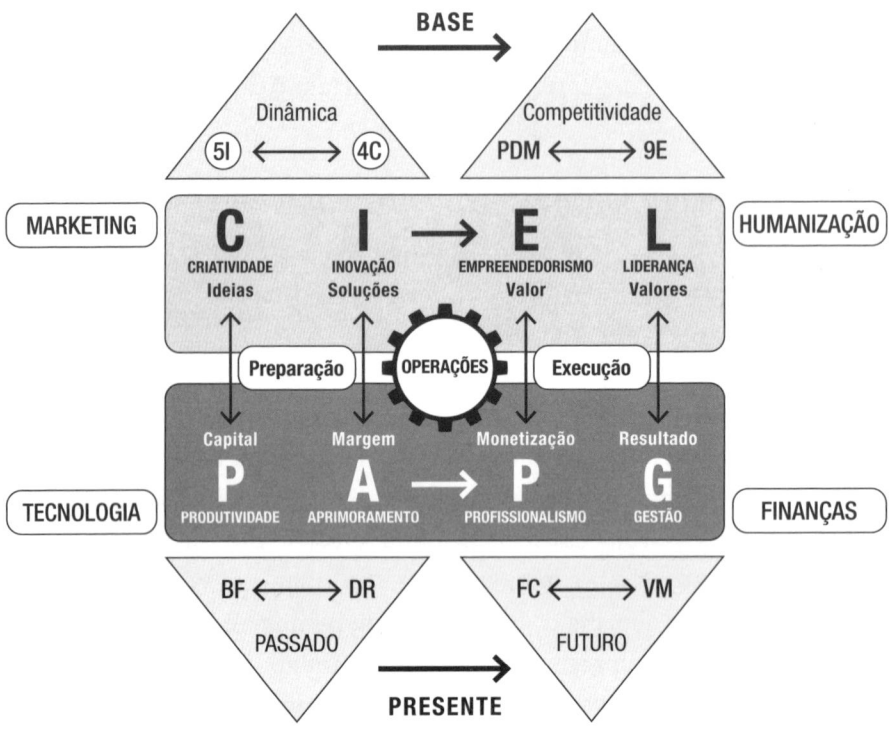

Note que esses núcleos são cercados por outros setores e interagem com eles. São afetados pela *dinâmica* (Figura 1.1, no alto à esquerda), composta por cinco impulsionadores: *tecnologia*; *política e leis* (o que inclui as normas); *economia*; *sociedade e cultura*; e *mercado*. Esses impulsionadores, conjuntamente chamados de *conversão*, afetam os outros fatores do 4C: *concorrência, cliente* e *companhia*.

A dinâmica atua como base para o desenvolvimento de estratégias e táticas de marketing, conforme mostra o "triângulo da competitividade", na parte superior direita da figura. Dentro do triângulo, "PDM" significa *posicionamento, diferenciação* e *marca*. Essa é a âncora para os outros fatores principais do marketing: segmentação, público-alvo, mix de marketing, vendas, serviço e processos.

A dinâmica também é a base para o desenvolvimento de ideias, o que leva à criatividade. São ideias que podem ser convertidas em inovação, sob a forma de soluções concretas para o cliente. É preciso que essas ideias criativas utilizem produtivamente os diversos capitais da empresa. As soluções oferecidas ao cliente têm que resultar em aprimoramentos, que reflitam na melhora da margem de lucro. Assim, a convergência entre criatividade/inovação e produtividade/aprimoramento afeta o balanço financeiro (BF) e a demonstração de resultados (DR).

Os itens *criatividade* e *aprimoramento* só podem gerar competitividade se envolverem um pessoal com forte mentalidade empreendedora e uma liderança que o gerencie. A criação de valor é responsabilidade dos empreendedores, enquanto os líderes zelam pelos valores. No entanto, também é preciso apoiar o empreendedorismo e a liderança com profissionalismo e boa gestão. Isso pode impulsionar ainda mais a empresa.

Aquilo que vemos no balanço e na demonstração de resultados é fruto do passado. O que estamos fazendo no presente, sobretudo por meio de uma forte convergência entre empreendedorismo/profissionalismo e liderança/gestão, vai determinar o fluxo de caixa (FC) e o valor de mercado (VM). Assim, obtemos um retrato da performance da empresa no futuro.

O modelo omnihouse nos mostra que é essencial integrar o marketing às finanças e juntar tecnologia com humanização. O termo *humanização* refere-se aos principais interessados, ou seja, pessoal, o cliente e a sociedade. Juntos, esses grupos dão apoio às ações que levam aos resultados financeiros e não financeiros.

Note que no cerne desse modelo estão as operações. É essa função que coloca os objetivos de marketing em ação, ao mesmo tempo que garante a realização das metas financeiras. Quando o setor de operações também faz a ponte para o uso da tecnologia, acaba impactando o lado humano. As competências de operações interagem com as demais competências para que a empresa continue progredindo de modo competitivo dentro de seu setor. As competências de operações também permitem que a organização se adapte rapidamente a quaisquer transformações no ambiente de negócios.

Como evitar os pontos cegos do marketing

Uma empresa com *miopia em marketing* enfoca exageradamente a produção de bens e serviços, esquecendo-se dos verdadeiros desejos e necessidades do consumidor. Esse conceito foi criado por Theodore Levitt em 1960 e se disseminou ao longo das décadas seguintes.

Como resposta a esse problema, muitas organizações adotaram uma abordagem *centrada no cliente*, colocando-o como ponto de partida para o desenvolvimento de produtos e serviços e dando prioridade à experiência dele ao longo dos diversos pontos de contato.*

A pergunta é: deu certo? Para alguns, talvez. No entanto, na prática, esse foco renovado gerou outro conjunto de problemas, que chamaremos de *pontos cegos do marketing*. Vamos defini-los e examinar de que forma eles podem criar desafios. Em seguida, veremos como o marketing empreendedor pode resolver esses problemas.

Pontos cegos do marketing são situações em que a empresa realizou adequadamente diversos processos de gestão de marketing, mas não se deu conta de que ainda havia muitos fatores desconectados. Ninguém percebeu outras dinâmicas que poderiam influenciar a maneira como o marketing seria implementado. Esses pontos cegos prejudicam a organização, minando sua capacidade de competir.

Veremos agora alguns dos pontos cegos mais comuns.

Ignorar o macroambiente

O que acontece no macroambiente também pode afetar o ambiente micro. Na ciência do marketing, existem os aspectos táticos e os aspectos estratégicos. A formulação de uma estratégia de marketing precisa ter como referencial a estratégia corporativa. Ao mesmo tempo, a estratégia corporativa é moldada, entre outras coisas, pelas condições macroeconômicas vigentes.

---

* Segundo a empresa de consultoria Accenture, esse conceito evoluiu para além da filosofia de experiência do cliente, passando a organizar a empresa como um todo no sentido de proporcionar experiências excepcionais. É o que chamamos de *negócio de experiência* (BX, na sigla em inglês).

Só que, na prática, o marketing muitas vezes não se atenta o suficiente aos aspectos macroeconômicos. Por exemplo, para os executivos de marketing pode ser complicado associar fenômenos do macroambiente às políticas táticas da empresa.

Podemos traduzir marketing como *mercadologia*, ou seja, a maneira como lidamos com um mercado muito dinâmico e em constante transformação. Quando o marketing dentro de uma empresa evolui num ritmo mais lento que o ritmo acelerado do mercado, perde-se uma vantagem. A ironia é que, apesar do nome, o marketing é ineficaz no trato com o mercado, como ilustra a Figura 1.2.

Figura 1.2 Marketing *versus* mercado

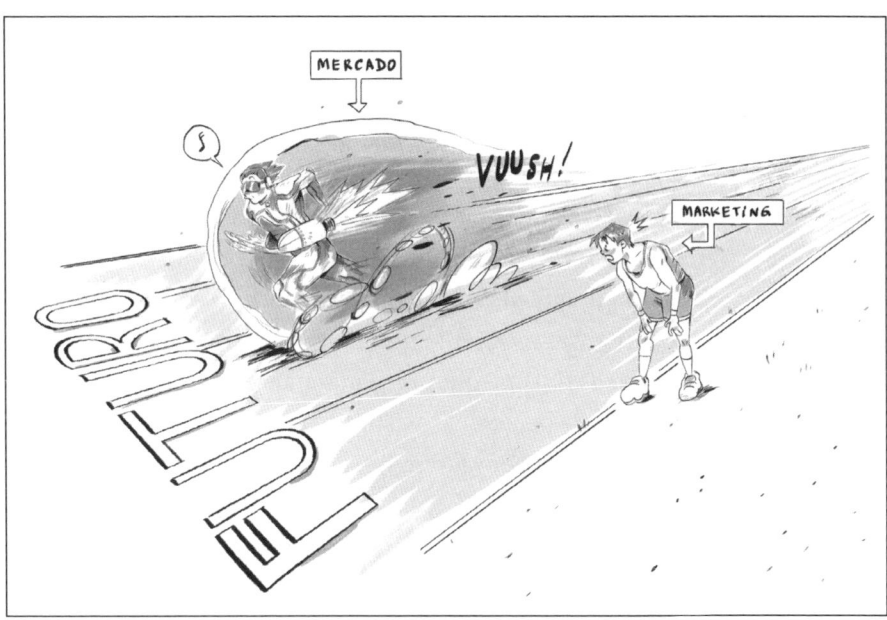

Fonte: Zeeva Zenitha '22

Descompasso entre marketing e finanças

Esse ponto cego clássico é fonte frequente de desconexão. O profissional de marketing pode estar se concentrando somente no desempenho não financeiro, como o aumento da consciência de marca, a formação de percepções específicas e a comunicação de propostas de valor. Essas métricas podem não significar muito para os profissionais do financeiro, que querem enxergar o valor efetivo que o marketing busca.

Pode ser que os executivos do financeiro perguntem quanto retorno a verba alocada para o marketing trará e quando. E nem sempre o pessoal de marketing conseguirá responder a essa pergunta. Ainda mais se a mentalidade do profissional de marketing não levar em conta o conceito de retorno, que costuma ser o foco do pessoal de finanças.

Desarmonia na relação entre marketing e vendas

Quando marketing e vendas não estão plenamente alinhados, é como se assistíssemos a um episódio de *Tom & Jerry*: ora os dois se dão muito bem, ora se estranham.

Falta de integração entre marketing on-line e off-line

Muitas empresas físicas (off-line) também possuem plataformas digitais. E vice-versa: empresas on-line estão abrindo lojas físicas para fortalecer a própria existência. É verdade que algumas empresas on-line conseguem competir bem mantendo-se exclusivamente no universo da internet. Mas o que acontece com as empresas off-line que continuam apenas off-line? Pode ser que mais cedo ou mais tarde deixem de existir por completo. Portanto, é preciso estar atento não apenas ao showrooming, mas também ao webrooming.

Desatenção ao capital humano

Este ponto cego pode surgir nas etapas iniciais do processo seletivo. Não adianta recrutar profissionais cujo único objetivo seja realizar um trabalho limitado, do jeito que for pedido, sem tomar qualquer iniciativa. Empresas fortes precisam de gente que seja apaixonada e ame o que faz. Os candidatos precisam ser criativos e inovadores, indivíduos produtivos e capazes de fazer melhorias relevantes.

Foi-se o tempo em que as pessoas tinham uma "mentalidade de funcionário", isto é, só queriam trabalhar das nove às dezoito, nos dias úteis, restringindo-se às atribuições do cargo, sem oferecer algo a mais. Portanto, as equipes de RH não devem mais procurar empregados comuns, e sim substituí-los por gente talentosa e apaixonada que se alinhe à cultura, aos valores e à marca da empresa.

Falta de humanização no marketing

No passado, ouviam-se inúmeras histórias de uso indevido do marketing por profissionais irresponsáveis, em benefício exclusivo da empresa, sem pensar no bem-estar do cliente e muito menos no interesse da sociedade. Nessas situações, a empresa considera o marketing um simples instrumento de lucro. A organização "convence" o cliente a comprar seu produto, sem grande preocupação com o bem-estar dos empregados, o entorno e outras questões importantes.

É por isso que algumas empresas estão tentando incorporar a questão social ao modelo de negócios, a fim de mostrar mais humanização. Só que, nesse processo, podem acabar adotando uma Responsabilidade Social Empresarial (RSE) meramente de fachada, como um truque para encobrir práticas indevidas. A adoção de uma falsa RSE não é sustentável, e as práticas de marketing precisam retornar a seus nobres valores.

O marketing empreendedor resolve esses pontos cegos. Ao integrar setores, consegue acompanhar melhor os desdobramentos macroeconômicos e implementar estratégias alinhadas às metas gerais da empresa. Ajuda cada departamento a permanecer conectado e até a comunicar-se na mesma linguagem. Resolve problemas relacionados à gestão de talentos e capital humano, ao buscar profissionais prontos para trabalhar num ambiente colaborativo. Por fim, ajuda a empresa a comunicar seu papel social para a comunidade, a sociedade e o planeta.

Nas próximas páginas, vamos analisar de perto a passagem do marketing profissional para essa nova era de marketing empreendedor. Vamos discutir o panorama da transformação do marketing e como essas mudanças afetam a concorrência, o cliente e a própria empresa. Vamos aprender como as competências empreendedoras e as estratégias de marketing podem ser implementadas no ambiente atual, e como organizar uma empresa de olho no futuro.

Em cada capítulo, faremos referência ao modelo omnihouse. Ele servirá como guia em nossa jornada rumo a uma abordagem mais esclarecida do marketing empreendedor. Quando terminar a leitura, você terá uma compreensão melhor do potencial contido em sua própria organização. Melhor ainda, saberá como lidar com pontos problemáticos e estará plenamente preparado para assumir o papel de protagonista num mundo em constante transformação.

2
Do marketing profissional ao marketing empreendedor

Os fatores-chave do modelo omnihouse

Em 2010 foi lançado o Instagram, uma rede social para compartilhamento de fotos. Em dois meses, o aplicativo já contabilizava 1 milhão de downloads.

O Instagram é basicamente uma plataforma veloz que tira proveito das tendências mais recentes, adicionando novos recursos, entre eles conteúdos efêmeros (stories) e vídeos curtos (reels). Num mercado saturado de redes sociais, a empresa assumiu uma posição de liderança, hoje se concentrando em quatro eixos: criadores, vídeos, compras e mensagens. Em 2022, o Instagram foi avaliado em 100 milhões de dólares, batendo a performance do Facebook, com um retorno mais de cem vezes superior ao investimento.

O que é possível aprender com essa história? Podemos começar reconhecendo que, em condições muito dinâmicas, não basta confiar numa abordagem excessivamente burocrática para obter os resultados desejados. O ambiente de negócios se transforma com agilidade, e as empresas que querem ter uma performance de alto nível precisam estar prontas para uma virada – constante e veloz. O Instagram seguiu essa estratégia e, ao executá-la, transformou-se num gigante que domina o setor.

A tendência à acomodação é uma desvantagem que muitas vezes predomina no marketing profissional. No passado, o departamento de marketing elaborava um plano, traçava os passos a serem seguidos e ia em frente. Esse método podia parecer adequado na época, sobretudo antes que a internet e as novas tecnologias decolassem e criassem um espaço fluido e interconectado.

No mundo de hoje, porém, o marketing profissional se vê diante de riscos enormes. O primeiro, e talvez o maior deles, é não estar pronto para acompanhar as mudanças exigidas. Pode lhe faltar a capacidade de acompanhar um mercado ágil e em transformação. Quando a maré virar, o departamento de marketing que continuar tomando o mesmo rumo provavelmente ficará aquém das metas.

Essa dicotomia do marketing – o método "profissional" *versus* a mentalidade empreendedora exemplificada pelo Instagram – é exatamente o que examinaremos neste capítulo. Vamos analisar o que está por trás desses métodos e, ao fazer isso, veremos que cada um tem seu valor. Ao mesmo tempo, as empresas precisam saber qual método (ou combinação de métodos) é adequado para sua situação, e qual a melhor maneira de utilizá-lo para impulsionar o crescimento e a expansão nos próximos anos.

▎ Para entender o marketing profissional

Quando usado para descrever o marketing, o termo *profissional* costuma se referir à tendência à burocracia e ao processualismo. Numa organização consolidada, com responsabilidades bem definidas, costuma-se esperar que cada membro da equipe desempenhe um papel específico, com uma função determinada. Nesse cenário, a realização de atividades transdisciplinares pode tomar vários caminhos até ser aprovada.[1] Então pode se tornar natural para cada setor, inclusive o de marketing, trabalhar com uma mentalidade de "seguir os procedimentos". Podem ocorrer algumas colaborações, assim como podem ocorrer – ou não – tentativas de realizar várias tarefas simultaneamente.

Essa abordagem traz consigo várias vantagens e desvantagens claras. Vamos começar peneirando os aspectos positivos trazidos pela abordagem profissional do marketing, passando, em seguida, para seus principais aspectos negativos.

▎ Vantagens e desvantagens do marketing profissional

A história do marketing está repleta de empresas de sucesso que seguiram uma mentalidade profissional. Veja alguns dos seus principais benefícios:

- **Compreensão do modelo de negócio.** A equipe profissional enxerga a proposição de valor do produto ou da marca. É capaz de identificar a fonte de receita da empresa, dominar o cálculo dos diversos custos envolvidos e garantir um fluxo de caixa estável. Por exemplo, a Netflix elaborou um modelo de negócio eficiente para acumular 220 milhões de assinaturas pagas em 2021 e gerar 7,7 bilhões de dólares em receita em 2022.[2]
- **Capacidade de gerir recursos.** A abordagem profissional do marketing determina quais recursos e competências serão exigidos. O objetivo é garantir uma troca de valor com o cliente.
- **Competência para coordenar atividades.** A equipe de marketing profissional compreende as inter-relações e interdependências entre os diferentes setores da empresa. Organiza os processos de tal modo que as atividades, quando executadas, sejam bem coordenadas e sincronizadas com a meta estabelecida.
- **Capacidade de gerir colaborações.** A equipe profissional formaliza todos os tipos de colaboração em termos e condições claros. As tarefas seguem um protocolo estabelecido, evitando sobreposições ou conflitos com outras atividades.
- **Boa comunicação.** A equipe profissional é capaz de executar com eficácia e eficiência o marketing interno e externo. Consegue gerar conscientização e apelo muito fortes como ponto de partida essencial para ingressar no mercado.
- **Capacidade de responder a perguntas.** A equipe profissional compreende cada detalhe do produto, inclusive suas características e vantagens e o processo de compra e entrega. O profissional de marketing também sabe explicar ao cliente a melhor maneira de usar o produto.
- **Capacidade de atender o cliente.** A equipe profissional oferece serviços de assistência, inclusive respondendo às reclamações dos clientes e lidando com compras recorrentes, serviços cross-sell e up-sell, con-

sultoria, gestão de fidelidade e manutenção de um relacionamento sustentável com o consumidor.

Além desse conjunto de habilidades, existem outras vantagens que surgem quando a equipe de marketing profissional tem a atitude correta. A seguir estão algumas das melhores práticas:

- **Imparcialidade.** O processo de criação e tomada de decisões não se deixa influenciar por vieses pessoais, como posicionamento político, gênero e origem sociocultural. Toda a análise se baseia em fatos. Não figuram preconceitos nem interesses pessoais.
- **Respeito ao próximo.** O marketing profissional bem-sucedido valoriza a opinião dos colegas, inclusive a de superiores, pares e subordinados, dentro dos limites existentes. Trata os clientes de maneira humana e tem consciência de que são esses indivíduos que sustentam a cultura da empresa. Obedece às normas da corporação, entre elas os valores consolidados.
- **Responsabilidade.** O marketing profissional é responsável por ideias, palavras e atos, dentro do escopo da missão atribuída. Assume as decisões tomadas, assim como suas repercussões, em nível individual e coletivo.
- **Integridade.** O marketing profissional cumpre suas responsabilidades de forma correta e adequada, agindo com integridade tanto internamente, entre colegas, quanto externamente, perante o cliente e os parceiros comerciais.
- **Foco na missão.** O marketing profissional demonstra disciplina na execução das tarefas dentro do cronograma predeterminado. Utiliza as horas do expediente para fins produtivos, sem misturar questões pessoais com o trabalho.

Embora certamente haja vantagens significativas na mentalidade profissional, é preciso observar também as desvantagens mais comuns:

- **Lentidão para mudanças.** Pode haver uma tendência a manter os líderes e os estilos de liderança do jeito que estão à medida que o

tempo passa. Quando executivos inadequados para suas funções continuam nelas, isso pode tolher o desenvolvimento da empresa como um todo. Também pode deteriorar a cultura da empresa e a motivação dos funcionários.[3]
- **Planejamento em excesso.** Passar muito tempo definindo procedimentos e processos muitas vezes leva a uma implementação lenta. Quando o mundo à nossa volta está em transformação rápida, pode ficar difícil acompanhar.
- **Estagnação.** Organizações que se concentram nos procedimentos podem não perceber oportunidades e correm o risco de não estar prontas para virar a chave quando necessário.
- **Atitude burocrática.** O marketing profissional às vezes acha que o trabalho na empresa só pode acontecer nos horários predefinidos. Isso dificulta pedir que um funcionário faça hora extra.
- **Incapacidade de ajustar as prioridades.** Ao seguir os procedimentos e manter o *status quo* burocrático, muitas vezes se torna complicado para a equipe de marketing pensar e agir fora da caixa. Mesmo diante de uma oportunidade, a equipe hesita em alterar as prioridades e mudar de direção. Por causa dessa hesitação, a empresa corre o risco de ficar para trás em relação a concorrentes que mudam de estratégia e atendem à demanda do mercado.[4]
- **Reatividade.** O marketing profissional pode ser reativo às mudanças observadas com o passar do tempo, correndo atrás dos outros, em vez de liderar o caminho rumo a novos mercados e segmentos.

▶ A abordagem empreendedora

Agora vamos abrir nossa mente e analisar outro tipo de mentalidade de marketing, mentalidade que talvez se alinhe com a do Instagram.

Como o termo *empreendedor* há muito tempo está associado a startups e inovação, juntamente com enormes êxitos (e potencial para o fracasso), vale a pena iniciar esta seção revendo essa definição antes de aplicar o termo ao marketing.

Ao longo das décadas, visionários alavancaram oportunidades, por menores que fossem. Quem possui espírito empreendedor tem plena ciência dos riscos, mas ao mesmo tempo demonstra coragem e otimismo para dar uma chance aos próprios planos.

Aqueles que empregam uma abordagem empreendedora sabem identificar lacunas, ousam tomar decisões, assumem as consequências de seus atos e colaboram com os diversos interessados. Então podemos dizer que há pelo menos três competências ligadas ao empreendedorismo: a vontade e capacidade de enxergar oportunidades; uma mentalidade que ousa assumir riscos; e a capacidade de cooperar com terceiros. Vamos olhar cada uma delas mais de perto:

- **Busca de oportunidades.** Quem busca oportunidades é capaz de se adaptar e enxergar o lado positivo de uma situação específica. Não fica remoendo um ponto de vista pessimista, que pode desviar o foco do líder.[5]
- **Tomada de riscos.** A incerteza faz parte das novas iniciativas. Quem assume riscos avalia a situação diante de si, as opções disponíveis e o potencial de fracasso. Depois toma uma decisão, com base nesses riscos calculados.
- **Colaboração em rede.** O colaborador em rede reconhece sua incapacidade de operar inteiramente por conta própria. Por isso, cria uma vasta rede e colabora com outros especialistas, capazes de contribuir nas áreas que o empreendedor não domina.

▶ O modelo empreendedor de marketing

Agora que definimos empreendedorismo, podemos discutir como ele se aplica ao marketing. O marketing começa com a percepção de oportunidades, passando então por um processo criativo e inovador para oferecer soluções ao cliente. Essas soluções precisam ser comunicadas (ou posicionadas) de forma clara ao público-alvo, e isso inclui apresentar bons argumentos e diversas vantagens competitivas para convencer o cliente.

O profissional de marketing precisa ser capaz de converter as soluções em valor, o que pode assumir diferentes formas. Em geral, para a empresa isso significa maiores lucros. Já os investidores buscam um valor de mercado mais elevado para a organização, além do aumento dos dividendos.

Para o cliente, o valor do produto está na capacidade de resolver o problema dele.

A ousadia de assumir riscos (em outras palavras, de escolher um caminho jamais tentado por alguém) mostra que o profissional de marketing está buscando ser diferente, não seguir o convencional. Mas atenção: embora a diferenciação seja essencial, é preciso garantir que o mercado goste dessa escolha. É necessário confirmar essa recepção em campanhas de marketing e contar com o apoio do trabalho de vendas, tanto off-line quanto on-line.

A equipe de vendas precisa compreender o público-alvo e saber como posicionar a oferta (incluindo a marca) em relação aos concorrentes. É do interesse da equipe dominar as características do produto e os serviços de assistência. Ela também precisa ajudar a preservar o caráter da marca.

Uma forte colaboração aumenta as chances de sucesso. Por exemplo, a varejista Target e a cafeteria Starbucks se uniram para entregar uma experiência de compra completa.[6] A Target começou a vender produtos Starbucks, e a Starbucks abriu lojas dentro da Target, permitindo que o cliente tomasse um café ao chegar ou ir embora do mercado. Isso aumentou o reconhecimento da marca Target entre os clientes fiéis da Starbucks e vice-versa.

Com isso, podemos observar que o empreendedorismo no marketing possui três fatores principais: posicionamento, diferenciação e marca. Esses componentes se interligam e orientam decisões. A Figura 2.1, a seguir, sintetiza esse modelo e mostra como os fatores estão inter-relacionados.

Profissionais empreendedores podem ter focos diferentes. Quem busca oportunidades se identificará com o posicionamento, que é uma parte mais ampla da gestão do cliente. Quem assume riscos vai se concentrar na diferenciação e, de maneira mais ampla, na gestão do produto. Por sua vez, quem colabora em rede vai enfocar o desenvolvimento da marca, que faz parte da gestão da marca.

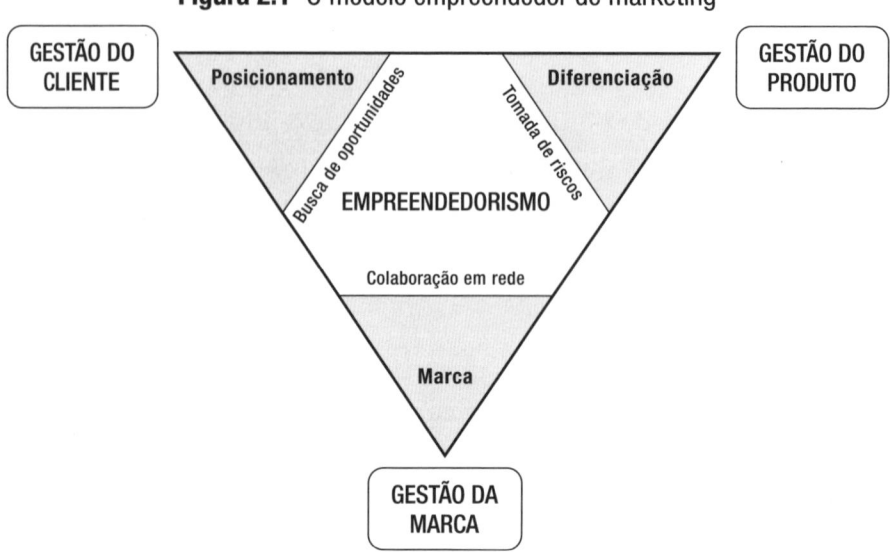

Figura 2.1 O modelo empreendedor de marketing

▶ Marketing profissional *versus* marketing empreendedor

Agora que entendemos algumas das principais características dessas duas abordagens, qual é a melhor? A resposta não é fácil. Em alguns momentos, o empreendedorismo deve ser priorizado; em outros, o profissionalismo é a chave. Veremos onde cada método tende a se destacar e como eles podem ser interligados para obter o resultado ideal.

Muitas startups, assim que surgem, demonstram forte espírito empreendedor. Mas chega um momento em que elas podem encontrar dificuldades para crescer. Para elas pode ser complicado, por exemplo, aumentar as competências profissionais. Muitas startups são bastante lentas para introjetar esse tipo de competência. A Pretty Young Professionals – startup fundada por quatro ex-funcionárias da McKinsey & Company para orientar mulheres empreendedoras – foi uma ideia que atraiu vários investidores em potencial. Porém, essas relações de amizade não ajudaram a empresa a assumir uma gestão mais profissional e consistente. Após onze meses de operação, a startup fechou por causa de desavenças internas.[7]

É comum encontrarmos empresas que duram pouco devido à falta das duas competências. É um problema visto muitas vezes em pequenas e médias empresas (PMEs) e um dos motivos pelos quais tantas delas vão à falência.

Figura 2.2 O caminho: mais profissionalismo, mais empreendedorismo

A Figura 2.2 ilustra como empresas de diferentes tamanhos podem ser afetadas pelo próprio grau de competência de marketing.

Por vezes parece muito promissor adicionar fatores de empreendedorismo a um ambiente de marketing profissional. Por exemplo, o Google incentivou seus funcionários a passar 20% do tempo de trabalho fazendo aquilo que, na opinião deles mesmos, beneficiaria ao máximo a empresa. Essa estratégia originou ideias bem-sucedidas, entre elas o Gmail, o Google Maps e o AdSense.[8]

A aplicação do empreendedorismo a uma configuração profissional costuma receber o nome de *empreendedorismo corporativo* ou *intraempreendedorismo*. É um arranjo que facilita a obediência aos procedimentos corretos e, ao mesmo tempo, dá algum espaço para a flexibilidade. A PwC, consultoria contábil, vem dando certa liberdade aos funcionários, permitindo que se concentrem nos próprios talentos. A empresa descobriu que a flexibilidade no trabalho pode ajudar a reter e atrair talentos preciosos.[9]

Segundo a *Harvard Business Review*, quase toda grande empresa atual progrediu por meio de riscos e grandes inovações, e não de melhorias constantes.[10] Se dependermos somente do profissionalismo, ficaremos presos apenas a estatísticas de produtividade e melhorias graduais, porque tenderemos a medir o êxito só pelos resultados financeiros. Essa atitude cautelosa não ajuda a aumentar a longo prazo o valor de mercado da empresa (importante para captar investidores), porque, sem uma revolução inovadora, o futuro dela ficará comprometido.

O espírito empreendedor, por sua vez, está intimamente ligado à criatividade, à inovação e à capacidade de enxergar e aproveitar oportunidades externas. No entanto, é essencial um nível sadio de burocracia para garantir a governança no cotidiano da empresa, embora nem todo líder saiba como implementar esse cenário. Numa pesquisa da *Harvard Business Review* em 2017, 7 mil entrevistados disseram ter sentido um aumento da burocracia no ano anterior. Os gestores precisam, portanto, flexibilizar a cadeia de comando de modo a deixar espaço para a inovação.[11]

É preciso tentar unir os dois extremos do espectro profissional-empreendedor. O profissional com tendência à cautela, que age "de acordo com o manual", precisa ter sangue-frio para assumir riscos calculados e aplicar o espírito empreendedor na criação de valor na empresa. Uma cultura intraempreendedora permite que o funcionário pratique e aguce suas habilidades empreendedoras, o que resulta numa gestão de marca mais eficiente.[12]

A empresa precisa, portanto, fornecer um ambiente favorável de incentivo à criatividade. Também precisa ser capaz de analisar cuidadosamente ideias criativas tecnicamente factíveis, escolher a melhor dentre elas e convertê-la numa solução inovadora, que crie valor para o cliente e, por tabela, para a empresa. O empresário americano Curtis Carlson, por exemplo, criou o programa "Champion", que incentiva sua equipe a apresentar ideias inovadoras com base numa proposição de valor que leve em conta a necessidade, o método, o custo-benefício e a concorrência. E isso trouxe resultados, entre eles o desenvolvimento de tecnologias como a TV HD e a Siri.[13]

É inviável depender exclusivamente da abordagem profissional num ambiente de negócios tão dinâmico. Precisamos de flexibilidade estratégica dentro da empresa, e uma forma de viabilizá-la é fazer com que a diretoria e o setor administrativo adotem uma abordagem empreendedora. O papel do administrativo é manter os diversos processos de rotina necessários, de modo que a operação diária da empresa funcione bem. Só que, diante de uma mudança, ou até mesmo de uma transformação, o administrativo precisa se adaptar rapidamente, incorporando as inovações aos processos de rotina. É assim que uma organização se mantém viva por muito tempo de maneira sustentável.

Por mais crucial que seja incorporar fatores profissionais e empreendedores nas campanhas de marketing, é importante notar que isso não basta para sobreviver. A fim de prosperarem plenamente neste mundo em transformação, as empresas precisam integrar essas abordagens de marketing em outros departamentos. Quando todas as áreas estão conectadas, abrem-se ainda mais possibilidades – e é essa fase que vamos analisar no Capítulo 3.

PRINCIPAIS CONCLUSÕES

- O marketing profissional se concentra nos processos e numa abordagem passo a passo.
- Entre as vantagens do marketing profissional estão: compreensão dos modelos de negócio, gestão dos recursos, coordenação das atividades, boa comunicação e assistência ao cliente. Suas melhores práticas consistem em evitar parcialidades, respeitar o outro, assumir responsabilidades, demonstrar integridade e priorizar a missão.
- Entre as desvantagens relacionadas ao marketing profissional estão: lentidão para mudanças, excesso de planejamento, estagnação, atitude burocrática, incapacidade de ajustar os recursos e reatividade em vez de proatividade.
- O marketing empreendedor envolve identificar lacunas, tomar decisões, assumir consequências e colaborar com múltiplas práticas.
- O ideal é que a empresa encontre um equilíbrio entre o marketing profissional e o marketing empreendedor do jeito que melhor atenda às suas necessidades.

3
Como repensar a concorrência
Colaboração para a sustentabilidade

Ao viajar pela Europa dirigindo um carro elétrico, você consegue recarregá-lo rapidamente em postos na França, na Holanda e na Alemanha. Esses países são líderes em número de estações de carga disponíveis no continente. Outros têm menos estações, mas vêm buscando maneiras de atender à demanda crescente por veículos elétricos. Ao todo, a União Europeia possui mais de 300 mil estações de carga e planeja aumentar substancialmente esse número nos próximos anos.[1]

Em locais com a infraestrutura correta de recarga, é fácil levar o carro até um posto e plugá-lo na tomada. Se analisarmos o processo como um todo, porém, veremos o enorme esforço que está sendo feito para instalar os recarregadores de bateria. Isso se aplica particularmente à Europa, onde os planos para construir postos de recarga eficientes começaram com muita antecedência.

Curiosamente – o que é relevante para nossa discussão –, a energia que abastece esses postos não veio de um único fornecedor. Afinal, os recursos exigidos para montar uma infraestrutura ultrarrápida e de alta potência são enormes. Era um projeto grandioso demais para uma única empresa dar conta.

Por isso, muitos anos atrás, os fabricantes de automóveis de várias partes do mundo se uniram para instalar uma infraestrutura de recarga na Europa. O grupo BMW, a Daimler AG, a Ford e o grupo Volkswagen, juntamente com a Audi e a Porsche, fizeram um pool de recursos.² Eles elaboraram um projeto para implantar unidades de recarga para seus carros elétricos que ainda seriam lançados. Um dos objetivos era tornar esses veículos mais palatáveis para o público, de modo que se tornassem comuns. Isso, por sua vez, ajudaria a aumentar as vendas de todos os fabricantes envolvidos.

Figura 3.1 A parte "dinâmica" do modelo omnihouse

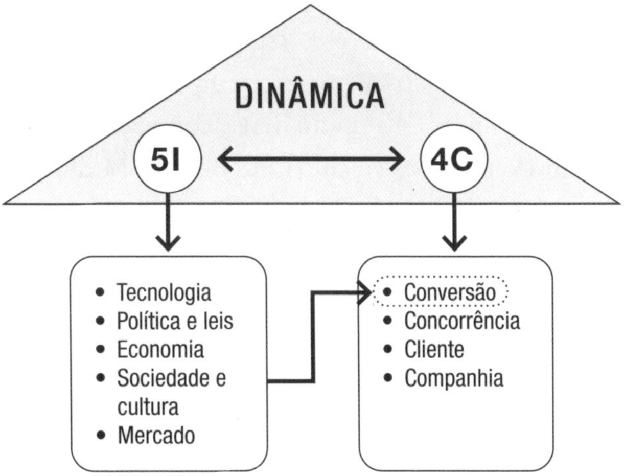

DINÂMICA
5I ←→ 4C

- Tecnologia
- Política e leis
- Economia
- Sociedade e cultura
- Mercado

- Conversão
- Concorrência
- Cliente
- Companhia

Essa colaboração exemplifica uma característica-chave para o progresso das empresas – e, mais especificamente, dos profissionais de marketing. Perceba os atores envolvidos nesse projeto. Talvez você se pergunte: *Eles não são concorrentes?* A resposta, claro, é um sonoro *Sim! Eles estão trabalhando em conjunto para criar um recurso que atenderá aos seus objetivos individuais?* Mais uma vez: *Sim!*

Bem-vindo à arena do hoje e do amanhã. Os tempos mudaram e continuam a evoluir. Para permanecer vivas, as empresas precisam olhar para os competidores e trabalhar juntas, até certo ponto.

Essa estratégia tem seus limites, é claro. Para compreender plenamente o equilíbrio entre cooperar e manter-se competitivo, vamos explorar as dinâmicas que estão influenciando essa tendência à colaboração (Figura 3.1). Para isso, vamos voltar ao nosso modelo omnihouse, mergulhar na parte da "dinâmica" e analisar os 5I, que representam os impulsionadores desse fenômeno.

O que está transformando o mundo do marketing

Vamos analisar os cinco impulsionadores que têm afetado o modo de as empresas competirem. Esses fatores estão relacionados à tecnologia, às questões político-legais, à economia, aos fatores socioculturais e às condições de mercado. Vamos examinar brevemente cada um deles.

Tecnologia

O surgimento dos carros elétricos é um exemplo de mudança tecnológica relevante nos últimos anos. E há muito mais acontecendo no setor automobilístico. Veja, por exemplo, os veículos autônomos. Muitos desses avanços têm feito empresas se unirem de diversas maneiras. Elas recorrem a uma série de fornecedores e redes para obter os componentes para esses carros complexos. E algumas das mudanças também levam a alternativas mais ecológicas, o que é importante para um setor historicamente associado a impactos negativos no meio ambiente.

Mas é claro que a tecnologia está afetando muito mais do que o setor automobilístico. Tendências emergentes de inteligência artificial, big data, processamento de linguagem natural, realidade aumentada e aprendizado de máquina e de robôs vêm repercutindo em organizações de todos os tipos. A Internet das Coisas, o blockchain, a impressão 3D e o streaming de vídeo e música estão transformando o modo de operação das empresas e mudando a forma como os consumidores vivem e trabalham.

Política e leis

Políticos de várias partes do mundo se uniram para criar leis e acordos que vêm orientando comunidades, organizações e indivíduos.[3] Algumas normas tratam de questões ambientais, como as mudanças climáticas, o desmatamento, a preservação dos oceanos e a biodiversidade. Muitas vezes essas políticas afetam o comércio e a maneira como as empresas podem operar em regiões específicas.

Economia

A pandemia da covid-19 e os lockdowns relacionados a ela desaceleraram o crescimento econômico mundial. Para os próximos anos, as taxas de recuperação continuam incertas. Alguns países vêm recuperando seus prejuízos a uma velocidade maior que outros. David Malpass, presidente do Banco Mundial, afirmou que a taxa desigual de recuperação pode frear iniciativas por objetivos em comum, como as mudanças climáticas.[4]

Sociedade e cultura

A força de trabalho e a demografia em transformação influenciam a maneira como as empresas operam e quem elas contratam. Muitos países passaram a ter uma população cada vez mais envelhecida. Segundo as Nações Unidas, em 2017 havia mais de 962 milhões de pessoas com 60 anos ou mais em todo o mundo, mais que o dobro dos 382 milhões de idosos que havia em 1980. Estima-se que esse número vá duplicar novamente até 2050, alcançando a marca de quase 2,1 bilhões de idosos.

Outra questão são as desigualdades e disparidades cada vez maiores. Em muitos países, para citar o aforismo de Percy Bysshe Shelley, os ricos estão ficando mais ricos enquanto os pobres ficam mais pobres. O acesso ao sistema de saúde e à educação varia a cada localidade e classe social.[5]

Mercado

Muita gente acredita que o mercado e o comércio livres fortalecerão a economia de diversos países. Entre os benefícios dessa tendência estão novas oportunidades para trabalhadores, consumidores e empresas do mundo inteiro. Um desempenho econômico melhor, espera-se, ajudará a reduzir a pobreza e promoverá estabilidade e segurança para a sociedade em geral.[6]

As características do livre mercado, que possui uma barreira de entrada mais baixa, faz com que ele se torne uma arena mais justa. O mercado não sofre mais limitações geográficas. Ainda assim, é cada vez mais importante levar em conta o contexto local.

▶ A mudança está no ar

Essas forças estão provocando mudanças, que podemos observar no nosso modelo omnihouse (veja o modelo 4C na Figura 3.2). As mudanças, por sua vez, afetam o modo de a empresa operar, competir e interagir com os clientes.

Figura 3.2 Modelo 4C em diamante

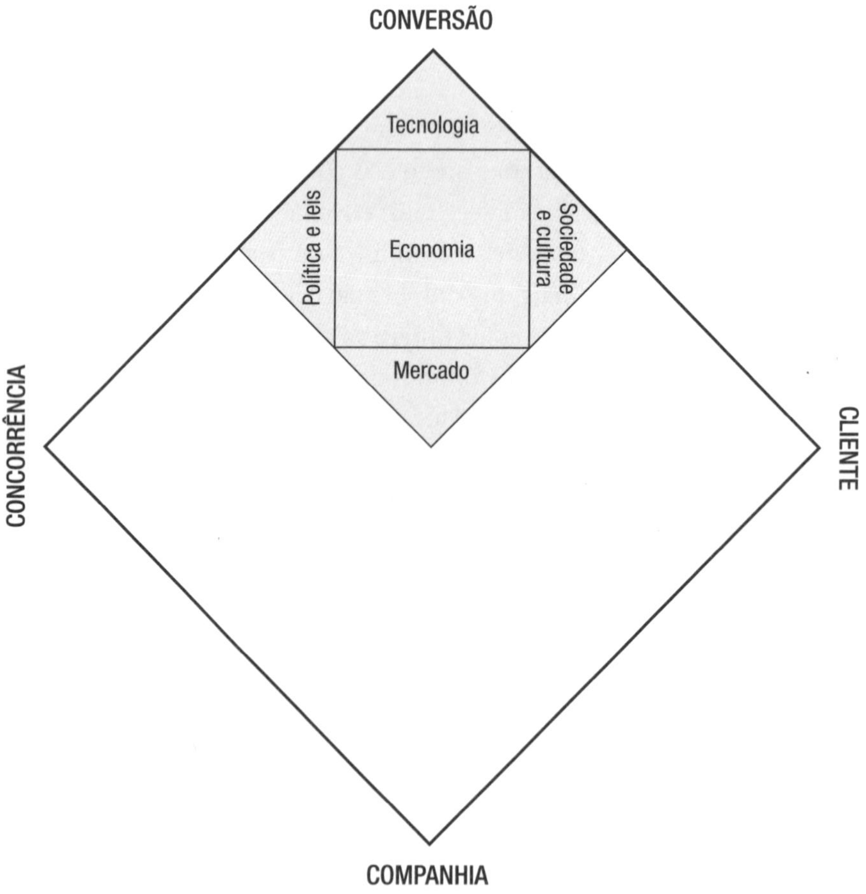

Diamante com vértices: CONVERSÃO (topo), CLIENTE (direita), COMPANHIA (base), CONCORRÊNCIA (esquerda). No centro, quadrado com: Tecnologia (topo), Economia (centro), Mercado (base), Política e leis (esquerda), Sociedade e cultura (direita).

A Fujifilm – gigante do setor de filmes fotográficos – levou um tombo quando não foi capaz de entrar na era digital e acompanhar a concorrência. Isso poderia ter levado ao desaparecimento da empresa. Em vez disso, a equipe da Fujifilm descobriu um jeito de mudar de rumo rapidamente, transformando suas competências tecnológicas para atender às áreas de cosméticos e cuidados com a saúde.[7]

Além de se adaptar a pleno vapor, algumas corporações estão se tornando mais agressivas. Veja o caso do Banco Industrial e Comercial da China (ICBC), fundado em 1984. O ICBC esforçou-se muito para crescer e encorpar. Em 2007, ultrapassou o Citibank, que na época detinha a liderança do setor bancário, em termos de total de ativos. Ao longo dos anos seguintes, o ICBC continuou sendo o maior banco do mundo.[8]

Grande parte do sucesso da Fujifilm e do ICBC pode ser atribuída a uma mentalidade de crescimento que vai além do foco na oferta de produtos e serviços únicos. O pensador americano Richard D'Aveni afirma que uma abordagem tradicional de vantagem competitiva não tem mais relevância num ambiente de mercado competitivo e agressivo.[9]

Como competir entre pares

Para compreender plenamente o tema da colaboração no cenário atual, façamos uma análise cuidadosa do componente "concorrência" do modelo 4C. Por que é importante colaborar tanto com os concorrentes diretos quanto com os indiretos? Vamos começar examinando rapidamente como funciona uma colaboração. Em seguida, discutiremos o que as empresas precisam saber sobre a concorrência de hoje e de amanhã e como equilibrar a colaboração com a concorrência daí em diante.

Como vimos no exemplo do setor automobilístico, os concorrentes mais improváveis estão se juntando, mas apenas até certo ponto. E há outros exemplos, como a Samsung e a Apple. Esses dois gigantes encontraram uma forma mutuamente benéfica de colaboração. A Samsung concordou em fornecer à Apple as telas OLED Super Retina, sem bordas, para o iPhone X. A Apple, por sua vez, compartilha informações sobre seus fornecedores. Para a Samsung, isso é uma oportunidade de aprender e elevar a qualidade dos seus produtos.[10]

Vejamos as três principais razões pelas quais as empresas estão colaborando atualmente:

- Elas não têm como atuar sozinhas em relação aos impulsionadores

relevantes. Ao se juntar, compartilham conhecimento, se fortalecem e resolvem problemas rapidamente.
- Isolada, uma empresa pode não ter capital para superar uma dificuldade. Ao enfrentar problemas maiores, empresas concorrentes podem agregar seus recursos para compartilhar os custos envolvidos.
- Juntas, as empresas podem encontrar uma situação em que todas saiam ganhando. Caso consigam definir um padrão ou uma plataforma para o setor, todas reforçarão sua posição no mercado.

Embora a colaboração apresente pontos fortes, é preciso ter em mente que cada empresa continua a trabalhar para alcançar as próprias metas. Ao estudar o marketing empreendedor, é essencial não perder de vista diversos fatores relacionados à competição nos dias de hoje. Eis um breve panorama sobre competências, capacitação, recursos intangíveis, estratégia, execução e terreno.

- **Criar uma competência distintiva é essencial.** Já não basta ter vantagem competitiva; as empresas precisam formar uma competência distintiva, tema discutido em profundidade por Hitt e Ireland em meados da década de 1980.[11] A competência distintiva pode englobar a cultura ou o sistema operacional da empresa.
- **É necessário desenvolver capacitação.** As empresas precisam de tudo, desde competências básicas, como habilidades de gestão, até as mais complexas, como inovação, liderança e gestão do cliente. Capacitações constantemente aprimoradas e desenvolvidas vão, por sua vez, moldar competências. Esse tema foi estudado em profundidade pelos renomados Prahalad e Hamel, que cunharam o termo "competências centrais".[12]
- **Recursos intangíveis são cada vez mais importantes.** Recursos tangíveis, de modo geral, são mais fáceis de imitar que os intangíveis, e podem ser obtidos no mercado. Os recursos intangíveis costumam ser mais complexos, porque passam por um processo de formação relativamente longo. Por isso, o investimento em recursos intangíveis – entre eles o capital humano e o talento – tornou-se obrigatório para implantar a competitividade.

- **Uma estratégia robusta precisa estar alinhada às políticas.** A empresa tem que desenvolver sua estratégia com base nas condições relevantes do ambiente macro, nas situações competitivas e nos concorrentes e clientes relevantes. O passo seguinte é o desenvolvimento das políticas. Para as organizações, o ideal é que essas políticas sejam complementares e deem apoio à estratégia.
- **A execução precisa se concentrar na produtividade.** A empresa tem que realizar todas as operações de maneira eficiente, usando os ativos com eficácia. Quando se trata de produtividade, não se pode fazer concessões. O departamento administrativo tem à disposição diversos índices financeiros para medir os níveis de produtividade. Também existem métricas não financeiras que refletem a performance. Entre elas estão a fidelidade do cliente, a melhoria da qualidade do produto e a produtividade dos funcionários.[13]
- **É necessário definir claramente o terreno da competição.** As empresas precisam garantir que sempre sejam compatíveis e que tenham as vantagens competitivas necessárias ao entrar num terreno de competição. Esse terreno também pode sofrer ajustes de acordo com as mudanças econômicas, e os desdobramentos do negócio podem exigir uma redefinição periódica.

O futuro da competição

Em sincronia com um ambiente macro cada vez mais dinâmico, a concorrência vai se tornar ainda mais difícil, diante de um futuro cheio de incertezas. Várias questões vão definir a competição agora e no futuro, e as empresas precisam prestar atenção nessas tendências.

Maior digitalização

A competição vai se basear, antes de tudo, em tecnologias e dados digitais. As tecnologias propiciarão sólidas competências para a empresa obter informações rápidas, precisas e relevantes relacionadas ao ambiente de negócios, sobretudo em relação aos concorrentes e clientes. Já os dados oferecerão ideias concretas para prever e prescrever com exatidão ajustes táticos e estratégicos.

Atores mais impiedosos

A economia do compartilhamento está se tornando predominante no mundo dos negócios. Com um mercado inteiramente aberto, novas empresas, enxutas e ambiciosas, farão sua entrada. Essas startups terão uma cara bem diferente das empresas tradicionais e consolidadas. Essa nova safra terá competências digitais robustas, oferecendo produtos variados, com boa qualidade, custos mais baixos, entrega mais rápida e melhor assistência ao cliente. Essa competência digital também permitirá que cruzem fronteiras de segmentos e setores.[14]

Jogo equilibrado

As redes sociais nivelam o jogo para todos. Oferecem uma nova forma de publicidade, que inclui elementos visuais com menos edição, aumentando a sensação de realismo. Com isso, surgiram muitos influenciadores cujos rostos, corpos e identidades não se encaixavam nos modelos tradicionais da moda.[15]

Quanto mais igualitárias as oportunidades, mais difícil será para a empresa obter uma vantagem competitiva relevante. Esse fenômeno também está alinhado à regulamentação que vem surgindo, que em grande parte se concentra numa competição justa e numa abordagem que favorece o jogo limpo.

Diferenciação mais difícil

Para as empresas, é cada vez mais difícil manter uma diferenciação poderosa. Quem toma as decisões precisa recorrer a uma abordagem centrada no cliente – ressaltando a personalização e a customização – ao elaborar a proposição de valor. Os produtos e serviços da empresa se "comoditizam" rapidamente, levando a uma guerra de preços, caso faltem criatividade e competência para inovar.

Ritmo mais veloz

A tendência à transformação rápida vai encurtar o ciclo de vida de diversos produtos e até mesmo da proposição de valor da empresa. O momento de estabelecer o marketing e a estratégia de entrada da empresa são cruciais na definição da vantagem competitiva. Os *first movers* (aqueles que se mexeram primeiro) não tirarão proveito se deixarem de estabelecer um novo padrão, aceito pelo mercado, e rapidamente vão se tornar convencionais. A flexibilidade é essencial para a sobrevivência num ambiente muito competitivo.

Interdependência mais forte

Quase todos os elementos da cadeia de valor vão se integrar mais, e a interdependência ficará mais forte. Até certo ponto, mesmo fatores no ecossistema mais amplo – plataformas de pagamento, e-commerce, marketplaces, omnichannels, entre outros – vão ficar mais intimamente relacionados. Dessa forma, a sincronia entre os fatores é crucial para assegurar um processo de criação de valor eficiente e eficaz.

Por exemplo, no setor de aviação, a companhia aérea dependerá do gestor do aeroporto e vice-versa. Além disso, existem outros elementos interdependentes nesse sistema, como a operação em terra, o catering e os fornecedores de combustível, todos exigindo uma sincronia robusta. A regulamentação dos aspectos técnicos e a disponibilidade de profissionais especializados tolheram o crescimento do mercado de empresas aéreas low-cost em vários países asiáticos.[16]

▶ Como equilibrar competição e colaboração

Existem várias vantagens e desvantagens em competir e colaborar (Tabela 3.1). Seja como for, um dos desafios para as empresas é aproveitar as vantagens ao máximo. Ao mesmo tempo, as organizações devem buscar formas de minimizar o impacto ou eliminar as causas das desvantagens.

Tabela 3.1 Vantagens e desvantagens da competição e da colaboração

	Vantagens	Desvantagens
Competição	• Força a empresa a se tornar melhor no negócio[17] • Mais valor ou serviço[18] • Mais opções para o cliente[19] • Acesso a novos clientes[20] • Aprendizado com os erros dos concorrentes[21]	• Reduz a participação de mercado[22] • Reduz a base de clientes[23] • Custo alto para competir[24]
Colaboração	• Criada para gerar recursos[25] • Economiza custos e evita duplicidades[26] • Compartilha recursos para criar uma vantagem competitiva[27] • Acelera a obtenção de economias de escala e de escopo[28] • Possibilita a redução mútua dos custos das empresas[29]	• Aumenta a probabilidade de conflito[30] • Menos controle das atividades e racionalidade limitada[31] • Exige um esforço sério e constante[32] • Perda de autonomia[33] • Complicações futuras em vendas[34]

A colaboração também aumenta a flexibilidade diante das rápidas transformações do ambiente de negócios. Essa flexibilidade é uma competência indispensável para lidar com condições de incerteza, que exigem modificar o modelo de negócio ou até mesmo adotar um novo. Por exemplo, em 2020, a JD.com foi a única marca de e-commerce na China com entrega constante de produtos durante a pandemia, superando o Alibaba. A JD.com, uma das maiores plataformas de e-commerce, colaborou com seus comerciantes na previsão e no envio de suprimentos, garantindo a disponibilidade dos produtos. Graças a essa flexibilidade, tornou-se uma das primeiras a entregar experiências virtuais de festas noturnas, aliando-se a marcas de bebidas e grupos musicais.[35]

Com os mesmos recursos, uma empresa pode alavancar as vendas mais rapidamente, aumentando com facilidade sua economia de escala. Melhor ainda, se a empresa for capaz de desenvolver diversos produtos e realizar cross-selling ou up-selling com esses mesmos recursos – e com a mesma competência central –, ela também vai melhorar sua economia de escopo.

Por exemplo, a fabricação aditiva é uma forma de a empresa obter uma economia superior em escala e escopo. Popularmente conhecida como impressão 3D, é um processo de criação de objetos a partir de um input de dados, inicialmente projetado para a fabricação de pequenas peças que custariam muito caro se compradas dos fornecedores. Essa tecnologia ajuda a empresa a gerir produções de baixa escala, porque é possível imprimir certas peças na medida exata de sua necessidade. Portanto, a fabricação aditiva ajuda a empresa a atingir economias de escala, porque lhe permite controlar o custo do design.[36]

A colaboração é uma característica que distingue uma empresa bem-sucedida com competência digital. A transformação digital borra a fronteira entre a burocracia e as funções compartimentadas.[37] A colaboração também pode encurtar o processo entre a ideia e a comercialização, o que permite resolver problemas relacionados à velocidade de disponibilização do produto para atender a uma demanda em rápida transformação.

Outro exemplo de colaboração na atividade comercial é a da Marhen.J, uma marca de moda vegana da Coreia do Sul, com grande base de fãs no Sudeste Asiático. Ao entrar no mercado tailandês, a Marhen.J criou showrooms em lojas da Samsung para mostrar ao consumidor como eles entregavam experiências de moda e tecnologia. Essa campanha fez com que as duas marcas coreanas se ajudassem mutuamente, posicionando-se no cotidiano do consumidor.[38]

Como diz um provérbio africano: "Se quiser ir depressa, vá sozinho. Se quiser ir longe, vá acompanhado." Dá para notar que "ir sozinho" significa adotar uma abordagem de competição, e "ir acompanhado" significa optar por uma abordagem colaborativa. Ir sozinho pode acelerar as decisões dentro do ecossistema de gestão, mas é preciso colaborar para ser sustentável a longo prazo. O desafio das empresas é encontrar o equilíbrio nessa dicotomia. Não se trata de "rápido *ou* sustentável", mas de "rápido *e* sustentável". É por isso que uma abordagem ao mesmo tempo colaborativa e competitiva tem se tornado um método cada vez mais relevante.

A cooperação entre organizações concorrentes – ou "coopetição", conceito clássico dos anos 1990, popularizado por Raymond Norda – para atingir objetivos em comum tornou-se um pré-requisito de competitividade e inovação globais. A coopetição ideal consiste em tentar obter as vantagens que cada parceria proporciona, tornando a empresa mais competitiva. Com esse método, as partes envolvidas podem se integrar e usar sinergia em seus pontos fortes, cada vez mais necessários para encarar um ambiente de negócios desafiador, sobretudo em momentos de crise.[39]

Desafios maiores, colaboração mais forte

Uma questão desafiadora, com a qual as empresas não conseguem lidar sozinhas, favorece a colaboração, ainda mais se houver escassez de recursos, capacitação e competências – ou fontes de vantagem competitiva. Analisando os dois aspectos – ou seja, os desafios e as fontes de vantagem competitiva –, encontramos três condições, descritas a seguir.

Primeira condição: desafios < fontes de vantagem competitiva

Investir em excesso permite adquirir fontes poderosas de vantagem, mas isso pode levar a problemas de produtividade quando as empresas não conseguem alavancá-las. Portanto, é necessário um trabalho de empreendedorismo para encontrar novos desafios ou oportunidades, que tirem vantagem de todos os recursos, competências e até capacitações. As empresas precisam promover uma mentalidade empreendedora "fora da caixa" para montar uma rede e localizar parceiros dispostos a capitalizar as oportunidades existentes. Resumindo, precisam explorar as vantagens competitivas excedentes, concentrando-se nas condições externas para identificar oportunidades.

Segunda condição: desafios = fontes de vantagem competitiva

Nesta condição, as empresas precisam adotar uma abordagem empreendedora ao avaliar as diversas oportunidades e ameaças associadas à alocação adequada de suas fontes de vantagem competitiva. A empresa se concentra primordialmente nas questões internas relacionadas a essas vantagens porque sua sustentabilidade ainda não está comprometida. Ela tem que usar todos os recursos dispensáveis para encarar os desafios do momento.

A IKEA – uma das maiores empresas da Suécia, sediada na Holanda – é muito cautelosa. Quando quer expandir seu escopo geográfico, atenta a algumas questões básicas. Primeiro, a IKEA busca compreender as preferências culturais em diferentes zonas geográficas, a fim de se certificar de que atende a essas preferências. Segundo, a empresa preocupa-se muito com o fator preço como estratégia competitiva, de modo que seus diversos produtos sejam acessíveis em cada um desses mercados. Terceiro, a IKEA sempre busca tocar sua operação da maneira mais eficiente possível, usando recursos locais.[40] Com isso, a empresa alinha suas vantagens competitivas aos desafios de cada zona geográfica. A IKEA nunca dá um passo maior do que a perna.

Terceira condição: desafios > fontes de vantagem competitiva

Esta condição ocorre quando as vantagens competitivas são limitadas e a empresa não tem tempo suficiente para se fortalecer, embora os desafios surjam rapidamente. É uma situação que pode ameaçar a sustentabilidade da empresa. Por isso, é preciso que haja criatividade e esforço empreendedor para implantar redes com diversos participantes – inclusive os concorrentes – num ecossistema de negócio. Nessa condição, a colaboração é necessária para superar a escassez de fontes de vantagem competitiva e encarar grandes desafios.

Ao contrário da primeira condição, aqui é preciso criar uma rede com parceiros compatíveis, que compensem mutuamente a falta de vantagens competitivas. As empresas precisam focar nos aspectos externos e explorar fontes de vantagem relevantes (Figura 3.3).

A partir dessas três condições, fica claro que a colaboração é vital, sobretudo quando a sustentabilidade da empresa fica comprometida. A colaboração está alinhada ao princípio da economia compartilhada, que hoje é um lugar-comum na era da hiperconectividade e da forte interdependência. As empresas podem colaborar entre si, tornando-se parte de um ecossistema como plataforma, ou até se tornando fornecedoras de uma plataforma, e a partir daí convidar outras empresas a aderirem.

Figura 3.3 Desafios *versus* fontes de vantagem competitiva

	Maiores ← FONTES DE VANTAGEM COMPETITIVA (FVC) → Menores
Maiores (Desafios)	**Segunda condição: D = FVC** • A sustentabilidade da empresa não está ameaçada • O foco é interno para utilizar plenamente as fontes de vantagem disponíveis	**Terceira condição: D > FVC** • A sustentabilidade da empresa está ameaçada • O foco é externo para colaborar, compensando a falta de fontes de vantagem
Menores (Desafios)	**Primeira condição: D < FVC** • A sustentabilidade da empresa não está ameaçada • O foco é externo para encontrar novas oportunidades de negócio ou aproveitar as fontes de vantagem excedentes	**Segunda condição: D = FVC** • A sustentabilidade da empresa não está ameaçada • O foco é interno para utilizar plenamente as fontes de vantagem disponíveis

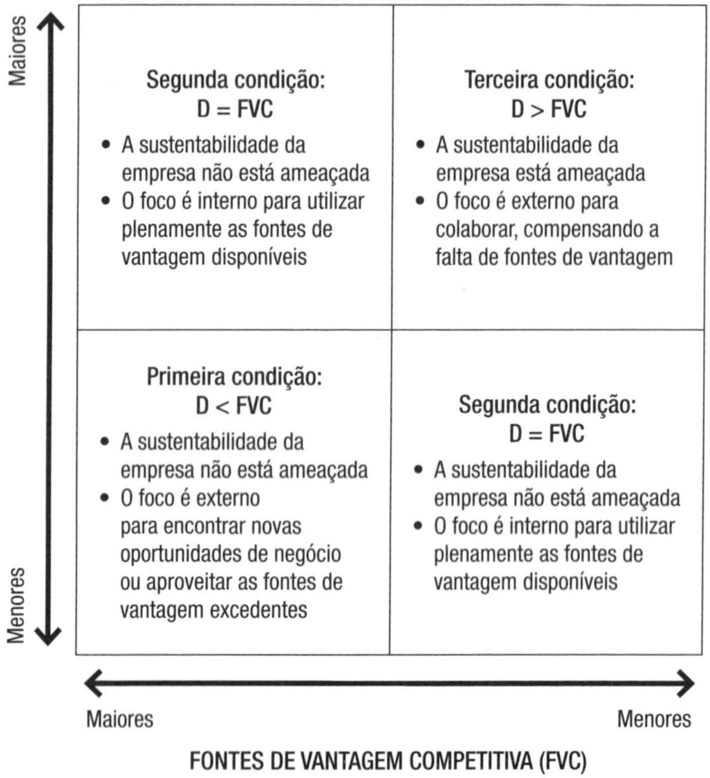

A empresa também pode colaborar com elementos de uma cadeia de valor convencional, mais estática e linear. Isso pode ocorrer entre a empresa e seus vendedores ou canais. Em colaborações assim, a empresa pode obter uma competência maior de gestão de produto e implementar uma melhor gestão do cliente, de quem se aproxima mais. É possível também adequar seu produto ao mercado de modo mais eficaz e eficiente, graças a uma relação de trabalho mais fluida, com integração de sistemas e um fluxo aberto de informação com os demais elementos da cadeia de valor.

PRINCIPAIS CONCLUSÕES

- Para entender o equilíbrio entre cooperar e manter-se competitivo, o profissional de marketing pode recorrer aos cinco impulsionadores (5I): tecnologia; política e leis; economia; sociedade e cultura; e mercado.
- As organizações colaboram para encarar os 5I, compartilhando recursos e reforçando sua posição de mercado.
- Ao competir, as empresas precisam reforçar uma competência distintiva, desenvolvendo capacitação, investindo em recursos intangíveis, alinhando as estratégias à regulamentação, concentrando-se na produtividade e definindo o terreno de competição.
- Adiante, a competição será mais digitalizada, envolvendo atores impiedosos, num jogo mais equilibrado, em que será difícil se diferenciar. O ritmo do avanço será maior e a interdependência, mais forte.
- Ao colaborar e competir, as empresas devem buscar formas de maximizar suas vantagens e minimizar suas desvantagens.

4
Como conduzir o cliente
Uma abordagem progressista para um posicionamento de mercado mais forte

Em 2012, duas pessoas que mal conseguiam pagar o aluguel tiveram uma ideia genial. Na época, moravam em São Francisco, na Califórnia. O negócio era basicamente espalhar alguns colchões pela casa, oferecer café da manhã e cobrar pela hospedagem.

Avance oito anos. Essas mesmas pessoas, agora com o negócio de fato estabelecido, tiveram a maior IPO de 2020. A empresa alcançou um valor de mercado de mais de 100 bilhões de dólares naquele ano, ultrapassando o valor de três cadeias de hotéis cotadas em bolsa, nada menos que Marriott, Hilton e Intercontinental.[1]

Essa é a história do Airbnb, que levou o conceito de hospedagem compartilhada e aluguel de curta duração a um novo patamar. Além de ser pioneiro num novo modelo de negócio, em que proprietários podem alugar suas residências a hóspedes por meio de um site ou aplicativo, o Airbnb entende como resolver o problema do cliente que está viajando.

O hóspede consegue encontrar o que precisa num ambiente seguro e de fácil navegação. Tudo começa com uma experiência de viagem inspiradora. O usuário pode escolher o tipo de espaço que quiser, do simples ao exótico. Casa na árvore, caverna, barco, condomínio, mansão, tenda – tudo está disponível no Airbnb.[2]

E não para por aí; o Airbnb também oferece o Airbnb Luxe, que anuncia hospedagens de altíssimo padrão gerenciadas por hosts que recebem ótimas avaliações e dão enorme atenção aos detalhes.[3] O viajante pode até alugar um vilarejo, uma cidade ou um país.[4]

O Airbnb incentiva todos os hosts a facilitar experiências do tipo "Sinta-se em casa" e os premia pela hospitalidade. Por outro lado, caso o host não consiga propiciar a experiência esperada pelo hóspede (com base nas avaliações), o algoritmo do Airbnb torna mais difícil encontrar aquela propriedade.[5]

Para reforçar isso, os três fundadores do Airbnb se hospedam constantemente na casa de hosts importantes do mundo inteiro, o que influencia bastante a fidelização. O Airbnb também gerencia esses hosts por meio de diversas atividades em grupo. Os hosts compartilham conhecimentos, usam um aplicativo para consultar padrões e orientações de hospitalidade, e participam de encontros eventuais para troca de informações.[6]

Durante a pandemia, o Airbnb lançou o Flexible Search. É um serviço que permite que o usuário escolha datas flexíveis, tornando mais fácil planejar uma escapada de fim de semana ou alguns dias de férias sem definir datas específicas. O Flexible Search revitaliza a vontade de viajar do usuário, que não precisa se preocupar com futuras restrições a viagens ou taxas de cancelamento.[7]

O caso do Airbnb ilustra como os avanços recentes, combinados à expectativa do consumidor, nos permitiram oferecer novos sistemas de navegação. Neste capítulo, continuaremos a discutir a parte "dinâmica" do modelo omnihouse. Vamos analisar o fator "cliente", indicado no modelo 4C em diamante (Figura 4.1). Junto com "conversão" e "concorrência", o cliente é um dos principais fatores da paisagem de negócios. E as empresas precisam levar em conta os riscos que os três representam.

Como vimos, o consumidor de hoje tem um intenso poder de barganha. É por isso que as empresas costumam adotar uma abordagem centrada no cliente. Só que ele também tem hesitado cada vez mais diante da pilha de informações à disposição, o que inclui fake news, boatos e outras informações enganosas. É tanta coisa disponível que pode gerar confusão. As empresas têm que fornecer ao consumidor sistemas de navegação confiáveis, para que ele consiga encontrar as soluções de que necessita.

Em compasso com o avanço das tecnologias de informação e comunicação, que democratizaram a internet, o mundo está ainda mais conectado. Por um lado, isso dá a cada indivíduo um novo poder. Por outro, nos soterra com uma quantidade exagerada de informações. É tanta coisa para digerir que fica difícil avaliar a veracidade de tudo que chega até nós.

Figura 4.1 O fator cliente na parte "dinâmica" e no modelo 4C em diamante

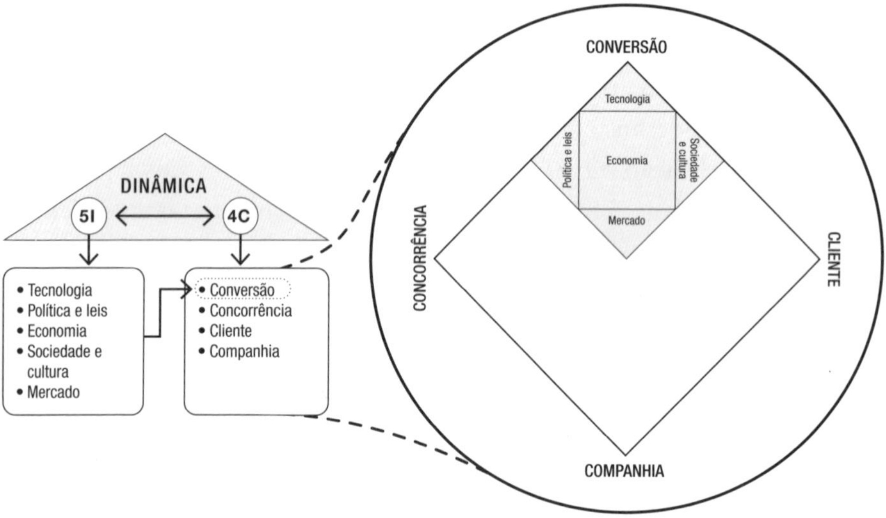

Essas circunstâncias são uma oportunidade para as empresas ajudarem o cliente a entender melhor o que ele quer e desfrutar das soluções. Uma experiência clara, honesta e transparente é essencial na era da "pós-verdade", marcada por fake news que se espalham pelo mundo inteiro.

▶ O consumidor conectado

Antenados com o mundo digital de hoje, os consumidores – que foram e continuam sendo servidos por empresas do mundo inteiro – também estão mais conectados. Isso leva a uma série de desdobramentos:

- **O consumidor está mais informado.** Com acesso quase ilimitado a uma enorme quantidade de dados, qualquer pessoa faz sua própria busca antes de tomar grandes ou pequenas decisões.[8] De maneira geral, mais de 80% dos consumidores fazem uma pesquisa on-line antes de realizar uma compra para validar a própria decisão, certificando-se da proveniência do produto e lendo avaliações de outros usuários, por exemplo. O cliente gosta de ter informações detalhadas sobre o produto ou serviço que está consumindo.[9]

- **O consumidor está mais sofisticado.** Consumidores mais informados podem ter expectativas mais altas, tornando cada vez mais difícil para a empresa satisfazê-los.[10] Mais de 90% dos consumidores desejam produtos projetados para atender aos seus desejos.[11]
- **O poder de barganha mudou de lado.** Esses consumidores altamente sofisticados ficaram empoderados, já que têm uma ótima compreensão dos produtos e serviços. Conhecem bem os preços e sabem qual oferta possui o melhor valor. Além disso, podem exigir até a liberdade de customização. Isso lhes permite extrair o máximo de cada centavo gasto.

Com o consumidor numa posição mais forte desde o início da década de 2010, as empresas se veem diante de várias questões:

- **Maior dificuldade em satisfazer o cliente.** Em algumas categorias de produto, o consumidor privilegia a funcionalidade em detrimento da marca. Em outras, escolhe a marca com a qual sente uma conexão mais forte. Há, porém, uma tendência de o cliente abandonar a marca assim que se sente negligenciado.[12]
- **Maior dificuldade em ter clientes fiéis.** O consumidor é dinâmico, entende tudo com facilidade e muda de ideia rapidamente. Isso provocou uma onda de infidelidade às marcas mundo afora. Como consequência, apenas cerca de 8% dos consumidores no mundo inteiro são clientes fiéis.[13] O profissional de marketing investe muito dinheiro e esforço para agradar o cliente, que às vezes não se importa com isso, pois toma suas decisões de compra de maneira automática. As empresas precisam, portanto, desenvolver uma "vantagem cumulativa".[14]
- **Maior dificuldade em obter boca a boca positivo.** Na era da pré-conectividade, usávamos muito o nível de retenção e recompra como indicador da fidelidade do cliente. Hoje em dia, também consideramos sua disposição a apoiar nossa marca num mundo conectado. Só

que muitas vezes, para o cliente, o boca a boca é mais arriscado que a recompra, porque quem recomenda uma marca se coloca em "risco social". Por exemplo, caso outros sigam a indicação de alguém, mas se decepcionem com a compra, aquele que recomendou o produto ou serviço pode ser punido socialmente. É um risco que leva o consumidor a ter cautela ao expressar seu entusiasmo.[15]

▎ A gestão do cliente rumo a 2030

Lidar com essa nova leva de consumidores exige uma revisão total da gestão do cliente para que a empresa sobreviva e continue competitiva. Para que isso aconteça no futuro, mais empresas terão que migrar para a internet e trabalhar com todos os tipos de canais e aparelhos. Também terão que usar um número enorme de ferramentas tecnológicas e ser capazes de enxergar seus clientes em tempo real. Os dados serão um ativo precioso, e as organizações não terão alternativa senão fazer uma transformação digital, adotando uma plataforma de dados do cliente (CDP, na sigla em inglês). No estágio seguinte, a CDP vai determinar a capacidade da empresa de oferecer ao cliente a melhor experiência.[16] Vejamos o que isso representa para o marketing digitalizado e o modelo de negócios do futuro.

A necessidade de competências de marketing digital

O marketing digital pode trazer vários benefícios, entre eles valor mais substancial para a marca, aumento nas vendas, melhoria na qualidade da assistência ao cliente, eficiência no gasto com mídia e economia significativa no gasto com pesquisa.[17] Essas competências são fundamentais para apoiar o marketing. Porém, para garantir a flexibilidade da empresa diante de um mercado muito dinâmico, será preciso embutir no próprio DNA dados atualizados em tempo real. A alavancagem do big data trará um enorme volume de dados, de diversas fontes, a uma velocidade fantástica.

A tecnologia digital também dará suporte a diversos processos de automação. Entre as funções que serão automatizadas num futuro próximo estão a assistência ao cliente, o processamento de dados, a revisão de textos, os serviços de entregas, a análise de pesquisas de mercado e a manufatura.[18]

Entre os talentos humanos necessários em 2030 estarão a sensibilidade a problemas, o raciocínio dedutivo, a organização de informações, a fluência de ideias, a compreensão oral, a expressão escrita e a clareza no discurso.[19]

As empresas necessitam de pessoas capazes de se comunicar com o cliente através de diversas plataformas digitais, de compreender a tecnologia digital e de utilizá-la. Os funcionários precisam ter rapidez, flexibilidade e mentalidade empreendedora e tomar decisões com base em fatos que se refiram a dados.[20]

O marketing impulsionado por dados funciona com empresas de qualquer dimensão. Por exemplo, serviços de saúde de pequena escala que usam marketing digital apresentaram uma taxa de crescimento mais elevada nos últimos anos. A publicidade paga em mídias específicas, destinada a chegar com mais precisão ao público-alvo local, é um dos fatores que impulsionam esse crescimento.[21]

Daqui até 2030, a cultura do marketing estará cada vez mais enraizada na criatividade e na tecnologia. Quase tudo ocorrerá como uma experiência sem atrito, auxiliando as pessoas no dia a dia.[22] A segmentação one-to-one será ainda mais comum, graças ao apoio do big data, da IA e da análise de dados, permitindo plena customização e personalização. As marcas precisarão ter alta capacidade de adaptação, e as empresas terão que se reposicionar em resposta a um mercado muito dinâmico.[23] O papel da IA na estratégia de marca é vital, e o profissional de marketing que não souber aplicá-la para criar engajamento no consumidor, nos diversos estágios da jornada do cliente, estará fora da disputa.[24]

A necessidade de revisar o modelo de negócio

Enfocar apenas o aspecto da digitalização do marketing não vai garantir por si só a sobrevivência. As empresas precisam revisitar seus modelos de negócio, criando um modelo digital. Segundo Peter Weill e Stephanie L. Woerner, do ponto de vista do design da empresa, existem dois polos num espectro. Esses polos são a cadeia de valor e o ecossistema. Podemos dividir o conhecimento do cliente final em dois tipos: parcial ou total.[25]

De modo geral, quanto mais o design do negócio da empresa é voltado para o ecossistema – tanto como produtor modular quanto como impulsionador desse ecossistema –, maior a probabilidade de que essa empresa consiga crescimento de receita e grande margem de lucro líquido. Além disso, quando a compreensão que a empresa tem do cliente é ampla e completa, ela fica mais bem equipada para apresentar um desempenho superior. O ecossistema permite que a empresa expanda a rede de negócios e o portfólio, oferecendo mais produtos e serviços novos. Esse ecossistema pode permitir que a receita total da empresa aumente em aproximadamente 30% até 2025.[26]

Estamos vendo que ser grande não é mais suficiente nesta era social mais equilibrada. A chave para ganhar a competição é ser rápido, fluido e flexível. Mexer o tempo todo na cadeia de valor não é mais apropriado como meio de obter alta competitividade.[27]

O *The New York Times*, empresa global de mídia focada na criação, apuração e distribuição de notícias e informações de alta qualidade, foi a mais rápida a entrar no modelo de negócio de assinaturas on-line, em 2011. Aplicou um modelo de negócio *freemium* (*free* + *premium*), atraindo assinantes para o produto jornalístico, e entregou diversas oportunidades publicitárias. Nos últimos anos, em que a estratégia *freemium* se tornou universal, o *The New York Times* adquiriu a Wordle, empresa de games, para expandir seu negócio no setor. O gigante do jornalismo está apto a engajar clientes mais jovens e mais conectados digitalmente para expandir seu alcance como empresa. Além dos games, também tem podcasts para acompanhar seu jornalismo tradicional de padrão internacional. Em fevereiro de 2022, o *The New York Times* já tinha conseguido obter 10 milhões de assinaturas pagas.[28]

Num ecossistema dinâmico, dá para perceber que as fronteiras das atividades que criam valor estão se expandindo, ficando mais integradas e fortalecendo a interdependência dos parceiros comerciais. Os diferentes elementos de uma plataforma ou ecossistema digital possuirão uma interdependência que não é linear como na abordagem tradicional da cadeia de valor.[29] Portanto, precisamos expandir a análise da cadeia de valor de modo a abranger tendências e fatores que a influenciam.[30]

▷ Como conduzir o cliente

Os consumidores estão sobrecarregados de informações sobre produtos disponíveis no mercado, o que torna suas decisões mais imprecisas. As empresas têm que atuar de forma proativa, agindo como um guia de confiança para esses consumidores, obedecendo aos seguintes procedimentos:

- **Oferta de uma plataforma.** As empresas podem oferecer uma plataforma física e digital para o consumidor identificar seus problemas e encontrar soluções. É importante certificar-se de que o cliente seja capaz de compreender de imediato os benefícios da plataforma. Garanta que as características sejam completas, relevantes e adequadas para os usuários, sobretudo para aqueles das gerações Y e Z.

    Por exemplo, os aplicativos bancários são vantajosos, pois amenizam todas as "dores de cabeça" do consumidor. Há uma frase famosa que diz: "As pessoas não precisam de bancos, mas precisam de banking." Segundo a revista *Forbes*, para atender à necessidade do cliente basta que a interface do celular ofereça os serviços bancários completos, como extratos, rastreamento de gastos e chave de segurança sem necessidade de sair de casa.[31]

- **Engajamento de parceiros.** As empresas precisam envolver nessa plataforma os parceiros relevantes, dando apoio a recursos, atividades, capacitações e até competências necessárias para atender às múltiplas necessidades dos clientes. O envolvimento desses parceiros precisa ser imperceptível, propiciando uma experiência livre de incômodos para o cliente. É preciso garantir que o modelo da plataforma seja flexível e compatível com o dos parceiros, sem deixar de ter um rigoroso controle de governança.

- **Foco na solução.** Por meio dessa plataforma, a empresa precisa propiciar ao consumidor soluções completas, livrando-o de incômodos a cada passo da jornada. A empresa tem que explicar como usar a plataforma e oferecer soluções capazes de resolver os problemas centrais do cliente mediante customização e personalização. Também precisa oferecer oportunidades de cocriação e colaboração com os clientes.

- **Serviços de assistência.** Esses serviços buscam proporcionar segurança ao cliente e precisam estar acessíveis a qualquer hora ou lugar. As empresas devem estar aptas a receber chamadas dos clientes a qualquer momento, além de garantir que o serviço de assistência aumente o engajamento.

- **Comunicação de valor e de valores.** Verifique se a proposição de valor da empresa se concentra na experiência ou na transformação. Certifique-se de que os valores da empresa, sobretudo aqueles relacionados aos interesses mais amplos da comunidade, estejam embutidos no modelo de negócio e sejam comunicados de maneira clara ao cliente, para que ele os compreenda e valorize. Incentive a interação entre os clientes de uma mesma comunidade para que se auxiliem, troquem ideias, contribuam, criem redes e até se divirtam.

A escolha: conservadora ou progressista

As expressões *impulsionada pelo mercado* e *impulsionadora de mercado* já existem há algum tempo. Segundo a definição de Bernard Jaworski, Ajay Kohli e Arvind Sahay, uma empresa é "impulsionada pelo mercado" quando busca compreender o comportamento dos atores de uma estrutura de mercado específica, para só então reagir a ela. Por sua vez, "impulsionar o mercado" implica influenciar sua estrutura e/ou o comportamento dos atores de um jeito que reforce a posição competitiva da empresa.[32]

Essas duas orientações de negócio são opcionais e dependem fortemente de diversos fatores da empresa, inclusive quanto a recursos (tangíveis e intangíveis), capacitações e competências centrais. Uma orientação de mercado mais robusta possibilitará à empresa atingir um desempenho superior. Também se sabe que os desafios são grandes demais para que uma empresa os enfrente sozinha. Por isso, o envolvimento num ecossistema de negócios digital aumentará a chance de uma organização sobreviver a longo prazo (Figura 4.2).

Ao combinar a orientação de mercado com o modelo da empresa, conseguimos prever que, quanto mais ela se dirige para a parte inferior esquerda do gráfico, mais é impulsionada pelo mercado. No entanto, quanto mais ela vai para o topo à direita, mais tem capacidade de impulsionar o mercado. Essa competência de impulsionadora será ainda mais poderosa se a empresa for capaz de impulsionar o ecossistema, e não apenas participar dele.[33]

Na parte inferior esquerda estão as empresas conservadoras, e na parte superior direita, as progressistas. A essa faixa entre os dois polos damos o nome de *espectro corporativo conservador-progressista*. A maioria das empresas está em algum ponto desse espectro (ou talvez até fora dele), quer a empresa decida deliberadamente sua posição ou simplesmente esteja nela por acaso.

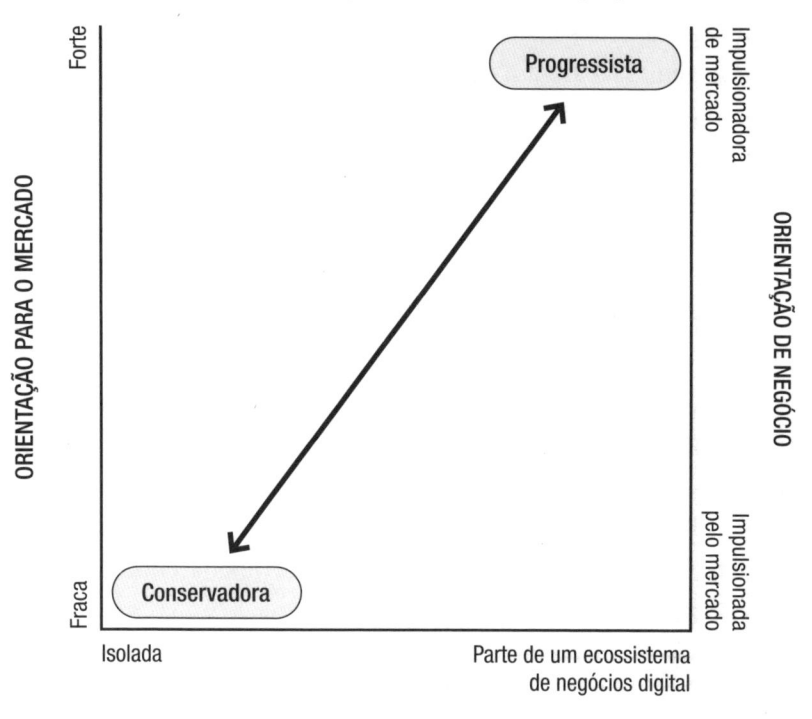

Figura 4.2 Espectro corporativo conservador-progressista

```
                                    Progressista
                                                        Impulsionadora
                                                        de mercado
ORIENTAÇÃO PARA O MERCADO
Forte                                                                ORIENTAÇÃO DE NEGÓCIO
Fraca       Conservadora
                                                        Impulsionada
                                                        pelo mercado
         Isolada         Parte de um ecossistema
                         de negócios digital
                    MODELO DE EMPRESA
```

As empresas progressistas têm uma forte orientação para o mercado, fazem parte de um ecossistema de negócios digital (podendo até deter o controle desse ecossistema) e têm uma orientação de negócio que impulsiona o mercado. Por exemplo, o TikTok está presente em todos os ecossistemas. Levou os vídeos curtos a tamanho grau de popularidade que forçou outras plataformas a se atualizarem. Em menos de quatro anos, 3 bilhões de usuários baixaram o TikTok.[34] Atualmente, os vídeos nessa rede social podem ter duração de três minutos, viabilizando certos nichos, como o dedicado à culinária.[35]

Em compensação, empresas conservadoras têm uma orientação para o mercado fraca. Estão isoladas ou não fazem parte de um ecossistema de negócios digital. São impulsionadas pelo mercado em termos de orientação de negócio.

Ambos os tipos de empresa podem subsistir. Porém as progressistas têm uma chance maior de implantar uma competitividade robusta a longo prazo. As conservadoras são adequadas para um panorama estático de negócio. Em contrapartida, as progressistas são ideais para um ambiente muito dinâmico, como temos visto atualmente – e continuaremos a ver até 2030. As progressistas se baseiam em sua capacidade de dinamismo, que lhes permite impulsionar o mercado.

As empresas conservadoras são capazes de sobreviver num ambiente de negócios que tende a ser estático. Até certo ponto, conseguirão seguir em frente num ambiente dinâmico, mas terão dificuldade para adquirir uma posição de mercado robusta. Por sua vez, as progressistas podem avançar continuamente, ajudando até a moldar esse ambiente.

As conservadoras possuem um modelo isolado, que se baseia nas cadeias de valor convencionais. As progressistas se baseiam em redes com parceiros altamente coordenados e independentes dentro do ecossistema de negócios digital, o que lhes permite fortalecer o poder de barganha em relação ao cliente. Por exemplo, o modelo de negócio de "cozinha em nuvem", adotado pela empresa de carona compartilhada Grab, permite que diversos restaurantes preparem seus pratos numa cozinha central. Esse sistema, em geral, é criado para pedidos on-line. É um conceito que permite aos usuários da Grab obter sua comida mais rápido do que se tivessem que buscá-la no restaurante. Criado em 2018, esse modelo permitiu à marca manter suas operações mesmo durante a pandemia.[36]

As empresas conservadoras ainda têm tendência a aplicar métodos de marketing convencionais, se comparadas às progressistas, que costumam utilizar métodos de marketing digital para conduzir o cliente de forma fundamental, holística e proativa. Por exemplo, o aplicativo DBS Digibank lançou o LiveBetter, uma plataforma digital one-stop que busca ajudar na transição para um estilo de vida mais ecológico, simplesmente adotando soluções verdes de varejo financeiro, em questões como reformas residenciais, aluguel de veículos e investimentos. Essa iniciativa permitiu ao DBS tornar-se um dos bancos mais lucrativos do mundo. Em 2021, o DBS apresentou um lucro acima do esperado, o décimo ano consecutivo de tal feito. Essa transformação do DBS (ao adotar um sistema de banking digital para atender os clientes) fez dele um dos melhores bancos digitais de Cingapura.[37]

Os dois tipos de empresa são capazes de conduzir seus clientes. No entanto, as empresas conservadoras só podem guiá-los de forma limitada, em plataformas variadas, em aspectos não fundamentais e geralmente técnicos, como onde obter informações, como fazer compras, quais as formas de pagamento, como usar os produtos e assim por diante. Por sua vez, as empresas progressistas conduzem o cliente de maneira mais fundamental – por exemplo, estabelecendo novas regras do jogo, tornando irrelevantes muitos dos concorrentes e mudando a mentalidade e o comportamento de clientes e empresas.

As progressistas também provocam ondas de mudança. São capazes de afetar de modo significativo o ambiente macro. Podem, por exemplo, forçar as autoridades a reverem normas, criar transformações socioculturais ou até afetar estruturas de mercado.

Com base nessas explicações, começamos a compreender por que as empresas conservadoras tendem a ter uma vantagem competitiva apenas temporária. Por outro lado, as progressistas têm condições de estabelecer uma vantagem competitiva sustentável. São razões que também demonstram que, quanto mais progressista for uma empresa, maior a competitividade que ela pode alcançar (Tabela 4.1).

Tabela 4.1 Resumo das características das empresas conservadoras e progressistas

	POSIÇÃO NO ESPECTRO CORPORATIVO	
	Conservadora	Progressista
Ambiente de negócios	Adequada para um ambiente estático	Ideal para um ambiente dinâmico
Competências estratégicas	Impulsionada pelo mercado	Impulsionadora de mercado, competências dinâmicas
Modelo ou plataforma da empresa	Isolada, com cadeia de valor sequencial convencional	Rede de parceiros altamente coordenados e interdependentes dentro do ecossistema de negócios digital
Poder de barganha	O cliente tem uma posição de barganha mais forte	A empresa tem uma posição de barganha mais forte
Organização	Rígida, com forte inércia	Adaptável e flexível

	POSIÇÃO NO ESPECTRO CORPORATIVO	
	Conservadora	Progressista
Abordagem de marketing	Marketing convencional	Marketing digital
Nível de navegação	Básico, com escopo restrito e reativo	Fundamental, holístico e proativo
Centro de gravidade	Centrada no cliente	Centrada em soluções
Mercado	De nicho, segmentado, público-alvo específico, foco em economia de escala	Amplo, transcendente, one-to-one, concentrado em economias tanto de escala quanto de escopo
Tech e touch	Low-tech, low-touch	High-tech, high-touch
Marca e posicionamento	Apenas o nome, sem posicionamento preciso	Marca viva: onipresente, relevante e sem ruídos
Diferenciação	Baseada nos benefícios práticos e emocionais gerados pelo uso do produto ou serviço	Baseada na experiência do cliente ou na transformação por meio de um forte engajamento
Argumento de venda	Apenas as características e vantagens do produto	Experiência do cliente customizada ou personalizada; transformação em cada ponto de contato
Produtos e serviços	Produto padrão com um leque de variantes	Possibilidade de opções abrangentes de customização, cocriação e colaboração
Preço	Preço fixo	Precificação dinâmica
Fidelidade	Desde o projeto, com base num mecanismo de retenção por programas de fidelidade de alto custo devido à alta taxa de desistência do cliente	Por *default*, com base num mecanismo de retenção "natural", porque a empresa se torna essencial para a vida do cliente, que reluta em trocá-la
Indicadores-chave de desempenho	Financeiros e não financeiros, subjetivos e objetivos	Financeiros e não financeiros (subjetivos e objetivos) abrangentes, e repercussão digital
Vantagem competitiva	Temporária	Sustentável

Vários pontos exigem atenção. Em primeiro lugar, as empresas progressistas não levam em conta apenas o ponto de vista do cliente, como fazem as conservadoras. Elas também analisam de forma abrangente diversos aspectos do modelo 4C em diamante, em que o cliente é apenas um dos elementos. Para garantir a continuidade do negócio, as organizações não podem se concentrar apenas na elaboração de produtos e serviços que sejam atraentes aos olhos do cliente. Também precisam prestar atenção geral na dinâmica do ambiente de negócios, inclusive nos competidores e naquilo que acontece no ambiente macro.

Em segundo lugar, essa nova abordagem progressista, em especial a maneira como as empresas lidam com os clientes (e com as comunidades a que eles pertencem), exige um esforço educativo inspirador para que ela seja aceita de imediato e adotada como parte do cotidiano. Educar o mercado, para que ele atinja a massa crítica, é uma questão crucial, algo que as empresas progressistas precisam levar em conta atentamente.

Em terceiro lugar, o modelo de negócio de uma empresa progressista será diferente do de uma empresa conservadora, que se baseia fortemente na formação de competências a partir de sua capacidade de aproveitar os diferentes ativos tangíveis. Por sua vez, as progressistas baseiam sua competitividade na alavancagem de ativos intangíveis da própria empresa, muito difíceis de copiar, indisponíveis para venda no mercado ou raros, e, sobretudo, de alto valor. Uma alternativa é a empresa obter os ativos que não possui, com diversos parceiros que sejam membros do ecossistema econômico, até formar uma vantagem de ecossistema.

Em quarto lugar, 2030 é um ponto estratégico no tempo e uma ponte para 2045. Segundo as previsões de Ray Kurzweil, haverá progressos exponenciais em computação, genética, nanotecnologia, robótica e inteligência artificial, frutos da "lei do retorno acelerado". A "singularidade" é o ponto em que, de acordo com ele, as inteligências humana e das máquinas acabarão por se fundir.[38]

Portanto, toda companhia precisa definir seu futuro desde já. As empresas não podem desperdiçar esse impulso rumo a 2030, caso queiram sobreviver na era posterior. Por esse motivo, precisam planejar onde fincarão o pé no espectro corporativo conservador-progressista.

PRINCIPAIS CONCLUSÕES

- O cliente, que é parte do modelo 4C em diamante (junto com conversão, concorrência e companhia), ocupa o posto central no ambiente de negócios de hoje e de amanhã.
- O consumidor está mais conectado, o que o deixa mais informado e sofisticado, e tem maior poder de barganha. É um desafio satisfazê-lo, retê-lo e transformá-lo num propagandista da empresa.
- No futuro, as empresas terão que adaptar suas competências de marketing digital e rever seus modelos de negócio.
- Para conduzir o cliente, as empresas podem oferecer uma plataforma, engajar parceiros, priorizar a solução, oferecer serviços de assistência e comunicar valor e valores.
- As empresas precisam se definir como conservadoras ou progressistas e decidir como querem se preparar para o futuro.

5
Como unificar competências
A convergência de mentalidades dentro da organização

O que você quer ouvir no seu celular: música ou podcast? E no seu laptop, no seu tablet ou em outros aparelhos?

Se procura uma solução única para todos os casos, recorra ao Spotify. Fundada em 2006 por Daniel Ek e Martin Lorentzon, a empresa com sede na Suécia tornou o áudio acessível em qualquer lugar. O consumidor pode optar por uma assinatura gratuita ou paga.[1] Atualmente, o Spotify tem mais de 570 milhões de usuários, dos quais cerca de 225 milhões são premium.[2]

Como essa empresa pegou a música, considerada por muitos uma necessidade básica há milhares de anos, e a adaptou ao padrão atual de conectividade? É verdade que o setor progrediu muito, passando da música ao vivo à gravada, do fonógrafo ao toca-fitas e depois ao CD, seguido pelos iPods. Todas essas inovações serviam a um propósito. O Spotify, porém, alavancou a tecnologia, possibilitando a qualquer pessoa acessar qualquer música de qualquer lugar.

Vamos analisar os bastidores dessa empresa arrojada e de expansão global. Claramente ela atendeu um desejo dos fãs de música, como mostra seu significativo crescimento nos últimos anos. Entre 2018 e 2022, a empresa aumentou de tamanho, passando de cerca de 3.600 para mais de 8.300 funcionários.[3]

Para sustentar esse ritmo, o Spotify recrutou pessoal de regiões geográficas variadas, com origens culturais diferentes.[4] Não é tarefa simples. Seu maior desafio é continuar atraindo as pessoas certas (em alguns casos, centenas de trabalhadores) sem abandonar a inovação, a agilidade e a singularidade de sua cultura, segundo Katrina Berg, diretora de recursos humanos do Spotify.[5]

Para superar esse desafio sem deixar de ser líder, a empresa implantou equipes transdisciplinares, chamadas de "esquadrões", grupos autônomos de seis a doze pessoas. Eles respondem diretamente à empresa e trabalham para manter a força de trabalho ao mesmo tempo ágil e inovadora, sem deixar de lado o compromisso com a missão central da companhia.[6]

Os esquadrões são responsáveis pelos novos produtos, inclusive pelo que vai ser criado e por quem.[7] Coletivamente, vários esquadrões formam uma "tribo", e cada tribo também tem sua autonomia.[8] Um dos deveres do líder da tribo é propiciar um ambiente de trabalho adequado para todos os esquadrões.[9] Além disso, os membros de uma tribo que têm as mesmas competências são agrupados num "capítulo". Qualquer pessoa num capítulo pode aderir a uma "guilda", que é formada por indivíduos com interesses em comum.

Para harmonizar esse formato tão original, o Spotify recorre a assembleias virtuais.[10] A tecnologia também permite que os funcionários trabalhem remotamente de qualquer lugar.[11] Regras claras ajudam o Spotify a monitorar a evolução dos funcionários, mantendo uma mentalidade de crescimento robusta.[12]

Esse arranjo organizacional tem o objetivo de evitar a "mentalidade de silo".[13] Ele permite que o Spotify atinja o difícil equilíbrio entre a implementação de estruturas e o estímulo à criatividade. Também visa manter o pessoal engajado, satisfeito, bem administrado e ativamente envolvido com inovação e crescimento.

Convém que as empresas interessadas em seguir esse exemplo harmonizem suas mentalidades, funções e seus recursos. Neste capítulo, vamos discutir estratégias para cumprir esses objetivos. Também analisaremos o modelo omnihouse como guia da nossa discussão (Figura 5.1).

Vamos começar examinando como fazer a convergência entre diferentes fatores no "núcleo do empreendedorismo". Em seguida, vamos interligá-lo ao "núcleo do profissionalismo". Estudaremos a relação entre criatividade e inovação, e entre empreendedorismo e liderança (CI-EL). Também vamos avaliar as conexões entre produtividade e aprimoramento, e entre profissionalismo e gestão (PA-PG). No Capítulo 6, nos debruçaremos sobre a integração entre marketing e finanças, e entre tecnologia e humanização.

Figura 5.1 Oposições no modelo omnihouse

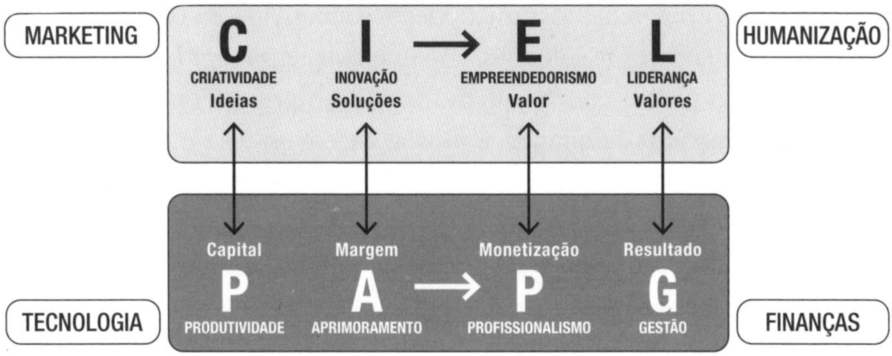

```
MARKETING    C         I    →    E         L         HUMANIZAÇÃO
         CRIATIVIDADE INOVAÇÃO EMPREENDEDORISMO LIDERANÇA
             Ideias   Soluções      Valor       Valores
                ↕        ↕           ↕            ↕
              Capital  Margem    Monetização   Resultado
TECNOLOGIA     P        A    →    P         G         FINANÇAS
         PRODUTIVIDADE APRIMORAMENTO PROFISSIONALISMO GESTÃO
```

▮▶ Mentalidade de criatividade e inovação

A inovação e a criatividade são fundamentais em todas as disciplinas e atividades educacionais, não apenas nas artes. A inovação está relacionada às novidades (ideias, métodos ou produtos) que possuem valor. É fruto de idealização, da produção, do fazer acontecer, da implementação de algo novo. Exige trabalho árduo para garantir a concretização posterior das boas ideias. Já a criatividade é um processo ativo, que está no cerne da inovação.[14]

Criatividade e inovação são conceitos complementares.[15] Por si só, nem sempre a criatividade leva à inovação.[16] A criatividade exige ideias, insights ou soluções para problemas, enquanto a inovação envolve a implementação dessas ideias rumo ao progresso.[17] Resumindo, a criatividade é a raiz ou a fonte que determina a inovação, e a inovação é uma aplicação ou forma concreta de criatividade.

Costumamos dizer que uma pessoa rica em ideias antecipatórias ou adaptativas tem uma "mentalidade criativa". Já o indivíduo com mentalidade inovadora é visto como capaz de proporcionar soluções para os problemas dos clientes. Juntas, essas competências permitem que a empresa esteja mais bem posicionada que seus concorrentes.

▶ Mentalidade de empreendedorismo e liderança

Em geral, podemos dizer que pessoas com mentalidade empreendedora identificam e compreendem problemas variados, enxergam oportunidades nesses problemas, assumem riscos calculados e colaboram com terceiros para encontrar soluções. São etapas que podem levar à criação de valor, tanto para o cliente quanto para a empresa. Por sua vez, a liderança é demonstrada quando a pessoa desenvolve e exerce influência sobre os outros com base em suas competências intelectuais, emocionais e espirituais.

Há uma série de exemplos de empreendedores bem-sucedidos em todo o mundo, pessoas que demonstram uma liderança transformadora, não apenas resolvendo problemas em suas empresas, mas também contribuindo para solucionar alguns dos problemas mais urgentes do mundo. Em vez de olhar apenas para aquilo que outros fizeram no passado, elas estão mais interessadas numa verdade universal. Com base nisso, elaboram soluções criativas.

De uma geração mais antiga de empreendedores, como Bill Gates e Ted Turner, à geração mais jovem composta por Larry Page, Sergey Brin ou Adam D'Angelo, todos eles desafiam aquilo que o ser humano é capaz de pensar e fazer. Suas habilidades empreendedoras e de liderança têm enorme potencial para impactar suas organizações e o mundo inteiro.

▶ Mentalidade de produtividade e aprimoramento

Produtividade, em termos simples, costuma ser associada à relação entre insumo e produto final. Podemos atingir um nível de produtividade mais alto usando menos insumos, com maior produção. Essa abordagem é mais evidente no processo industrial, em que medimos quantas unidades foram produzidas a partir de um insumo específico.

Embora seja mais complexo, também podemos usar esse conceito em outros domínios da administração. É possível medir quanto se consegue vender (produção) em relação ao número de vendedores ou ao total de funcionários da empresa (insumo). Quanto maior o nível de vendas obtido por uma equipe menor, em geral mais produtiva é a empresa. Muitas vezes, a produtividade é diretamente proporcional à lucratividade.

Também costumamos medir a produtividade combinando eficiência e eficácia. Quando o nível de eficiência ou eficácia (ou até ambos) cai, o nível de produtividade cai também. Em termos gerais, eficácia significa "fazer as coisas certas", e eficiência, "fazer as coisas certo". Assim, quando fazemos a coisa certa do jeito certo, estamos no rumo desejado para chegar à produtividade ideal. Portanto, eficácia e eficiência são duas coisas diferentes, mas não podemos separá-las quando se trata de produtividade.

Para aumentar a eficiência, nos esforçamos para aumentar a produção com os mesmos insumos. Para sermos mais eficazes, nos concentramos nos recursos. Priorizamos aqueles que nos proporcionarão os melhores resultados conforme as metas da empresa.

Para atingir a produtividade ideal, a empresa tem que ser ao mesmo tempo eficaz e eficiente. Uma pessoa com mentalidade de produtividade pode realizar diversas tarefas com eficácia, inclusive utilizar os recursos da empresa e executar diferentes processos de criação de valor com eficiência. Por sua vez, uma pessoa com mentalidade de aprimoramento se concentra em resultados melhores em relação ao passado e busca uma performance ainda melhor no futuro.

▎▶ Mentalidade de profissionalismo e gestão

O profissionalismo é muitas vezes associado a certo padrão (tanto escrito quanto não escrito).[18] Pode se referir a atributos relacionados a conhecimentos e competências, juntamente com características como integridade, honestidade e respeito mútuo. Costuma ser resultado de um longo processo de formação.[19]

A responsabilidade – como parte do profissionalismo – é demonstrada pelo cumprimento das promessas. Ela abrange um trabalho estruturado, um planejamento bem elaborado e um evitamento da procrastinação. Quando compromissos assumidos não são cumpridos, isso pode prejudicar a performance do funcionário. Segundo um estudo realizado pelo Departamento de Administração da London School of Economics, promessas não cumpridas solapam a energia mental dos funcionários, resultando em danos não intencionais a outras pessoas.[20]

O profissionalismo é vital para uma carreira dentro de uma empresa. Porém, mais do que isso, ele gera confiança e uma reputação sólida junto aos diversos atores de um ecossistema de negócios. Também influencia a performance geral da empresa. Portanto, o compromisso com o profissionalismo é obrigatório e deve se pautar nos valores ou na cultura corporativa.[21]

Um estudo realizado na Austrália ressalta a importância do profissionalismo para as organizações. O artigo dá ênfase ao seu impacto sobre a reputação da empresa. O profissionalismo afeta não só esse aspecto, mas também a vantagem estratégica da organização.[22]

O profissionalismo é um elemento crucial numa companhia, porque deixa claro o que, de modo geral, é aceito (ou não) numa comunidade específica. Essa mentalidade leva a uma harmonização que transcende as áreas, como um protocolo universal. É uma diretriz que ajuda a evitar conflitos improdutivos nas inúmeras interações entre indivíduos da mesma organização e entre pessoas de duas ou mais organizações diferentes.

É difícil separar profissionalismo de gestão nas organizações empresariais. A gestão não pode atuar como desejado se não houver alguém com profissionalismo por trás dela. Segundo uma pesquisa feita com 2.580 pessoas em sete hospitais da Austrália, o comportamento antiprofissional teve uma influência negativa "moderada" ou "significativa" sobre o cuidado com os pacientes, a frequência de erros ou a qualidade do serviço. As enfermeiras, o pessoal do administrativo e as equipes de gestão tinham uma probabilidade maior de relatar essa influência do que os médicos.[23]

Em geral, a gestão abarca diversas coisas que muitas vezes começam com objetivos específicos e planos para atingi-los. Por isso, o planejamento é crucial no processo de gestão. Estratégias (e táticas) refletirão como atingir os objetivos da empresa. A estratégia terá repercussões substanciais sobre quais recursos precisam estar disponíveis, quais capacitações são necessárias e quais competências a empresa precisa priorizar para obter vantagem competitiva.

Uma organização é um coletivo de pessoas que trabalham juntas para alcançar um objetivo predeterminado. As empresas compreendem que uma gestão de projetos eficiente é crucial para atingir melhores resultados. Segundo a Bain & Company, até 2027 a maioria do trabalho das empresas será baseada em projetos. Diante disso, a necessidade de gerentes de projetos vem aumentando mais rapidamente que a demanda por pessoal qualificado em outras profissões. Esse fenômeno reflete uma crescente conscientização da influência de uma boa gestão de projetos sobre o resultado final de uma empresa.[24]

A gestão também tem a ver com a implementação de planos ou estratégias para alcançar os objetivos de uma empresa. A implementação ou execução é, muitas vezes, complicada, porque um ambiente dinâmico pode criar restrições novas e inesperadas, exigindo ajustes, por melhor que os planos e estratégias tenham sido elaborados. É algo que parece mais fácil na teoria do que na prática.

O Project Management Institute (PMI) patrocinou um relatório da Economist Intelligence Unit, intitulado "Por que boas estratégias dão errado: lições para os cargos de alta chefia", analisando como executivos de cargos como CEO e CFO participam da execução das estratégias. O estudo entrevistou 587 executivos seniores do mundo inteiro. Dentre os pesquisados, 61% admitiram que suas empresas sofrem constantemente para reduzir o abismo entre a formulação das estratégias e sua execução no dia a dia. Além disso, os entrevistados afirmaram que nos três anos anteriores apenas 56% das iniciativas estratégicas em suas empresas tinham sido implementadas com êxito.[25]

No processo de implementação, a comunicação entre direção e coordenação desempenha um papel crucial na garantia de um uso eficaz e eficiente de todos os recursos e competências organizacionais. A gestão da empresa, por exemplo, exige uma boa coordenação entre as áreas, tais como finanças, marketing, capital humano, operações e TI. Essa coordenação é fundamental para assegurar que o processo de criação de valor da empresa avance continuamente, sem interrupções significativas, mesmo tendo que lidar com a dinâmica imprevisível do ambiente de negócios.

O último fator de gestão tem a ver com o esforço para manter padrões. Estes precisam ser bem compreendidos e aceitos por todo o pessoal relevante da organização. É impossível realizar uma avaliação dos objetivos sem parâmetros adequados e precisos.

Em 2012, a Cargill Inc. – produtora e distribuidora de alimentos com sede em Minneapolis – não sabia mais como motivar e engajar seus 155 mil funcionários no mundo inteiro. Ao lançar seu método de "Gestão Cotidiana da Performance", cujo objetivo era incluir incentivo e controle diários em palestras durante o trabalho, a empresa lançou uma tendência. A Cargill afirma ter percebido melhorias mensuráveis desde que o administrativo começou a proporcionar avaliações construtivas e voltadas para o futuro, não para o passado.[26]

Portanto, uma pessoa com "mentalidade profissional" sempre consegue reforçar suas competências relevantes, possui forte disciplina e respeita a ética aplicável a seu trabalho. Já a pessoa com "mentalidade de gestão" sempre age de maneira apropriada e zelosa nos processos de planejamento, organização, implementação e controle da empresa.

Como vimos, uma integração desses fatores, tanto no núcleo do empreendedorismo quanto no do profissionalismo, pode levar à performance ideal. Estabelecer conexões e valorizar as contribuições de cada mentalidade reduz os riscos de conflito. Isso também aumenta a cooperação, enseja ideias inovadoras a serem implementadas, beneficiando a empresa, e cria uma sinergia que a impulsiona para a frente.

PRINCIPAIS CONCLUSÕES

- A mentalidade criativa é capaz de gerar ideias; o espírito de inovação transforma possibilidades em soluções tangíveis para os problemas.
- O empreendedorismo permite que as empresas alavanquem o valor comercial das inovações; a liderança orienta e influencia a estratégia, a direção e o moral.
- O profissional focado na produtividade busca ampliar a eficácia e a eficiência; o trabalhador com mentalidade de aprimoramento busca maneiras de atingir resultados melhores que os anteriores.
- Quem tem mentalidade profissional garante o respeito à ética; quem tem mentalidade de gestão supervisiona os processos e a implementação dos protocolos.
- A harmonia entre as mentalidades dos funcionários pode fortalecer as vantagens competitivas da empresa, entre elas um aumento de valor.

6
Como integrar funções
A convergência de departamentos dentro da organização

As empresas são organizadas de um jeito propício à realização de suas atividades. É comum serem divididas em setores ou departamentos, dependendo do tipo de função que exercem. Cada um deles realiza suas atividades de forma independente ou em interdependência com outros setores.

Às vezes um setor reluta em comunicar-se abertamente. Isso pode tolher a disseminação de informações entre os departamentos.[1] Sem comunicação e sem troca de informações, não é fácil fazer a coordenação para atingir as metas organizacionais.[2]

A "mentalidade de silo", como já vimos, é contraproducente, porque pode ter origem numa competição pouco sadia, de iniciativa daqueles que estão no topo dos diversos setores da empresa. Também pode ocorrer em qualquer nível que tenha funcionários secretamente focados nos próprios interesses.[3] Uma das características do silo é a falta de disposição de todos os envolvidos dentro da organização para compartilhar informações valiosas, ou até mesmo indispensáveis, com outros setores ou departamentos da empresa.[4]

No modelo omnihouse, podemos observar quatro funções distintas: marketing, tecnologia, humanização e finanças (não se preocupe, falaremos de operações mais adiante). Note que o marketing e as finanças estão em lados opostos. O mesmo vale para tecnologia e humanização. Foram dispostos assim para ressaltar o fato de que, nas empresas, essas funções costumam estar separadas ou em silos. Características contraditórias também podem ser constatadas entre os fatores CI-EL e PA-PG. Há diversas oposições no modelo omnihouse (Figura 6.1).

Figura 6.1 Oposições nas funções do modelo omnihouse

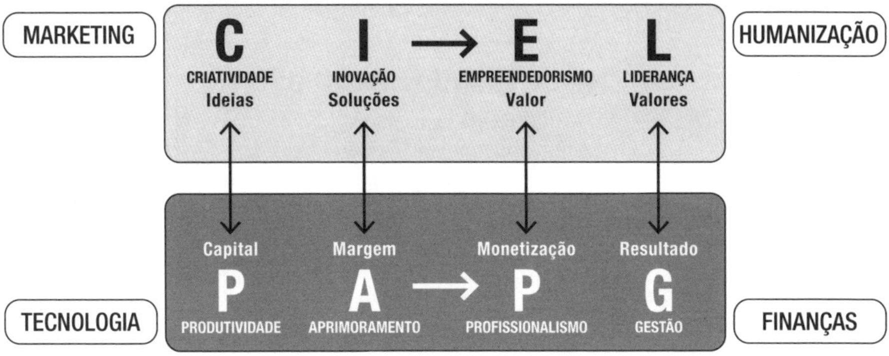

```
MARKETING        C         I    →    E         L        HUMANIZAÇÃO
           CRIATIVIDADE  INOVAÇÃO  EMPREENDEDORISMO  LIDERANÇA
              Ideias    Soluções       Valor         Valores

              Capital   Margem    Monetização     Resultado
                 P        A    →      P             G
TECNOLOGIA   PRODUTIVIDADE APRIMORAMENTO PROFISSIONALISMO GESTÃO   FINANÇAS
```

Neste capítulo, vamos analisar maneiras de romper a oposição do silo. Começaremos explorando formas de conectar marketing e finanças. Também vamos examinar a convergência de outros recursos, sobretudo aqueles relacionados a tecnologia e humanização.

Como conectar marketing e finanças

Como vimos no Capítulo 1, um dos pontos cegos mais comuns do marketing é sua incompatibilidade com o setor de finanças (Figura 6.2). Muitas vezes os profissionais de marketing ficam obcecados por métricas não financeiras. Os executivos de finanças costumam perguntar aos profissionais de marketing o que eles querem realizar ao utilizar determinado orçamento. Entre as possíveis respostas estão: aumentar o reconhecimento da marca; criar certas percepções; e comunicar propostas de valor.

Respostas como essas podem fazer o financeiro torcer o nariz, talvez por não conseguir entender o valor envolvido, principalmente devido à terminologia utilizada, diferente do jargão de finanças. Nesses casos, às vezes o financeiro pula para a pergunta seguinte: qual será o retorno em relação à quantia direcionada ao pessoal de marketing?

Diversas métricas básicas da área financeira remetem ao conceito de "retorno": por exemplo, retorno sobre vendas, retorno sobre ativos e retorno sobre investimentos. Por sua vez, o pessoal de marketing costuma usar métricas não financeiras, como índice de fidelidade, índice de satisfação, *top of mind* e fatia de mercado.

Figura 6.2 Oposição entre marketing e finanças no modelo omnihouse

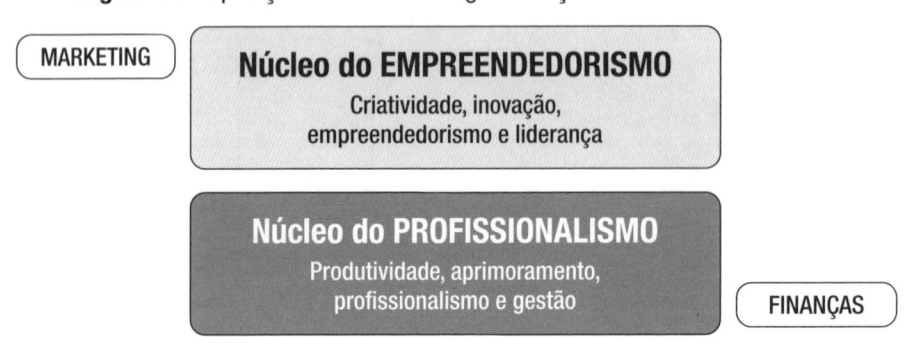

MARKETING

Núcleo do EMPREENDEDORISMO
Criatividade, inovação, empreendedorismo e liderança

Núcleo do PROFISSIONALISMO
Produtividade, aprimoramento, profissionalismo e gestão

FINANÇAS

É possível que parte do pessoal de marketing também não se importe com os resultados financeiros da empresa. O único aspecto que, na prática do marketing, costuma ser associado a uma métrica financeira são as vendas, a linha principal do balanço de receitas. Podemos atingir (ou até ultrapassar) a meta de vendas agindo a qualquer custo; isso, porém, leva a um balanço no vermelho. O balancete é a principal preocupação da maioria dos acionistas, porque é ele que determina os dividendos.

No entanto, às vezes o pessoal do financeiro dá ênfase excessiva ao controle de custos isolado, sem enxergar que o dinheiro gasto gera resultados não financeiros que, sob determinadas condições, podem ser convertidos em lucro. Portanto, o gasto não deve ser visto apenas como tal, e sim como um investimento.

Os profissionais da área financeira precisam compreender como funcionam os diversos departamentos para analisar melhor o contexto, o que, por sua vez, pode ajudar outros setores a tomar decisões em relação às despesas orçamentárias.[5] Como já vimos, a colaboração interdepartamental fortalece a mentalidade de "uma empresa só", entregando ao cliente os melhores produtos e serviços e influenciando positivamente a receita da empresa.[6]

▶ Como conciliar tecnologia e humanização

A definição de "máquina", nesta era digital, não se restringe apenas às máquinas que operam no aspecto mecânico. Máquinas com tecnologias como a IA são capazes de realizar tarefas humanas com precisão e constância muito maiores, graças à robótica. Essas máquinas também se conectam umas às outras, usando a Internet das Coisas e a tecnologia blockchain.

No mundo ideal, essas máquinas inteligentes ajudariam as organizações a atender os clientes internos da empresa, ou seja, o pessoal que trabalha nessa organização; os clientes externos, incluindo aqueles que compram e usam os diversos serviços de assistência da empresa; e até mesmo a sociedade.

Máquinas inteligentes, com tecnologia digital, são capazes de oferecer os seguintes serviços:

- **Para os funcionários.** Máquinas são projetadas e utilizadas em nome da eficiência e, sobretudo, para tornar o trabalho dos funcionários mais fácil, mais ergonômico e isento de acidentes, além de mais produtivo. A tecnologia permite aos trabalhadores executar suas tarefas de maneira mais humana. Ela permite trabalhar de qualquer lugar, estar conectado o tempo todo e acessar remotamente diversos dados e informações.
- **Para os clientes.** A tecnologia permite que a organização ofereça personalização e customização. Quando o pessoal da empresa é humanizado e auxiliado pela tecnologia, acaba sendo capaz de proporcionar um serviço mais humano ao consumidor. A era da "exploração" do cliente acabou faz tempo. Com a tecnologia, é hora de tratá-lo de forma integralmente humana, oferecendo soluções capazes de melhorar sua qualidade de vida.
- **Para a sociedade.** Mesmo que você não compre os produtos de determinada empresa, isso não a exime de estar atenta aos interesses da comunidade como um todo. Adotar a eletricidade renovável em todas as fábricas, como fez a Mercedes-Benz, reafirma a responsabilidade que a companhia também tem em relação ao meio ambiente. A reciclagem permite às empresas reduzir drasticamente o desperdício.

Da mesma forma, o uso de materiais biodegradáveis em diversos produtos é um indicador da preocupação ecológica.

As inovações tecnológicas mais recentes são constantemente incorporadas aos projetos de preservação da vida selvagem, que incluem monitoramento de espécies ameaçadas e detecção de caçadores. Drones, dados e mapeamento digital podem ser usados para rastrear animais selvagens em perigo. Um aumento das atividades de caça na África dizimou a população de elefantes no Parque Nacional de Garamba. A manada do Garamba, que já teve 22 mil elefantes, diminuiu para apenas 1.200 em 2017. Nos três anos seguintes, o Garamba conseguiu reduzir em 97% a caça aos elefantes graças à localização inteligente, que permitiu a equipes de vigilância especializadas rastrear e monitorar cada animal 24 horas por dia, usando um misto de SIG (sistema de informação geográfica) e Internet das Coisas.[7]

Figura 6.3 Oposição entre tecnologia e humanização no modelo omnihouse

TECNOLOGIA	Núcleo do EMPREENDEDORISMO Criatividade, inovação, empreendedorismo e liderança	HUMANIZAÇÃO
	Núcleo do PROFISSIONALISMO Produtividade, aprimoramento, profissionalismo e gestão	

É possível dar conta de nossas obrigações em relação aos acionistas usando máquinas inteligentes com tecnologias digitais muito sofisticadas. O ideal é que a tecnologia e o ser humano proporcionem tratamento humanizado para os funcionários, os clientes e a sociedade em geral.[8] O uso da tecnologia em conjunto com o lado humano – fazendo convergir a oposição entre tecnologia e humanização – vai se tornar uma prioridade cada vez maior para as empresas nos próximos anos (Figura 6.3).

▶ A importância da unificação

Romper o *status quo* de silo pode ser complicado. Vamos analisar dois obstáculos que devem ser constantemente superados para unificar uma empresa. Em seguida, avaliaremos por que a integração é crucial e como medir seu êxito ao longo do caminho.

Obstáculo nº 1: Rigidez organizacional

A rigidez é o oposto da flexibilidade necessária para adaptar-se às diversas pressões internas e externas enfrentadas pela empresa. Essa flexibilidade permite que a empresa aloque seus recursos de um setor a outro, inclusive transferindo funcionários para novas atribuições em setores diferentes. Os funcionários terão dificuldade para se adaptar e se manter produtivos se no futuro não estiverem dispostos ou não forem capazes de fazer convergir as diferentes mentalidades de criatividade/inovação-empreendedorismo/liderança (CI-EL) e de produtividade/aprimoramento-profissionalismo/gestão (PA-PG).[9]

Num ambiente muito dinâmico, as empresas precisam deixar de lado sua rigidez, o que inclui abandonar estratégias que não sejam mais pertinentes, estruturas excessivamente rígidas ou não reativas e culturas e mentalidades internas que já não sejam mais adequadas à situação atual. Em essência, a rigidez criará enormes dificuldades para a empresa sustentar seu negócio nesta era de transformações aceleradas.[10] A flexibilidade é a resposta, e um jeito de obtê-la é por meio da convergência das diferentes oposições entre mentalidades, funções administrativas e recursos.

Obstáculo nº 2: Inércia organizacional

Em geral, uma organização que atingiu o estágio de maturidade continuará sua jornada rumo ao futuro simplesmente mantendo a trajetória por um longo período. Devido a uma forte inércia, essa organização não consegue mudar de trajetória instantaneamente. Não causa surpresa que uma companhia que há muito tempo utiliza processos convencionais de criação de valor se veja diante de dificuldades quando precisa fazer mudanças repentinas, adotando uma abordagem mais agressiva.

Vejamos o exemplo da explosão da plataforma Deepwater Horizon, que matou onze pessoas, deixou 126 feridos e provocou um vazamento de petróleo que durou três meses. Segundo um estudo do governo americano, o desastre foi causado por uma "má gestão de riscos, mudanças de planos de última hora, incapacidade de perceber e reagir a sinais vitais, resposta de controle inadequada e treinamento de emergência *in loco* insuficiente".[11] Resumindo, a incapacidade de adaptar-se a desafios externos e situações diversificadas pode levar uma organização ao desastre.

A história é outra nas startups e em muitas empresas de ponta do setor de tecnologia. Desde a criação, elas adotam uma abordagem agressiva, adequada a um ambiente de negócios altamente dinâmico. Evidentemente, até o momento elas não precisaram recalcular a rota. No entanto, caso ocorra outra onda disruptiva importante, essas empresas terão que reavaliar suas abordagens e adaptá-las. Há casos de startups que tiveram problemas desde o começo, não conseguindo crescer, muito menos desenvolver-se (Figura 6.4).

Empresas grandes e antigas têm como evitar a inércia. Quando se ouve o nome DuPont, geralmente se pensa numa empresa de pensamento avançado. No entanto, poucos sabem que E. I. du Pont, um francês com experiência na fabricação de pólvora, fundou a DuPont no estado americano de Delaware em 1802. Du Pont montou sua primeira usina de pólvora em 1804, em Brandywine Creek, usando casca de salgueiro para fazer o carvão que gerava a pólvora. Desde então, a empresa produziu corantes, fibras sintéticas e películas para filmes de Hollywood, entre outras coisas. A DuPont e a Dow fundiram-se em 2015. A marca foi relançada em 2018, com um logotipo novo, ênfase na inovação e uma ampla gama de soluções.[12] Naquele ano, a DuPont gastou cerca de 900 milhões de dólares em pesquisa e desenvolvimento. Segundo a empresa, os produtos lançados nos cinco anos anteriores turbinaram em mais de 5% as vendas em 2018.[13]

Figura 6.4 Resumo dos estágios de uma startup e seus possíveis problemas

**Estágio 1
INÍCIO**

- Baixa mentalidade empreendedora
- Visão e missão confusas
- Estratégia e tática obscuras
- Planejamento e avaliação ruins
- Falta de recursos e competências

**Estágio 2
CRESCIMENTO**

- Estagnação da criatividade e da inovação
- Falta de uma liderança forte
- Profissionalismo insuficiente
- Gestão ruim

**Estágio 3
DESENVOLVIMENTO**

- Desatenção às mudanças no ambiente macro
- Desatenção à concorrência
- Desatenção aos clientes
- Negligência de produtos e marcas
- Visão e missão não revisadas
- Modelo de negócio não transformado
- Falta de digitalização

Motivos para a unificação

Embora a integração traga vários benefícios, três vantagens se destacam. Vamos analisar a relevância, a capacidade de sobrevivência e a sustentabilidade. Cada uma delas ressalta a importância de unir esforços.

Relevância

Unificar a empresa fazendo convergir seus opostos vai garantir a relevância dentro de um ambiente específico de concorrência. É como se a empresa tivesse um ingresso para participar da competição, porém sem garantia de vitória. Damos a isso o nome de "condição necessária" (participar de uma competição específica), porém "não suficiente" (ganhar a competição). Para se tornar relevante, uma empresa precisa de pessoas relevantes. Por esse motivo, ela precisa certificar-se de que o pessoal possua alto grau de adequação em relação à empresa, pelo menos em termos de valores, cultura e competências.

Se compararmos as 500 maiores empresas listadas pela revista *Fortune* em 1955 e em 2017, constataremos que apenas 60 ainda existem, isto é, 12% delas. Muitas organizações da lista de 1955 tornaram-se completamente desconhecidas ou foram esquecidas. Das empresas listadas em 1955, 88% foram à falência, fundiram-se com outra companhia (ou foram adquiridas) ou ainda operam, mas saíram do top 500 (com base na receita total).[14]

Capacidade de sobrevivência

Manter uma coesão constante, num patamar superior ao dos concorrentes, coloca a empresa numa posição de mercado mais robusta. O ecossistema organizacional precisa ser compatível com o ecossistema de negócios do qual a empresa participa, a fim de garantir sua capacidade de sobrevivência. A organização precisa ter competências dinâmicas, que são a base para a agilidade, algo muito importante na adaptação a um ambiente de negócios em rápida e constante transformação.

A cada mês, várias empresas novas e pequenas entram na competição, mas a taxa de insucesso é bastante alta. Em 2019, a taxa de insucesso de startups foi superior a 90%. De todas as startups, 21,5% fecham no primeiro ano, cerca de 30% no segundo ano, e esse número se torna ainda maior no terceiro ano, com 50% de falências, atingindo 70% no décimo ano.[15]

Sustentabilidade

Ao manter a convergência entre os fatores opostos, a empresa precisa transformar todos os envolvidos no ecossistema de negócios de acordo com as mudanças no panorama do setor, devido à volatilidade do ambiente macro. Às vezes basta uma pequena sacudida quando já existe uma convergência total entre os fatores, permitindo uma comunicação e uma coordenação rápidas. Essa capacidade de transformação permanente garante que a empresa continue sustentável diante da volatilidade nos ambientes macro e micro. Segundo a Deloitte, a transformação digital pode ajudar as empresas a obter um crescimento 22% mais rápido por meio de retornos financeiros, da diversidade da força de trabalho e das metas ambientais.[16]

▶ As fases rumo à sustentabilidade

Depois de compreender os diversos opostos de uma empresa – e como fazer a convergência entre eles –, é possível simplificar tudo num modelo (Figura 6.5) que funciona da seguinte maneira:

Fase 0: Empresa com potencial ou empresa perdedora

Toda empresa recém-criada tem algum potencial. Quando encara um obstáculo que não é capaz de superar, como um excesso de rigidez ou de inércia, sai perdendo ante os demais atores do mercado.

Fase 1: Empresa relevante

Quando a rigidez e a inércia da empresa com potencial não são fortes demais, ela tem uma possibilidade maior de fazer os diversos opostos convergirem.

Os gestores podem dispor de uma perspectiva mais ampla ao analisar o ambiente competitivo, formado pelos concorrentes e clientes importantes. Dessa forma, a empresa é capaz de galgar degraus, tornando-se *relevante* em meio aos competidores, mesmo correndo o risco de não sobreviver. No entanto, caso a empresa implemente de maneira inconstante o processo de convergência, ela pode descer de novo a ladeira, tornando-se apenas uma empresa com potencial, ou até, de imediato, uma empresa perdedora.

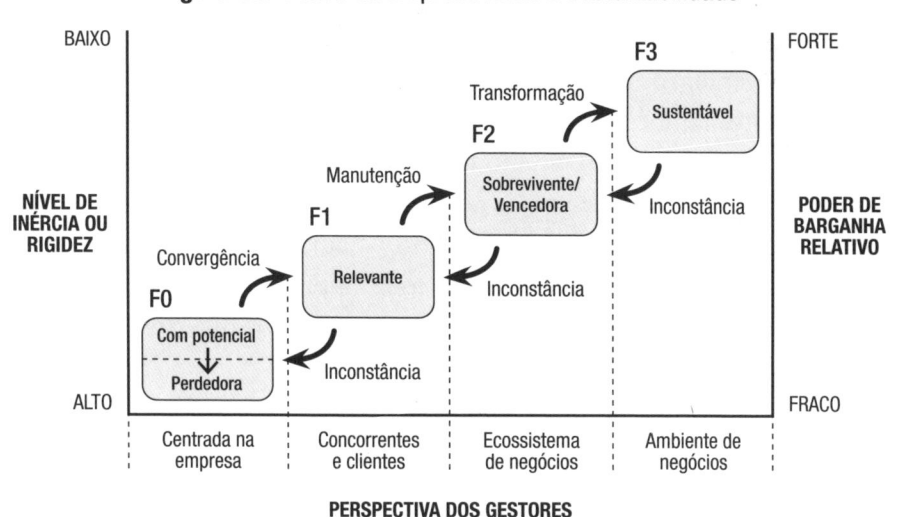

Figura 6.5 Fases da empresa rumo à sustentabilidade

Fase 2: Empresa sobrevivente ou empresa vencedora

Quando a empresa com potencial tem um grau de rigidez e inércia ainda menor, aumenta a probabilidade de sustentar a convergência que já fez entre os diversos opostos.

Os gestores têm uma perspectiva ainda mais ampla, analisando o ecossistema do negócio, que é formado pelos diferentes parceiros, conectados de forma analógica ou digital. Ao mesmo tempo, precisam estar atentos aos concorrentes e clientes importantes.

Dessa forma, a empresa pode subir de patamar, tornando-se uma *sobrevivente*. Em certas condições, caso tenha uma performance muito superior à dos competidores, pode se tornar *vencedora*. Além disso, também goza de um poder de barganha relativamente maior em relação a vários fatores do ecossistema do negócio.

No entanto, caso se torne inconstante na manutenção das diversas convergências entre opostos, isso pode levá-la a recuar e se tornar de novo uma empresa meramente relevante.

Fase 3: Empresa sustentável

Quando a empresa sobrevivente/vencedora possui pouca ou nenhuma rigidez e inércia, provavelmente realiza uma transformação sustentável ao passo que mantém as diversas convergências já realizadas com êxito.

Os gestores também têm uma perspectiva completa, analisando o ambiente de negócios como um todo, incluindo os fatores principais do ambiente macro, o ecossistema de negócios, os concorrentes relevantes e os clientes. Assim, a empresa pode atingir o patamar mais alto, tornando-se *sustentável*, que é o objetivo máximo de toda empresa. Ela também desfruta de um poder de barganha relativamente forte ante os diversos fatores do ambiente de negócios.

Vamos supor, porém, que a empresa se mostre inconstante na implementação da transformação permanente, ao mesmo tempo que consegue sustentar diversas convergências bem-sucedidas. Nesse caso, ela pode recuar para o nível de sobrevivente, ainda capaz de vencer a competição, desde que atendidas certas condições.

Como as transformações ocorrem de forma constante, a organização precisa estar o tempo todo preparada para mudar. Por exemplo, uma pesquisa mostrou que nos últimos três anos as organizações sofreram, em média, cinco grandes transformações de nível. Mais de 75% esperam aumentar, nos próximos três anos, suas iniciativas transformadoras.[17]

Toda empresa precisa ter noção de sua posição atual dentro dessas fases. Deve-se estudar os elementos dessa dinâmica, sobretudo os relacionados à rigidez e à inércia organizacionais. A empresa também pode analisar os fatores externos, em especial os fatores principais do ambiente macro. Só então será capaz de determinar as maneiras de sobreviver e se tornar sustentável.

> **PRINCIPAIS CONCLUSÕES**
>
> - Um relacionamento forte entre os departamentos de marketing e finanças pode levar a benefícios financeiros significativos.
> - O equilíbrio entre tecnologia e humanização, com funcionários auxiliados pela automação para poder se concentrar em tarefas de alto nível, revigora a força de trabalho.
> - A rigidez e a inércia organizacionais são os principais obstáculos na trilha da empresa rumo à unificação.
> - Unir-se enquanto empresa é essencial para a relevância, a sobrevivência e a sustentabilidade.
> - Silos não são rompidos da noite para o dia. As empresas podem avançar de fase em fase rumo à sustentabilidade para assegurar sua longevidade no mercado.

7
Como convergir criatividade e produtividade
Da geração da ideia à otimização do capital

Em 2008, Diego A. Cárdenas Landeros fundou a Bamboocycles, na Cidade do México. A "bambucleta" é uma bicicleta ecológica projetada e fabricada usando 85% de bambu como matéria-prima.

Cárdenas é engenheiro, formado pela Universidade Nacional Autônoma do México. No final de 2007, iniciou seu projeto de bicicletas de bambu, em um primeiro momento apenas como parte de um trabalho acadêmico.

Na verdade, ele acabou criando uma solução de ponta. O bambu absorve vibrações e é resistente à fadiga de material que geralmente ocorre com metais. A fibra de carbono é um material ultraleve, porém se rompe quando atingida com determinada força. O bambu, por sua vez, não é tão fácil de quebrar.

Do ponto de vista da sustentabilidade, o bambu produz 30% mais oxigênio que outras árvores. Quando cresce, fica pronto para a colheita em apenas três anos. Outros tipos de madeira demoram muito mais para amadurecer. Cárdenas descobriu que era possível produzir bambu perto de casa, no sudeste do México.

O primeiro modelo da bicicleta chegou às ruas em 2010, atraindo enorme atenção. Cárdenas logo organizou um workshop de fim de semana para mostrar às pessoas como fabricar seu produto. Em seguida, criou um tour de três horas pela Cidade do México para ser feito pedalando as bicicletas ecológicas.

Com seu trabalho, Cárdenas queria promover a conscientização sobre o transporte sustentável, rompendo estereótipos relacionados ao uso do automóvel. Segundo um relatório do Instituto Nacional de Estatística e Geografia do México, em 2020 havia mais de 6 milhões de veículos registrados na capital do país. Esse número é quase o triplo do total de 1980. Tantos veículos nas ruas tornam o tráfego insuportável em muitas partes da cidade, sobretudo em dias úteis. A iniciativa da bicicleta de bambu ofereceu uma alternativa para reduzir os congestionamentos, aumentando ainda a atividade física a um custo inferior ao da aquisição de um automóvel.

Esse caso nos mostra que o objetivo do trabalho criativo não é apenas aumentar a produção em termos de quantidade e tampouco tem sempre relação com o resultado financeiro e não financeiro da empresa. Cárdenas queria gerar uma transformação positiva no meio ambiente. Tendo compreendido um problema, usou sua criatividade para encontrar uma solução e em seguida executou um planejamento produtivo.

Neste capítulo, vamos discutir a convergência entre criatividade (do grupo do empreendedorismo) e produtividade (do grupo do profissionalismo). A criatividade é necessária para a inovação. É preciso, porém, ter em mente que se deve evitar ser *apenas* criativo. A criatividade precisa levar a diversas ideias tecnicamente viáveis, que possam se materializar (Figura 7.1).

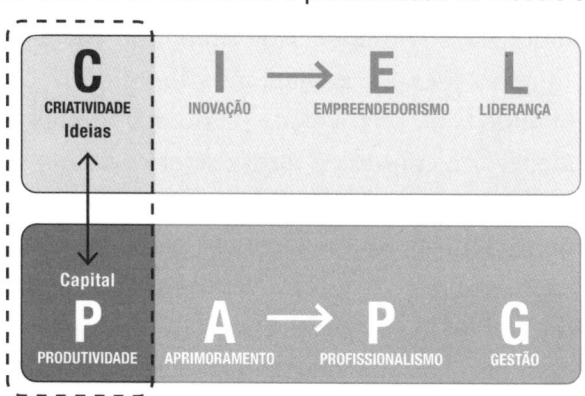

Figura 7.1 Fatores de criatividade e produtividade no modelo omnihouse

Portanto, a criatividade deve partir de um problema claro. Precisamos medir a produtividade em sua correlação com o uso do capital fornecido pela empresa. No entanto, o cálculo de produtividade não pode se basear apenas numa abordagem insumo-produto, sobretudo quando existem diversos fatores intangíveis nos insumos. É preciso encarar a produtividade de modo mais amplo, incluindo tanto os resultados quanto o impacto, como vimos na história das "bambucletas".

O problema da criatividade

Entender a definição de criatividade é fácil para a maioria de nós. Só que incuti-la e administrá-la na organização não é fácil, e vários fatores costumam dificultar esse processo. Vamos analisar um por um.

Empresa maior, criatividade menor

Quando uma empresa ainda é pequena, não raro seu proprietário é uma pessoa extraordinariamente criativa. Nem tudo pode ser concretizado, devido aos recursos limitados e a uma tendência à baixa produtividade. Porém, à medida que a empresa cresce, o setor administrativo vai ficando cada vez mais ocupado com as várias questões operacionais, concentrando-se em cálculos de produtividade detalhados e complexos.

Quando nos esquecemos de aguçar a criatividade, ela vai se enfraquecendo progressivamente, tornando-se mais limitada, até que se perde por completo.[1] Empresas que já são grandes costumam cair na armadilha da atitude de "comoditização", influenciada sobretudo por alguma diretriz comercial. As organizações que adotam uma abordagem "comoditizada" acabam não exigindo uma criatividade muito aguçada. Isso é um catalisador que pode levar a empresa a tornar-se *price taker* ("aceitadora de preço") – sem poder no mercado para influenciar os preços, enfrentando tantos concorrentes com produtos idênticos ou similares que o consumidor se torna indiferente –, forçada a vender seus produtos pelo preço de equilíbrio do mercado, suscetível à aceitação de um preço baixo e, no fim das contas, presa a uma guerra de preços com baixa margem de lucro. Só as empresas criativas são capazes de criar uma diferenciação, tornar-se *price makers* ("fazedoras de preço") e, enfim, obter uma margem significativa.

Criatividade sem objetivo claro

Muitas empresas são bastante criativas, mas o propósito dessa criatividade não fica claro, o que resulta em desperdício de recursos. Não é produtivo quando a companhia segue um processo criativo que não esteja alinhado com sua visão e missão. Mesmo que a empresa tenha, desde o princípio, envolvido pessoal capacitado no processo de criação de valor, os gestores precisam garantir de antemão que a personalidade dessas pessoas esteja em sintonia com os valores da organização e que seja adequada à sua missão.

Sem um objetivo claro, a criatividade não produzirá nada de valor, tanto do ponto de vista comercial quanto do social. Criatividade desse tipo não passa de um discurso que desperdiça o capital da empresa, o que sem dúvida vai de encontro às suas metas econômicas. Adentramos uma era em que muitas organizações são geridas com base numa abordagem movida pelo propósito, preocupada com os problemas globais, sociais e ambientais. Considerando isso, as empresas precisam ter fortes competências criativas para lidar com os interessados e superar os problemas. É essencial, portanto, um forte alinhamento entre criatividade e metas comerciais.[2] Infelizmente, nem toda empresa é capaz de garantir esse alinhamento.

Forte criatividade, zero execução

Por mais poderosas que sejam as ideias criativas, se sua execução não for factível, elas serão um desperdício de capital ou de ativos existentes, sejam eles tangíveis ou intangíveis. Às vezes um excesso de criatividade pode perturbar a rotina estabelecida da empresa. É por isso que muitas vezes os gestores enxergam ideias criativas como um novo fardo – até um problema. Em outras palavras, os gestores podem resistir a conceitos que os forcem a abandonar hábitos ou rotinas de longa data. Eles podem ser avessos a novos desafios por já estarem ocupados lidando com outras questões.[3] Não surpreende que tantas ideias criativas nunca saiam do papel.

Expectativa versus realidade

Em alguns casos, os gestores elaboram ideias criativas com base nas condições ideais dos ambientes interno e externo. Isso pode ser arriscado quando as condições reais são diferentes. Às vezes, os gestores se apegam a ideias criativas pouco realistas.

Para montar uma equipe robusta numa empresa, são necessárias características ao mesmo tempo idealistas e pragmáticas. Assim, ao misturar ambas as formas de pensar e trabalhar, essa equipe será bem equilibrada e capaz de gerar os melhores resultados. Uma visão idealista pode empolgar as pessoas e até convencê-las a se engajar. Porém também é preciso reconhecer os problemas concretos. É necessário encarar o idealismo como uma força que impulsiona e motiva a empresa e seus funcionários, dando a eles a sensação de trabalhar em prol de algo relevante e nobre. No entanto, diante de todas as dificuldades, isso não basta. Os funcionários também precisam saber que seus líderes estão com os pés no chão e dispostos a suar a camisa e se engajar diretamente, trabalhando com afinco. Em outras palavras, comprometer-se com uma meta é ótimo, mas pode limitar a criatividade no dia a dia do negócio. O pragmatismo ajuda, portanto, a superar as limitações do potencial criativo.[4]

Subvalorização da criatividade

A criatividade às vezes é vista como algo garantido. Em outras palavras, há quem pense que dá para consegui-la de graça. Isso faz com que as empresas relutem em investir em projetos relacionados à criatividade, sobretudo quando os resultados costumam parecer irrealistas e difíceis de monetizar.

Muitas vezes as empresas caem na armadilha de gastar dinheiro em coisas tangíveis, como ativos físicos – suprimentos e equipamentos para produção, por exemplo –, cuja produtividade é mais fácil de calcular em termos de insumo-produto e taxa de retorno sobre o investimento. Quando alguém solicita que seja alocada verba para instalações físicas relacionadas à criatividade, isso faz alguns executivos torcerem o nariz.[5]

Na Indústria 1.0, as principais atividades empresariais estavam concentradas nos setores de mineração, têxtil, vidro e agricultura, que dependem de ativos tangíveis, como terras, fábricas e recursos naturais. No entanto, na Indústria 4.0, a performance depende da avaliação da marca, da propriedade intelectual e de conhecimento para solução de problemas. São ativos intangíveis, que ainda assim afetam o lucro da empresa.[6]

Aplicação confusa da criatividade

Os problemas do cliente são um excelente ponto de partida para orientar com clareza o processo criativo. Às vezes, porém, não é fácil determinar quais são os problemas do cliente. Muitas vezes as reuniões incluem apenas discussões de ideias, e nem sequer chegam a abordar a questão concreta que o cliente está tentando resolver.

A criatividade que começa com um problema bem definido – posto no papel – ajuda os gestores a tomar decisões baseadas em argumentos sólidos, sobretudo quando essa criatividade está alinhada com as políticas da empresa, isto é, expressas na visão, na missão e na estratégia. A criatividade produtiva depende do processo de definição do problema (Figura 7.2).[7]

Figura 7.2 Diversas considerações cruciais, do problema à solução

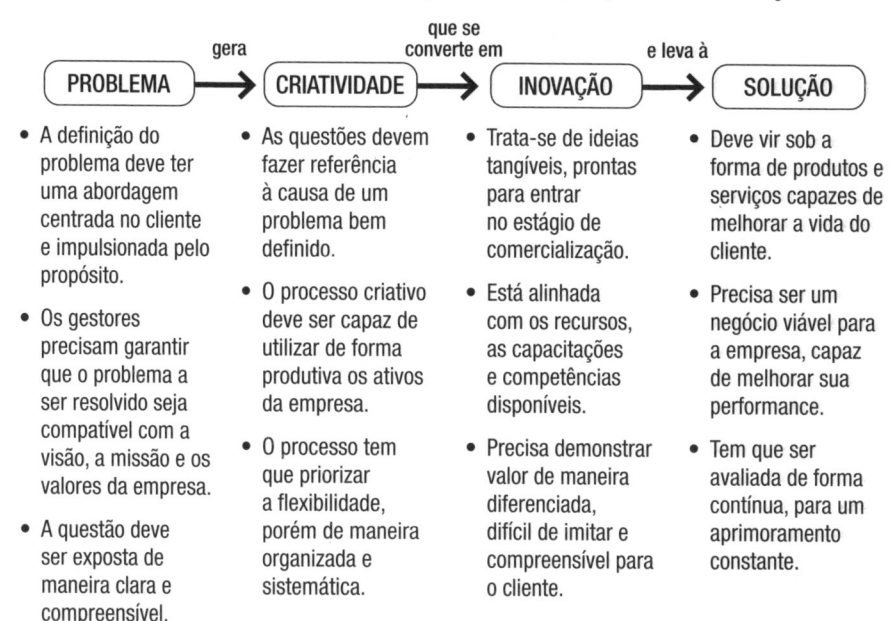

PROBLEMA	gera → CRIATIVIDADE	que se converte em → INOVAÇÃO	e leva à → SOLUÇÃO
• A definição do problema deve ter uma abordagem centrada no cliente e impulsionada pelo propósito.	• As questões devem fazer referência à causa de um problema bem definido.	• Trata-se de ideias tangíveis, prontas para entrar no estágio de comercialização.	• Deve vir sob a forma de produtos e serviços capazes de melhorar a vida do cliente.
• Os gestores precisam garantir que o problema a ser resolvido seja compatível com a visão, a missão e os valores da empresa.	• O processo criativo deve ser capaz de utilizar de forma produtiva os ativos da empresa.	• Está alinhada com os recursos, as capacitações e competências disponíveis.	• Precisa ser um negócio viável para a empresa, capaz de melhorar sua performance.
• A questão deve ser exposta de maneira clara e compreensível.	• O processo tem que priorizar a flexibilidade, porém de maneira organizada e sistemática.	• Precisa demonstrar valor de maneira diferenciada, difícil de imitar e compreensível para o cliente.	• Tem que ser avaliada de forma contínua, para um aprimoramento constante.

Também é preciso estar atento a como a pressão afeta a capacidade criativa. Há quem afirme que não se pode forçar a criatividade. Constata-se muitas vezes que, em condições de pressão elevada, a criatividade não tem como aparecer. Porém, se houver um grupo de pensadores com motivação extraordinária, por mais pesada que seja a pressão, o grupo não cederá. A pressão até pode gerar ideias criativas, que levam à inovação.

▶ O problema da produtividade

Seria incorreto encerrar falando apenas dos problemas da criatividade. É claro que complicações também surgem no lado da produtividade. Vamos analisar rapidamente alguns dos principais problemas que tendem a surgir nessa área, que podem tolher a conexão final entre criatividade e produtividade.

Produtividade padronizada

A produtividade costuma estar associada a atividades de rotina, o que leva os gestores à estagnação no "mesmo ritmo de sempre". É a típica situação que sufoca a criatividade. Numa cultura empresarial que privilegia a estabilidade, a constância e a padronização rigorosa, tudo que "dá uma sacudida nas coisas" é visto como algo que não se encaixa.

É aí que mora o desafio, porque isso não deixa muito espaço para a criatividade. Não podemos perder de vista que a criatividade – convertida em inovação – é capaz de afetar, direta ou indiretamente, a produtividade.[8] Às vezes os gestores preferem evitar problemas gerados por ideias que não são vistas como ortodoxas. Quando essas ideias "trazidas de fora" são ignoradas, isso infelizmente torna a empresa incapaz de inovar, provocando uma crise. Quando uma empresa não consegue nem sequer sair dessa crise, como vai pensar nos problemas dos clientes?

Produtividade é tudo

A busca de uma empresa pela produtividade pode colocar um fardo excessivo nos ombros dos funcionários, fazendo com que se sintam desvalorizados, insuficientemente recompensados e esgotados.[9] Uma ênfase excessiva na gestão do tempo – com o objetivo de deixar o funcionário menos estressado – às vezes acaba tendo o efeito contrário.[10] É preciso que exista espaço para outras atividades, entre elas o repouso e o bem-estar.[11]

Produtividade inflexível

Não é fácil calcular a produtividade quando não há constância. As empresas costumam gerar essa constância por meio de procedimentos-padrão de operação. Esses processos, às vezes, são tão complicados que acabam atrapalhando quem precisa executá-los. Em essência, porém, eles buscam alcançar uma alta eficiência e determinado nível de produtividade.

A Deloitte, numa de suas publicações, afirmou que a eficiência é inimiga da criatividade. A produtividade é implantada de olho em economias e na redução do desperdício, o que leva a uma restrição de espaço para experimentar coisas novas, inclusive ideias criativas e abordagens diferentes.[12] Diz-se que é difícil gerenciar bem sem o uso de métricas. Infelizmente, em certas ocasiões as métricas aplicadas se concentram mais no tangível, como máquinas, equipamentos, outros ativos físicos e capital-trabalho. Muitas vezes o intangível passa despercebido aos gestores, por ser difícil medi-lo com a abordagem "de máquina".

A perspectiva insumo-produto

O cálculo da produtividade, em algumas empresas, baseia-se somente em fatores de produção, como os insumos, que por sua vez são processados até se tornarem o produto da empresa. Infelizmente, esse método em geral deixa de lado inúmeros fatores intangíveis e indiretos. O cálculo se refere à produção, porém não ao resultado. Não surpreende que a empresa relute em gastar dinheiro e investir em ideias criativas, porque as comparações fazem referência a elementos que são quantificáveis, e não abstratos.

Quantificar ideias que vêm de pensamentos criativos pode ser complicado. Além disso, ninguém sabe se vão dar certo até que sejam implementados e avaliados. É preciso, sim, continuar usando o método do insumo-produto, mas isso não quer dizer que baste. No fim das contas, não podemos analisar meramente a produção, precisamos avaliar também os efeitos e o impacto (Figura 7.3).

Figura 7.3 Do insumo ao impacto (o conceito de "resultado", que inclui produção, efeitos e impacto, se baseia na definição da OCDE)

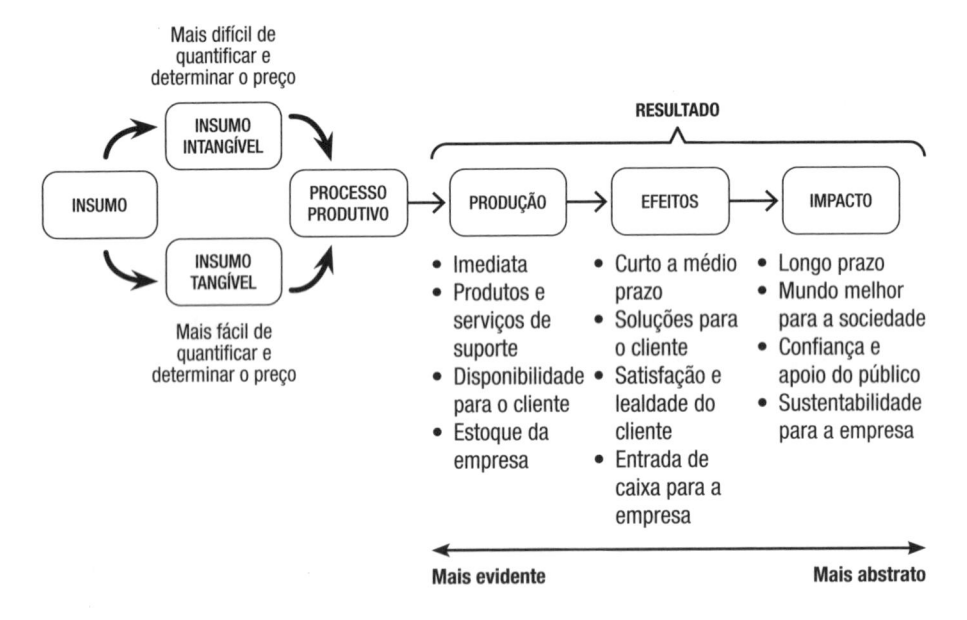

```
                    Mais difícil de
                    quantificar e
                    determinar o preço
                                                                    RESULTADO
                         ┌──────────┐                         ┌─────────────────────┐
                      ↗  │ INSUMO   │ ↘
                         │INTANGÍVEL│
              ┌────────┐ └──────────┘  ┌──────────┐   ┌─────────┐   ┌─────────┐   ┌─────────┐
              │ INSUMO │                │ PROCESSO │ → │PRODUÇÃO │ → │ EFEITOS │ → │ IMPACTO │
              └────────┘                │ PRODUTIVO│   └─────────┘   └─────────┘   └─────────┘
                         ┌──────────┐   └──────────┘
                      ↘  │ INSUMO   │ ↗
                         │ TANGÍVEL │
                         └──────────┘
                    Mais fácil de           • Imediata       • Curto a médio   • Longo prazo
                    quantificar e           • Produtos e       prazo           • Mundo melhor
                    determinar o preço        serviços de    • Soluções para     para a sociedade
                                              suporte          o cliente       • Confiança e
                                            • Disponibilidade • Satisfação e     apoio do público
                                              para o cliente   lealdade do     • Sustentabilidade
                                            • Estoque da       cliente           para a empresa
                                              empresa        • Entrada de
                                                               caixa para a
                                                               empresa

              ←─────────────────────────────────────────────────────────────────────→
                    Mais evidente                                            Mais abstrato
```

A *produção* é o resultado imediato de um processo produtivo, a que costumamos dar o nome de produtos (tanto bens quanto serviços). Podemos medir a produção de imediato, terminado um processo produtivo qualquer. Em termos simples, o *efeito* é o resultado positivo da produção de determinado processo produtivo, proporcionado e aproveitado por diversos interessados, como os funcionários, os clientes, a comunidade e a empresa propriamente dita. Os efeitos podem ser analisados a curto e médio prazo, enquanto o *impacto*, a longo prazo.[13]

▌ Como atrair clientes e investidores

As empresas são capazes de gerar novas ideias e usá-las para atrair clientes e investidores por meio do processo criativo. É comum vermos o consumidor aguardar impacientemente o lançamento de um produto. Talvez ele esteja disposto a fazer a encomenda antecipada de um item interessante, mesmo que esse produto ainda não exista fisicamente. O investidor terá interesse caso a empresa disponha de ideias originais. Vamos analisar como equilibrar esses elementos tanto em termos de criatividade quanto de produtividade.

O consumidor impaciente

O cliente é o sangue nas veias de uma empresa. É a expectativa dele que influencia como a criatividade e a produtividade serão abordadas. Eis alguns dos maiores desafios de uma companhia ao lidar com o consumidor no ambiente atual.

- **Mais exigente.** O consumidor, empoderado pelas redes sociais e pelos aparelhos eletrônicos, controla cada vez mais quando, onde e como vai interagir com as marcas. Nunca foi tão forte a demanda dele por serviços mais personalizados. Por conta disso, as experiências do cliente, em todos os pontos do omnichannel, não podem sofrer rupturas. É preciso oferecer produtos e serviços a preços acessíveis, com entrega rápida e sem obstáculos. É uma condição que também obriga as empresas a colaborar e criar junto com o cliente, sejam elas B2B ou B2C. Isso assegura um grau de engajamento mais alto.
- **Mais difícil de satisfazer.** A conectividade entre as pessoas, nas diversas plataformas, torna mais fácil o intercâmbio de informações, instruindo mais consumidores. O cliente exige padrões cada vez mais elevados e está mais rigoroso em suas decisões, comparando o tempo todo as opções disponíveis e estudando avaliações de outros clientes.
- **Mais difícil de fidelizar.** Mesmo quando conseguimos satisfazer o cliente, isso não garante que ele continuará conosco. Um estudo com mais de 34 mil consumidores do mundo inteiro, feito pela Verint Systems, mostrou que a fidelidade e a retenção de clientes estão em queda. Mais especificamente, dois terços dos consumidores entrevistados indicaram tendência a mudar para um concorrente que ofereça uma assistência superior ou um serviço excepcional.[14]
- **Ansioso por novos produtos.** Transformações nas necessidades práticas e emocionais, nos gostos e nas tendências contemporâneas ocor-

rem com frequência, fazendo com que o consumidor se sinta privado de algo, o que o leva a procurar produtos novos e melhores assim que possível. O comprador está em uma busca constante por produtos com valor novo e superior. Dispõe-se a pagar adiantado, antes mesmo que o produto esteja disponível no mercado, a fim de ganhar a honra de se tornar um dos primeiros proprietários ou usuários.

Investidores extremamente cautelosos

O investidor costuma ser uma fonte vital de financiamento para uma empresa. No entanto, não é fácil convencê-lo a contribuir só porque ela está repleta de gente criativa. O investidor está interessado no potencial que a empresa tem de proporcionar um índice de retorno sobre o dinheiro investido. É difícil fornecer um cálculo convincente, o que o faz hesitar em se comprometer.

Eis algumas razões para o possível ceticismo dos investidores em relação à criatividade:

- **Investimento alto.** Gerar criatividade exige enormes recursos e esforço. Mesmo assim, não costuma produzir de imediato os resultados esperados. Às vezes há escassez de criatividade numa empresa devido à relutância das partes em contribuir com o alto financiamento necessário para sustentar tais iniciativas.[15]
- **Dificuldade de avaliação.** A hesitação do investidor geralmente aumenta quando a proposta de investimento é complicada demais. A criatividade muitas vezes é abstrata; não é possível constatar de imediato os resultados. É preciso encontrar um jeito de fazer o investidor enxergar e compreender que a criatividade tem alto valor e merece ser levada em conta na hora de investir.[16]
- **Alto índice de fracasso.** Segundo o professor Clayton Christensen, da Harvard Business School, 30 mil novos produtos são lançados no mercado a cada ano. Desses, 95% fracassam. Enquanto isso, segundo a professora Inez Blackburn, da Universidade de Toronto, o índice de fracasso dos novos produtos nos supermercados varia entre 70% e 80%.[17]

- **Atitude risco zero.** O ponto de vista da equipe de gestores em relação à criatividade costuma ser de alta desconfiança. Em vez de tomar iniciativas de investimentos "racionais", geralmente os gestores separam uma verba diminuta para a criatividade. Quando ela não proporciona nenhum resultado, é considerada ou contabilizada como um prejuízo insignificante. O investidor também age com cautela, porque não consegue enxergar em termos financeiros os resultados da criatividade.[18]
- **Problemas ocultos não resolvidos.** Além de levar em conta a quantia investida, o investidor tende a identificar questões ocultas que elevam o risco. Quando a cultura da empresa não está alinhada com o espírito criativo, quando não envolve pessoas com vocação para a criatividade, ou quando a equipe de gestores não está comprometida com o apoio à criatividade (oferecendo tempo e recursos), isso deixa os investidores inseguros.[19]
- **Proposta criativa exagerada.** O investidor relutará em investir caso ouça uma apresentação que soe boa demais para ser verdade ou complexa demais para ser compreendida. Ele pode estar acostumado com ideias criativas que pareçam boas no papel, mas não se concretizam como esperado ou até acabam dando errado. Nada mais natural que, nesse caso, o investidor se interesse por outros portfólios de investimento, pois no entender dele talvez façam mais sentido.

Os fundadores do Segway – veículo pessoal de duas rodas – previram que esse diciclo seria uma revolução no setor de transportes. Previram também que as vendas decolariam a 10 mil unidades por semana e que a empresa atingiria 1 bilhão de dólares em vendas mais rápido que qualquer outra na história. Infelizmente isso não aconteceu. Na verdade, o Segway vendeu apenas 24 mil unidades em quatro anos. A raiz do problema foi o fato de a empresa ter fabricado os produtos para uso geral. Como resultado, não teve como competir com outros meios de transporte, como motos, bicicletas e carros. Há até quem prefira caminhar (afinal, é de graça!), em vez de usar um Segway.[20]

Compreendendo esses obstáculos e encontrando soluções para superá-los, conseguimos aumentar a probabilidade de atrair investidores. O apoio deles costuma fazer a criatividade numa empresa prosperar. Ou seja: o investimento vale a pena.

> **PRINCIPAIS CONCLUSÕES**
>
> - Existem obstáculos à criatividade nas grandes empresas e em ambientes sem propósito claro, sem execução, com pontos de vista excessivamente idealistas, que desvalorizam o trabalho e têm uma orientação confusa.
> - O excesso de ênfase na produtividade pode levar a padrões rígidos, esgotamento de funcionários, inflexibilidade e uma perspectiva insumo-produto.
> - O consumidor de hoje é mais exigente, mais difícil de agradar e ansioso por adquirir novos produtos.
> - O investidor hesita em investir em criatividade porque pode custar caro, é difícil de medir, tem um alto índice de fracasso, não recebe o apoio adequado dentro da empresa ou é difícil demais de compreender.
> - A fusão entre os aspectos positivos da criatividade e da produtividade pode ajudar as empresas a reter clientes e atrair investidores.

8
Criatividade e balanço da empresa
Como garantir verba para competências criativas

Quando uma empresa tem grande capacidade criativa e consegue produzir inovações que geram ou têm potencial de gerar lucros, ela atrai investidores. O termo *investimento* sugere que a contribuição financeira inclui uma expectativa de retorno. Automaticamente, o investidor se torna acionista da empresa. Não se trata, portanto, de um empréstimo.

Quando a intenção é conceder um empréstimo, basta analisar a capacidade da companhia de honrar os juros e ressarcir a dívida dentro de certo prazo. O lado que empresta o dinheiro não está preocupado com os diversos processos e projetos criativos da empresa. Está interessado em saber apenas se ela será capaz de devolver o empréstimo principal somado à taxa de juros. Em caso de calote, o devedor pede a falência da empresa e, como compensação, o credor tem direito de adquirir seus ativos.

Com base nisso, podemos dizer que o valor que as empresas dão à criatividade está associado ao que acontece em seu balanço.

▶ O ponto de vista do credor

O credor, ou titular da obrigação, está preocupado apenas com a receita da empresa, porque é com essa quantia que serão pagos o valor principal e os juros do empréstimo. Às vezes as companhias vendem parte de suas ações para gerar caixa, e isso também pode ser usado para liquidar dívidas.

A Evergrande – maior empresa do setor imobiliário da China – expandiu agressivamente seu negócio, contraindo mais de 300 bilhões de dólares em empréstimos no exterior. Quando veio a pandemia da covid-19, o mercado imobiliário sofreu uma desaceleração. Essa situação afetou a capacidade da empresa de ressarcir o que devia. Em dezembro de 2021, a Fitch – agência de classificação de risco financeiro – declarou o default da Evergrande. A empresa não cumpriu o prazo de pagamento de 1,2 bilhão de dólares em dívidas com credores internacionais e foi obrigada a vender parte de seus ativos.[1]

▶ O ponto de vista do investidor

Por um lado, quando uma das partes está disposta a investir numa empresa, é porque acredita plenamente na proposta de ideias criativas da companhia, mesmo que esta tenha que sofrer prejuízos iniciais nos primeiros anos. A parte que investe o capital é chamada de *investidor* e detém uma fatia das ações da empresa. No balanço, constatamos aumento

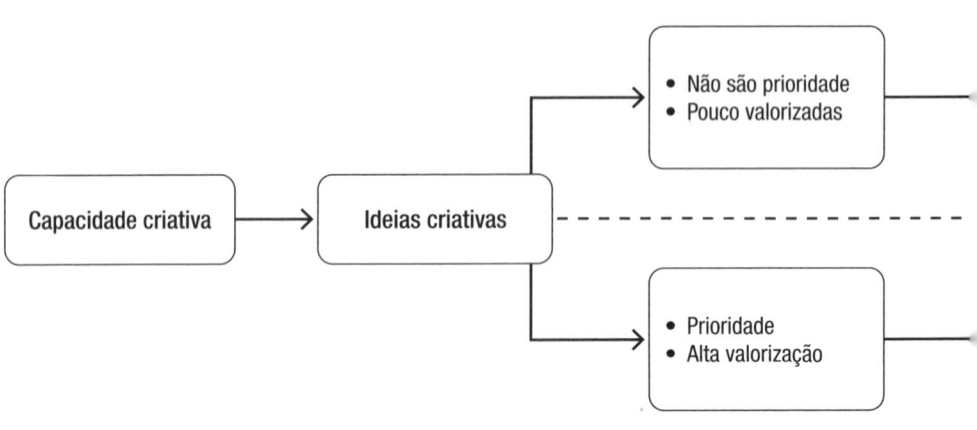

Figura 8.1 Os pontos de vista do credor e do investidor

Capacidade criativa → Ideias criativas

- Não são prioridade
- Pouco valorizadas

- Prioridade
- Alta valorização

do patrimônio. O investidor monitora a produtividade de seu capital investido observando o cálculo do retorno sobre o patrimônio líquido e do retorno sobre ativos.

O investidor também monitora a movimentação do valor de mercado da empresa, esteja ele abaixo ou acima do valor patrimonial. Suponha que o valor de mercado aumente rapidamente. Isso indica que os diversos ativos intangíveis ou não financeiros da empresa – entre eles a criatividade, que é na verdade muito valiosa, mas costuma ficar oculta e não é registrada como ativo no balanço – são genuinamente valorizados pelo mercado. Além disso, o investidor aguarda o momento certo para vender suas ações por uma cotação mais alta (Figura 8.1).

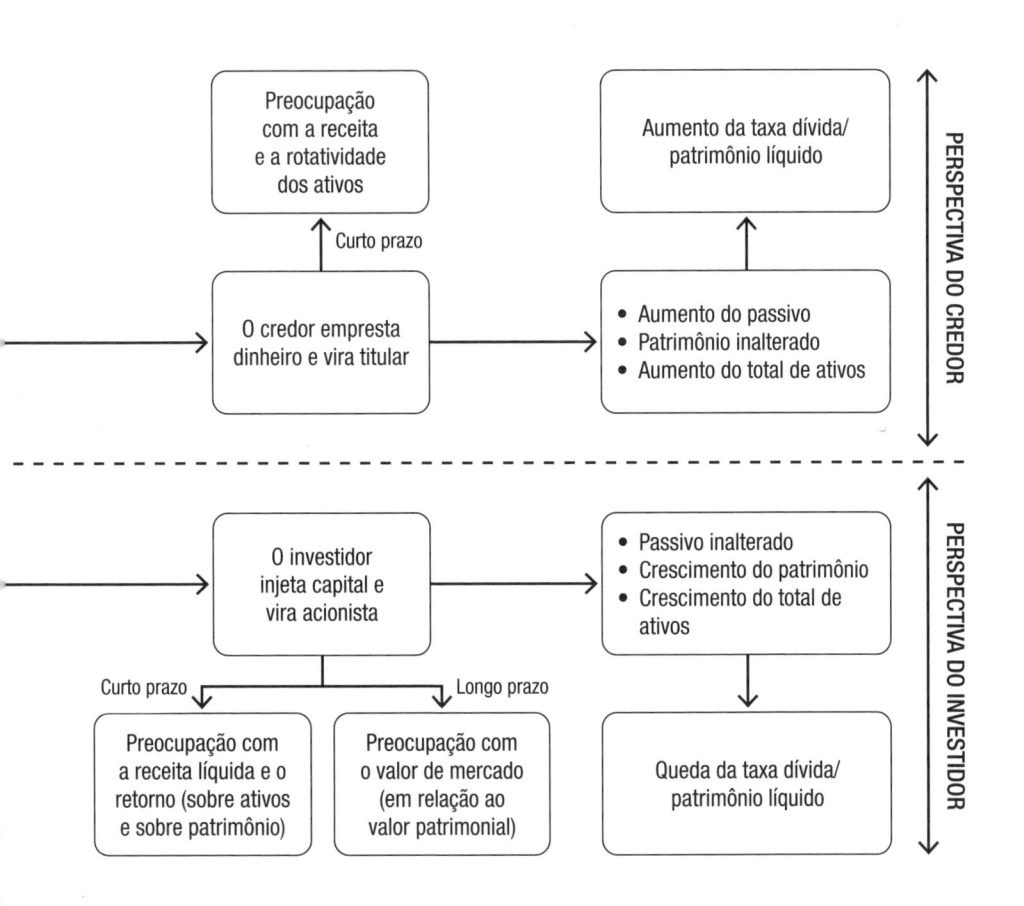

I▶ A essência da criatividade

Depois que compreendemos a importância da criatividade para a empresa e a relacionamos ao balanço, precisamos ir além, identificando a essência do processo criativo. O ponto de partida tem a ver com as diversas condições dinâmicas provocadas por vários impulsionadores de transformações. Estes últimos consistem em quatro elementos do ambiente macro: tecnologia; política e leis; economia; e sociedade e cultura. Incluem também um elemento do ambiente micro: mercado. O mercado atua ainda como uma ponte entre os dois outros elementos do microambiente, que são os concorrentes e os clientes.

A empresa precisa observar constantemente esses cinco impulsionadores de transformações e os dois elementos que eles influenciam. Para gerar ideias criativas, existem dois ingredientes essenciais. Vamos analisar cada um deles.

Criação de opções

Começa pela exploração dos cinco impulsionadores de transformações, seguida de uma análise. Esta resulta numa *descoberta*. Na etapa seguinte, usamos nossa imaginação para visualizar situações hipotéticas, buscando múltiplas possibilidades e fazendo uma síntese para produzir ideias que valham uma reflexão mais profunda.

Ao criar opções, a empresa facilita os esforços das pessoas exploradoras e imaginativas. Esse processo de imaginação desencadeia muitas ideias criativas que podem fundamentar o desenvolvimento de soluções. Devemos seguir uma abordagem *divergente* (Figura 8.2) para proporcionar a flexibilidade ideal para a exploração e a imaginação.

Seleção de opções

Em seguida, definem-se prioridades, analisando-se as opções disponíveis. O ideal é que a empresa determine se dispõe dos recursos e das competências para a concretização dessas ideias criativas. A companhia também precisa realizar um mapeamento para conhecer o grau de sua vantagem competitiva em relação a determinados atores relevantes e outros concorrentes próximos.

Depois da priorização, a etapa seguinte é a validação por meio de testes de conceitos, seguida da decisão da empresa de levar adiante ou abandonar essas opções. A empresa precisará decidir quais ideias criativas são tecnicamente viáveis. Os testes vão elucidar quais podem ser implementadas. Portanto, é preciso seguir uma abordagem *convergente* (Figura 8.2).

Depois de gerar ideias criativas tecnicamente viáveis, o ciclo desse processo criativo retorna ao estágio inicial. Essas ideias de fácil adaptação costumam ter um impacto positivo sobre o balanço da empresa. Como já vimos, seu financiamento pode vir da própria empresa, de empréstimos ou de investidores.

Figura 8.2 Abordagens divergente e convergente no processo criativo

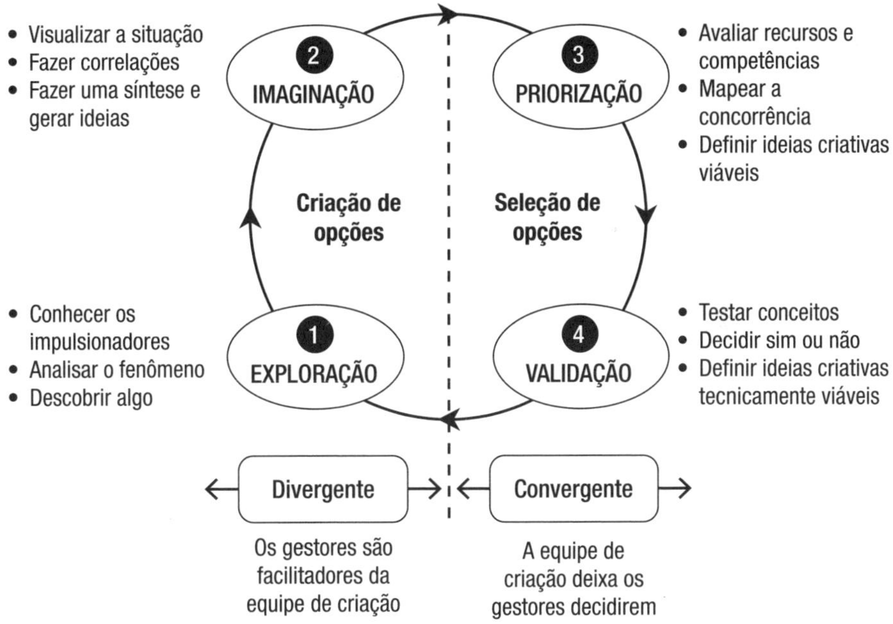

- Visualizar a situação
- Fazer correlações
- Fazer uma síntese e gerar ideias

2 IMAGINAÇÃO — Criação de opções

3 PRIORIZAÇÃO — Seleção de opções

- Avaliar recursos e competências
- Mapear a concorrência
- Definir ideias criativas viáveis

- Conhecer os impulsionadores
- Analisar o fenômeno
- Descobrir algo

1 EXPLORAÇÃO

4 VALIDAÇÃO

- Testar conceitos
- Decidir sim ou não
- Definir ideias criativas tecnicamente viáveis

Divergente → ← Convergente →

Os gestores são facilitadores da equipe de criação

A equipe de criação deixa os gestores decidirem

Como medir a produtividade da criatividade

Embora medir a criatividade em termos de produtividade não seja fácil, em pelo menos um ponto podemos concordar: a produtividade combina eficácia e eficiência inspiradas na abordagem financeira. A equipe de criação, enquanto ativo da empresa, precisa produzir ideias criativas tecnicamente viáveis dentro de um prazo específico (T_1). A partir dessas ideias, a empresa precisa decidir quais – em parte ou no todo – ela transformará em produtos concretos, também dentro de um prazo específico (T_2) (Figura 8.3).

Figura 8.3 Pessoas, ideias criativas e realização dessas ideias

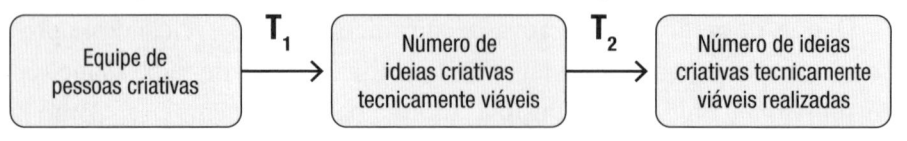

Equipe de pessoas criativas $\xrightarrow{T_1}$ Número de ideias criativas tecnicamente viáveis $\xrightarrow{T_2}$ Número de ideias criativas tecnicamente viáveis realizadas

A eficácia da criatividade

Podemos calcular de forma hipotética a eficácia da criatividade ($C_{Eficácia}$) dividindo o número total de ideias criativas tecnicamente viáveis (I) pelo número de pessoas envolvidas na equipe de criação (P). Isso nos dá o número total de ideias tecnicamente viáveis *per capita*. Podemos escrever essa fórmula assim:

$$C_{Eficácia} = \frac{I}{P}$$

Ao substituir o número de pessoas pela verba (V) dedicada ao financiamento do processo criativo, é possível determinar o número total de ideias tecnicamente viáveis por unidade pecuniária gasta. A fórmula fica assim:

$$C_{Eficácia} = \frac{I}{V}$$

Depois de encontrar um problema de clientes em potencial que precisa ser resolvido, a empresa tem que definir o prazo para as diversas ideias criativas tecnicamente viáveis. Caso a equipe de criação descumpra o prazo, a empresa pode perder o timing do mercado, e a novidade dessas ideias começa a se deteriorar. Passado o prazo, a empresa pode atribuir um tempo extra sob certas condições. Ela passa a depender da capacidade da equipe de criação de elaborar uma ou várias ideias criativas antes do fim desse prazo adicional. Assim, podemos acrescentar um coeficiente (t_1) com valor entre 0 e 1, em relação à fórmula anterior de eficácia da criatividade, sob as condições apresentadas na Tabela 8.1.

Tabela 8.1 Valor do coeficiente t_1

Coeficiente	Condições
$t_1 = 1$	A equipe de criação é capaz de entregar um número determinado de ideias criativas tecnicamente viáveis antes ou dentro do prazo estipulado.
$0 < t_1 < 1$	A equipe de criação é capaz de entregar um número determinado de ideias criativas tecnicamente viáveis dentro do prazo estendido estipulado. Quanto mais próxima a entrega for do prazo, menor o valor de t_1.
$t_1 = 0$	A equipe de criação não é capaz de entregar um número determinado de ideias criativas tecnicamente viáveis dentro do prazo estendido estipulado. Ou então é capaz de entregar essas ideias – todas ou em parte – depois do prazo estendido estipulado.

A Figura 8.4 ilustra essas situações da seguinte maneira:

Figura 8.4 Valor do coeficiente t_1 numa linha do tempo

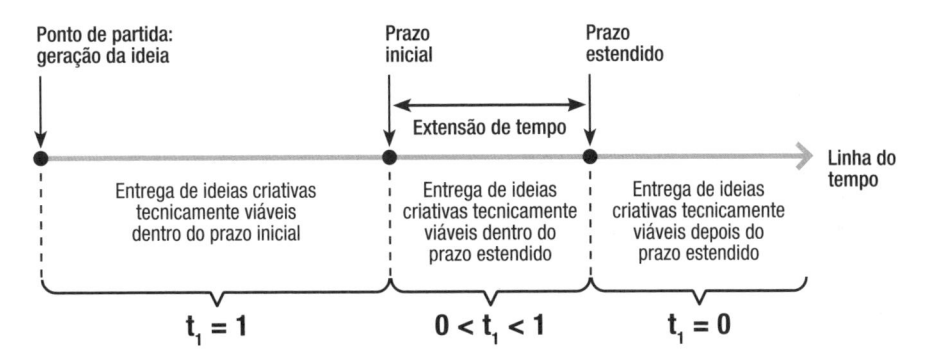

```
Ponto de partida:          Prazo           Prazo
geração da ideia           inicial         estendido
      |                       |               |
      |                       |<--Extensão-->|
      |                       |  de tempo     |                     Linha do
      ●───────────────────────●───────────────●──────────────────→   tempo
      | Entrega de ideias     | Entrega de    | Entrega de
      | criativas tecnicamente| ideias criativas| ideias criativas
      | viáveis dentro do     | tecnicamente  | tecnicamente
      | prazo inicial         | viáveis dentro| viáveis depois
      |                       | do prazo      | do prazo
      |                       | estendido     | estendido
       _____ᴠ_____/    _____ᴠ_____/  _____ᴠ_____/
           $t_1 = 1$            $0 < t_1 < 1$       $t_1 = 0$
```

As duas fórmulas de cálculo da eficácia da criatividade podem ser alteradas, ficando assim:

$$C_{Eficácia} = \frac{I}{P} t_1$$

ou

$$C_{Eficácia} = \frac{I}{V} t_1$$

A eficiência da criatividade

Podemos calcular de forma hipotética a eficiência da criatividade ($C_{Eficiência}$) dividindo o número total de ideias criativas realizadas que se mostram soluções para o cliente e estão prontas para comercialização (R) pelo número total de ideias tecnicamente viáveis (I). A fórmula é:

$$C_{Eficiência} = \frac{R}{I}$$

De forma semelhante ao cálculo de eficácia, ao calcular a eficiência a empresa define um prazo para realizar as diversas ideias criativas tecnicamente viáveis. Caso a equipe de criação descumpra tanto o prazo inicial quanto o prazo estendido, isso fará com que o esforço de realização e comercialização seja demasiadamente tardio, tornando inútil persistir. Por isso, podemos acrescentar um coeficiente (t_2) com valor entre 0 e 1 à fórmula de eficiência, sob as condições apresentadas na Tabela 8.2.

Tabela 8.2 Valor do coeficiente t_2

Coeficiente	Condições
$t_2 = 1$	A empresa é capaz de realizar um número determinado de ideias criativas tecnicamente viáveis e está pronta para comercialização antes ou dentro do prazo estipulado.
$0 < t_2 < 1$	A empresa é capaz de realizar um número determinado de ideias criativas tecnicamente viáveis e está pronta para comercialização dentro do prazo estendido estipulado. Quanto mais próxima do prazo estiver a prontidão para comercialização, menor o valor de t_2.
$t_2 = 0$	A empresa não é capaz de realizar um número determinado de ideias criativas tecnicamente viáveis e de estar pronta para comercialização antes ou dentro do prazo estendido estipulado. Ou então é capaz de realizar essas ideias – todas ou em parte – e de estar pronta para comercialização depois do prazo estendido estipulado.

A Figura 8.5 ilustra essas situações da seguinte maneira:

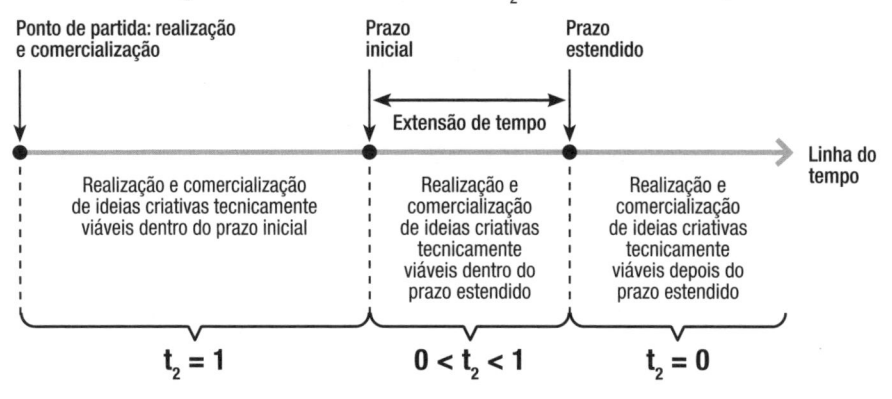

Figura 8.5 Valor do coeficiente t_2 numa linha do tempo

Ponto de partida: realização e comercialização | Prazo inicial | Prazo estendido

Extensão de tempo

Realização e comercialização de ideias criativas tecnicamente viáveis dentro do prazo inicial — $t_2 = 1$

Realização e comercialização de ideias criativas tecnicamente viáveis dentro do prazo estendido — $0 < t_2 < 1$

Realização e comercialização de ideias criativas tecnicamente viáveis depois do prazo estendido — $t_2 = 0$

Linha do tempo

A fórmula de cálculo da eficiência da criatividade pode ser alterada, ficando assim:

$$C_{Eficiência} = \frac{R}{I} t_2$$

A produtividade da criatividade

Combinando as duas fórmulas, a da eficácia e a da eficiência da criatividade, podemos medir hipoteticamente sua produtividade ($C_{Produtividade}$). Isso pode ser feito em termos não financeiros, tomando por base o pessoal como ativo (ou seja, a produtividade da criatividade *per capita*), ou em termos financeiros, com base na verba alocada ao pessoal (isto é, a produtividade da criatividade por unidade pecuniária gasta). As fórmulas, então, passam a ser:

$$C_{Produtividade} = \frac{I}{P} t_1 \times \frac{R}{I} t_2$$

$$C_{Produtividade} = \frac{R}{P} t_1 t_2$$

$$\text{Se } T = t_1 t_2, \text{ logo } C_{Produtividade} = \frac{R}{P} T$$

ou

$$C_{Produtividade} = \frac{I}{V} t_1 \times \frac{R}{I} t_2$$

$$C_{Produtividade} = \frac{R}{V} t_1 t_2$$

$$Se\ T = t_1 t_2,\ logo\ C_{Produtividade} = \frac{R}{V} T$$

Evidentemente, a fórmula que mede a produtividade da criatividade é bastante simplificada. Ela ignora diversos fatores (por exemplo, a originalidade das ideias, o grau de dificuldade para imitá-las, a pressão sobre as equipes de criação) e inúmeras transformações (por exemplo, alterações repentinas no ambiente de negócios) que podem ocorrer durante o processo criativo. Tudo isso pode afetar a formulação. No entanto, é possível usar essas fórmulas para fins indicativos.

A criatividade para o capital produtivo

Neste contexto, *capital* significa o valor dos ativos utilizados pelas empresas para dar apoio à criatividade, que produz commodities disponíveis para venda e gera receita. Portanto, as empresas precisam compreender quanto capital devem reservar para o apoio à criatividade, a fim de obter o resultado ideal. Para simplificar, vamos associar o capital alocado para apoiar a criatividade ao número de ideias criativas tecnicamente viáveis. Cada aumento na alocação para apoiar a criatividade elevará o número dessas ideias a um nível determinado. Em algum momento, haverá redução de ideias. Existem quatro situações a serem analisadas nessa relação. Vamos examinar cada uma delas.

Faixa de investimento insuficiente

Quando há um investimento adicional, há também um crescimento no número de ideias criativas tecnicamente viáveis, com um padrão de aumento desse índice. É uma situação que mostra que a capacidade da equipe de criação não está sendo plenamente aproveitada e o investimento para apoiá-la ainda vai de muito fraco a moderado. Portanto, as empresas precisam alocar um capital adicional em apoio à criatividade para aumentar o número de ideias. A motivação da equipe de criação costuma ser muito alta nessa faixa. Porém, a pressão continua baixa.

A rede social Snapchat, de vídeos curtos, foi criada por Evan Spiegel, Reggie Brown e Bobby Murphy, alunos da Universidade Stanford, em 2011. Ela começou quando Spiegel apresentou um aplicativo para compartilhar momentos divertidos com os amigos, na aula de design de produto. Esses momentos eram deletados 24 horas depois. Durante o desenvolvimento do Snapchat, a equipe estava altamente motivada na missão de comunicar todo o leque de emoções humanas – não apenas aquilo que parecesse bonito ou perfeito.[2] Na época, todos eles eram estudantes e não tinham uma preocupação puramente comercial. Por isso não houve investimento para desenvolver o Snapchat, embora seu potencial fosse muito promissor.

Faixa de investimento quase ideal

Essa situação diz respeito a circunstâncias em que qualquer investimento adicional, até certa quantia, aumenta o número de ideias criativas tecnicamente viáveis, mas a uma taxa progressivamente menor. Isso indica que a equipe de criação começou a atingir sua capacidade máxima. A empresa tem duas opções: a primeira é acrescentar mais gente à equipe de criação e aumentar o investimento para reforçar a criatividade; e a segunda é investir mais, porém mantendo o mesmo número de pessoas, até que elas atinjam o limite da capacidade de entregar novas ideias criativas tecnicamente viáveis. A motivação da equipe de criação ainda é alta nessa faixa, e a pressão vai de moderada a alta.

Capital A Berhad é o nome da nova holding do grupo AirAsia, anunciado em 28 de janeiro de 2022, em Kuala Lumpur, na Malásia. A holding reflete a nova estratégia central de negócio do setor das empresas aéreas, focada numa maior sinergia nas viagens e no estilo de vida empresarial. Durante a pandemia da covid-19, a receita da AirAsia sofreu uma queda significativa, e foi tremendamente complicado recuperá-la. Por isso, a Capital A contratou mais pessoas para diversificar o negócio com um produto financeiro, o BigPay, tecnologias de educação e varejo alimentar. Essa transformação recebeu um feedback positivo do conglomerado sul-coreano SK

Group, que investiu 100 milhões de dólares na expansão do BigPay na Ásia. O CEO da Capital A, Tony Fernandes, afirmou não se tratar simplesmente de um novo logo, mas de um marco relevante que representa uma nova era, já que o grupo passou a ser mais do que uma companhia aérea.[3] Constatamos aqui que um aumento do escopo do negócio (por conta de uma reformulação) exige um investimento extra de verba e de pessoas, a fim de que a capacidade instalada esteja alinhada às elevadas exigências do negócio.

Ponto de investimento ideal

Quando a empresa decide não aumentar o número de integrantes da equipe de criação em condições quase ideais, essa equipe logo atinge o pico de sua capacidade. Nesse ponto, a pressão sobre o trabalho da equipe de criação já se tornou muito alta. As condições de trabalho ficam cada vez mais desconfortáveis e menos propícias à criatividade. A empresa atinge, então, o ponto ideal em relação ao investimento alocado para apoiar a criatividade. Uma possibilidade é criar uma "segunda curva" de criatividade para o capital produtivo, aumentando, por exemplo, a capacidade da equipe de criação por meio de um aumento do número de pessoas. A essa altura, a equipe de criação vivencia uma pressão muito forte, e sua motivação tende a ficar muito vulnerável.

Trabalhar no Vale do Silício pode, à primeira vista, parecer o emprego dos sonhos para muitos profissionais do setor de tecnologia. As empresas dessa região costumam oferecer almoço grátis e salários competitivos para atrair grandes talentos. Só que os funcionários de maior performance muitas vezes sofrem fortíssima pressão para criar produtos inovadores e aumentar a receita da empresa.

Estar numa "empresa dos sonhos" não é garantia de motivação nem de lealdade ao empregador. É por isso que muitos americanos pediram demissão durante o período apelidado de *Great Resignation* (ou "O Grande Pedido de Demissão"), que coincidiu em parte com a pandemia. Alguns estavam em busca de novos benefícios, como trabalho remoto, horários mais flexíveis e mais tempo para tarefas mais significativas.[4] Nota-se que nem todo mundo está preparado para funções altamente exigentes – mesmo quando o salário é alto.

Faixa de investimento em excesso

Nesta faixa constatamos uma redução das ideias criativas tecnicamente viáveis a cada aumento do capital. A empresa precisa parar imediatamente de investir e conjecturar os passos necessários para garantir um aumento da curva (Figura 8.6). Quando a empresa decide não aumentar o número de pessoas na equipe de criação no ponto ideal, mas continua a expandir o investimento e exige que essa equipe produza mais ideias criativas tecnicamente viáveis, o resultado é contraproducente. A carga de trabalho excessiva torna excepcionalmente forte a pressão sobre a equipe de criação, o que, por sua vez, a desmotiva. Em razão disso, as ideias declinam.

Figura 8.6 Faixas de investimento em criatividade

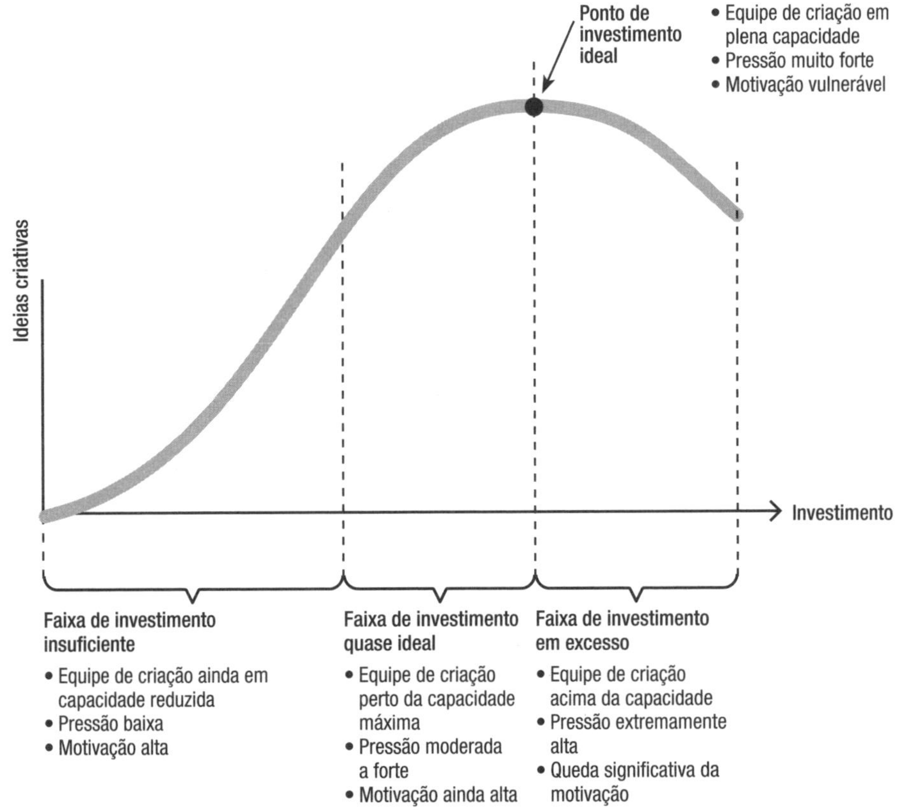

Ponto de investimento ideal
- Equipe de criação em plena capacidade
- Pressão muito forte
- Motivação vulnerável

Ideias criativas → Investimento

Faixa de investimento insuficiente
- Equipe de criação ainda em capacidade reduzida
- Pressão baixa
- Motivação alta

Faixa de investimento quase ideal
- Equipe de criação perto da capacidade máxima
- Pressão moderada a forte
- Motivação ainda alta

Faixa de investimento em excesso
- Equipe de criação acima da capacidade
- Pressão extremamente alta
- Queda significativa da motivação

A Quincy Apparel é uma empresa que desenha, fabrica e vende roupas para jovens trabalhadoras com o caimento e a sensação de uma marca de alta-costura a um preço menor. Para aumentar a penetração de mercado, a empresa procurou investidores. No entanto, o tiro saiu pela culatra, porque os investidores só pioraram a situação da Quincy. As fundadoras da empresa ficaram decepcionadas com as orientações dos investidores de risco, que pressionaram por um crescimento a todo custo – parecido com o das startups de tecnologia com que estavam mais acostumados. Fazer isso obrigou a Quincy a aumentar o estoque e queimar caixa antes de resolver os problemas de produção, o que colocou uma pressão extremamente forte sobre as fundadoras.[5]

Pode-se constatar a necessidade de excelentes competências administrativas para alocar capital, sobretudo aquele destinado a atividades relacionadas à criatividade. Os gestores precisam saber quando aumentar, desacelerar e interromper o investimento. Além disso, a equipe administrativa precisa convencer os investidores de que as competências criativas da empresa têm de fato valor. O ideal é demonstrar que serão capazes de criar uma forte diferenciação e que podem se tornar realidade comercial num momento futuro.

Além disso, o aumento do investimento é diretamente proporcional ao aumento da carga de trabalho da equipe de criação, o que eleva também a pressão sobre ela. Por isso o ideal é que os gestores mantenham a equipe motivada, de modo a garantir que ela continue a ter o melhor desempenho. É crucial adotar estratégias que evitem a fadiga mental e a desmotivação, que levam à queda de produtividade.

Nem toda empresa se presta à implementação da cultura da pressão, e nem toda equipe de criação consegue ser produtiva numa empresa cuja cultura é a mesma de tantos setores altamente competitivos. Uma pressão forte demais para cumprir prazos apertados pode levar à desmotivação e à incapacidade de criar da maneira ideal. Por isso, o papel do gestor de talentos se torna extremamente decisivo. Pessoas com o mesmo grau de criatividade podem apresentar desempenhos diferentes no mesmo ambiente de trabalho, em razão das características singulares ou dos perfis psicológicos de cada talento. Assim, a compatibilidade entre o talento e o ambiente de trabalho se torna ainda mais essencial para a competitividade.

No modelo omnihouse, a relação entre criatividade e produtividade é uma via de mão dupla, o que significa que precisa existir sempre um equilíbrio entre esses dois aspectos. As pequenas e médias empresas que são poderosas em termos de criatividade precisam começar a levar em conta a importância do cálculo da produtividade dos diversos capitais empregados, sobretudo aqueles relacionados ao apoio à criatividade. No entanto, empresas já consolidadas, que às vezes se sentem presas a cálculos complicados relacionados à produtividade, precisam reavaliar e reforçar suas habilidades criativas enfraquecidas.

Compreender a convergência entre criatividade e produtividade nos permite maximizar os resultados – e não apenas a produção – e também nos capacita a avaliar melhor a produtividade do capital utilizado para impulsionar a criatividade na nossa empresa.

PRINCIPAIS CONCLUSÕES

- Quem concede um empréstimo costuma avaliar, antes de tudo, se o empréstimo pode ser ressarcido, dando menos valor à criatividade.
- O investidor aposta suas fichas em ideias criativas capazes de gerar retorno e aumentar o valor de mercado. Chega um momento em que as ações são vendidas para realizar o lucro.
- A criatividade pode ser medida por seus níveis de eficácia, eficiência e produtividade.
- As empresas precisam investir a quantia exata de capital para obter os resultados criativos ideais.

9
Convergência entre inovação e aprimoramento

Como aumentar a margem de lucro concentrando-se em soluções

Quando inovamos, isso sempre leva ao aprimoramento? Não necessariamente. Na verdade, às vezes a situação sai do controle. Existe tanta coisa em jogo ao inovar que nada é garantido. Fazer o ponteiro do aprimoramento se mexer exige muito esforço orquestrado.

Vejamos o caso da ByteDance. Fundada em 2012, a empresa produziu tantos aplicativos que ganhou o apelido de "fábrica de apps". Entre os mais conhecidos estão o TikTok e o Toutiao. Suas inovações recentes geraram um forte crescimento, que incluiu um aumento de 60% da receita em 2021.[1] Naquele mesmo ano, a empresa foi avaliada em mais de 425 bilhões de dólares.[2] Vamos analisar mais detalhadamente como as inovações do TikTok e do Toutiao levaram a esse crescimento significativo.

Criado em 2017, o TikTok é uma plataforma de compartilhamento de vídeos curtos. Atingiu 1 bilhão de usuários mais rapidamente que qualquer outra empresa de redes sociais. A vantagem competitiva mais importante do TikTok vem da velocidade, da funcionalidade e da tecnologia de inteligência artificial que, juntas, oferecem ao consumidor um mix de produtos e serviços. Por exemplo, o app inclui hashtags, edição de áudio e vídeo e filtros de imagem – tudo num só lugar. Antes, esses recursos não se encontravam disponíveis num único app. Agora o usuário pode facilmente utilizar as ferramentas de que precisa e produzir conteúdo com fluidez.[3]

Figura 9.1 Elementos de inovação e aprimoramento no modelo omnihouse

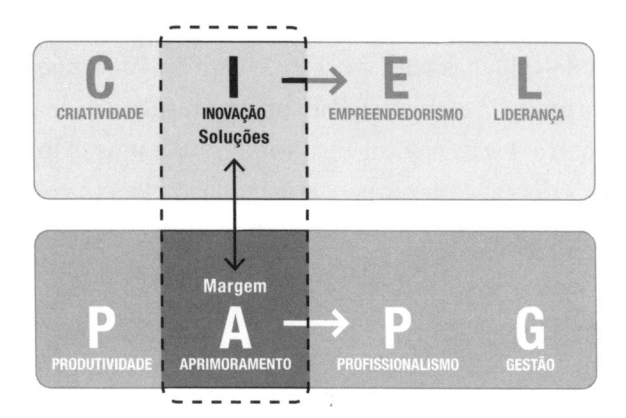

```
C         I    →   E              L
CRIATIVIDADE  INOVAÇÃO  EMPREENDEDORISMO  LIDERANÇA
              Soluções
                 ↕
              Margem
P         A    →   P              G
PRODUTIVIDADE APRIMORAMENTO PROFISSIONALISMO GESTÃO
```

O Toutiao ("manchetes", em chinês) é um aplicativo de notícias que emprega o mesmo modelo de negócio. Oferece notícias e conteúdo que vão além das meras agências oficiais de notícias chinesas. Blogueiros e influenciadores também participam. É um app integrado que combina vários itens informativos, algo altamente valorizado pelos usuários; eles passam, em média, 74 minutos por dia no app.

Além disso, o Toutiao incorporou um bot que cobre eventos em tempo real, como os Jogos Olímpicos do Rio de Janeiro, em 2016.[4] Também possui uma ferramenta de localização para ajudar a achar pessoas desaparecidas, que envia uma notificação push a todos os usuários dentro de determinado raio.

Com a ByteDance, aprendemos que a inovação precisa se concentrar em soluções para o cliente que proporcionem aprimoramentos para a empresa (Figura 9.1). Seus processos se baseiam em desejabilidade, factibilidade e viabilidade (processo de inovação pensado pela IDEO e usado em design centrado no ser humano).[5] O consumidor só quer aquilo que resolva seu problema. Para que isso seja factível, é preciso otimizar determinados recursos, habilidades e competências-chave.

Inovações viáveis levam ao crescimento da empresa, tanto a curto quanto a longo prazo. A curto prazo, isso pode incluir a aceitação pelo cliente, um nível de satisfação maior entre os usuários e o surgimento de um mecanismo de retenção ou fidelização. O crescimento a longo prazo se reflete numa melhora das margens de lucro, o que aumenta a lucratividade. Influenciar a comunidade como um todo pode levar a uma sustentabilidade permanente.

Está claro que a ByteDance conseguiu fazer a ponte entre a inovação (fornecimento de soluções para os clientes) e o aprimoramento (aumento das margens de lucro da empresa). Para obter o resultado ideal, não se pode ter um sem o outro. Neste capítulo, vamos apresentar as etapas necessárias para conectar os dois e, ao fazer isso, criar uma vantagem competitiva. Tudo começa com uma análise 4C.

▌ Análise 4C

No Capítulo 3, discutimos os cinco impulsionadores de transformações: tecnologia; política e leis; sociedade e cultura; economia; e mercado. Eles geram ideias criativas que, combinadas às fontes internas da empresa, levam a inovações voltadas para soluções. Quem possui uma mentalidade de marketing empreendedor é capaz de constatar diversos fenômenos nessas transformações. Eles se tornam a base para a análise de oportunidades (pelo lado do cliente), assim como dos desafios existentes (pelo lado do concorrente).

A mentalidade empreendedora enfatiza as soluções inovadoras que podem ser oferecidas ao cliente e, ao mesmo tempo, se mostrar capazes de aumentar a margem de lucro da empresa. Nessa etapa, podemos avaliar a implementação de uma mentalidade de marketing empreendedor medindo o grau de previsão dos outros três elementos do modelo 4C (cliente, concorrência e a própria companhia). Esse exercício garante que as inovações produzidas sejam voltadas para soluções.[6] A seguir, apresentamos as análises que devem ser realizadas.

Análise do cliente

Precisamos compreender o cliente com base em dados. Podem ser dados qualitativos ou quantitativos, primários ou secundários, a depender das soluções que estivermos dispostos a oferecer. Devemos buscar informações sobre preferências, opiniões, sugestões e problemas que os clientes enfrentam.

Foi exatamente o que fez a Ariston, uma empresa de tecnologia com sede na Itália. Com base na preferência do consumidor por um chuveiro ideal, a Ariston criou um aquecedor de água inteligente, com conectividade Wi-Fi. É uma invenção que permite ao cliente controlar a temperatura à distância, pelo celular.[7] O consumidor pode economizar energia desligando o aquecimento. O aquecedor de água também usa algoritmos para aprender os hábitos do consumidor e adaptar-se a eles.

Análise da concorrência

Também precisamos compreender nossos concorrentes – diretos e indiretos (substitutos) – para garantir que as soluções que propomos possuam uma vantagem e possam, portanto, competir em posição de força. O objetivo, nesse caso, é criar uma percepção de valor mais alta em relação a outras soluções existentes.

A Mercedes-Benz identificou uma abordagem voltada para soluções que ainda não havia sido amplamente implementada pelos concorrentes. Utilizou-a para criar uma vantagem competitiva. Esse trabalho levou ao Actros, um modelo de caminhão para serviços pesados projetado e montado conforme a demanda dos consumidores. A Mercedes-Benz usa a tecnologia de realidade virtual em seus processos de desenvolvimento. Todos os dias, a fábrica principal, em Wörth, na Alemanha, entrega até 470 unidades de cada modelo. O Actros também está disponível para customização conforme exigências de clientes B2B.[8]

Análise da companhia

Precisamos conhecer nossa empresa para determinar aquilo que é possível realizar com nossos recursos, habilidades e competências, e para comercializar essas soluções. Nessa análise, uma das etapas mais cruciais é identificar as competências centrais da empresa (Figura 9.2). O ideal é assegurar que as inovações que fizermos não se afastem demasiadamente dessas competências centrais.

A Uniqlo, marca de moda japonesa, conquistou o mundo com suas peças casuais. Além disso, passou a oferecer opções de moda revolucionárias para o consumidor, como produtos HeatTech para manter o corpo aquecido, roupas AIRism que secam rapidamente e UV Cut para proteger do sol. São soluções que utilizam os recursos da empresa para que o cliente continue a retornar em busca de roupas adequadas e confortáveis, com uma vantagem funcional inovadora.[9]

Figura 9.2 Análise do cliente, da concorrência e da companhia

CLIENTE	CONCORRÊNCIA	COMPANHIA
Entender os problemas do consumidor e lhe proporcionar soluções inovadoras	Compreender os segmentos de mercado e inovar para criar um produto vencedor	Compreender quanto se obterá em vendas, a que custo, e inovar nos processos da empresa

Para realizar essas análises, existem duas abordagens disponíveis. Uma olha para dentro e a outra, para fora.

- **Abordagem que olha para dentro**
  Soluções inovadoras são implantadas olhando primeiro quais recursos a empresa possui. É uma abordagem alinhada ao conceito de visão baseada em recursos, que avalia esses recursos existentes – tangíveis e intangíveis – para então encontrar o mercado certo para as soluções inovadoras.
- **Abordagem que olha para fora**
  Também podemos elaborar soluções inovadoras explorando oportunidades no mercado e observando. É uma abordagem alinhada ao conceito de visão baseada no mercado (ou visão de posicionamento no mercado). Baseia-se em proporcionar – de forma orgânica ou colaborativa – os recursos e habilidades necessários para entregar soluções inovadoras, adaptadas a uma demanda do mercado.

Conservadora ou radical

Qualquer que seja a abordagem adotada, não existe certo ou errado. Trata-se de uma escolha, que depende das condições encontradas. Seja como for, a empresa pode optar por ser conservadora ou radical durante esses processos.

Numa abordagem conservadora, a empresa tende a evitar riscos, concentrando-se naquilo que os concorrentes fazem e na evolução do consumidor. A empresa avalia, então, qual solução deve oferecer. Nessa abordagem, a organização é mais reativa e segue o fluxo. As mudanças feitas pela empresa são gradativas e muitas vezes *impulsionadas pelo mercado* (Figura 9.3).[10]

Quando a empresa adota uma abordagem radical, usa as análises dos cinco impulsionadores de transformações para identificar os impactos significativos que podem ocorrer. Em seguida, analisa qual solução vai provocar maior disrupção e cria novas regras do jogo, que afetam outros players e consumidores. Quando uma organização faz isso, costuma-se dizer que ela é uma empresa *impulsionadora de mercado* (Figura 9.4).

Figura 9.3 Modelo 4C para uma empresa impulsionada pelo mercado

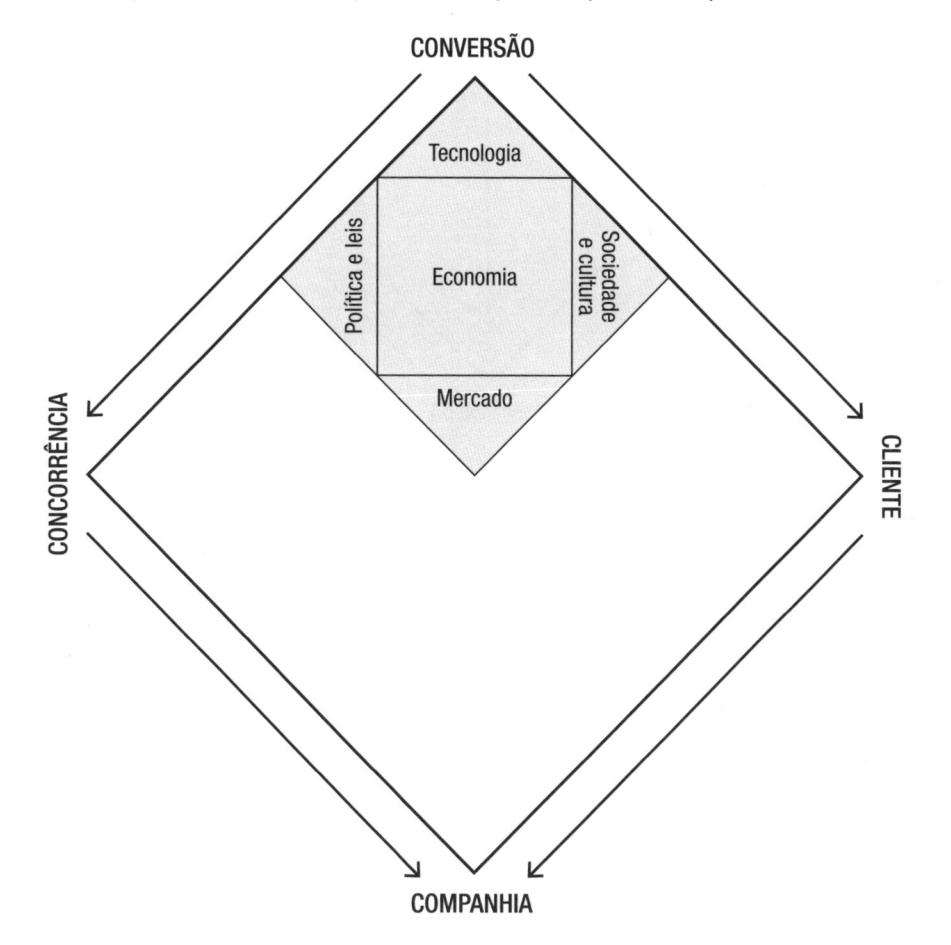

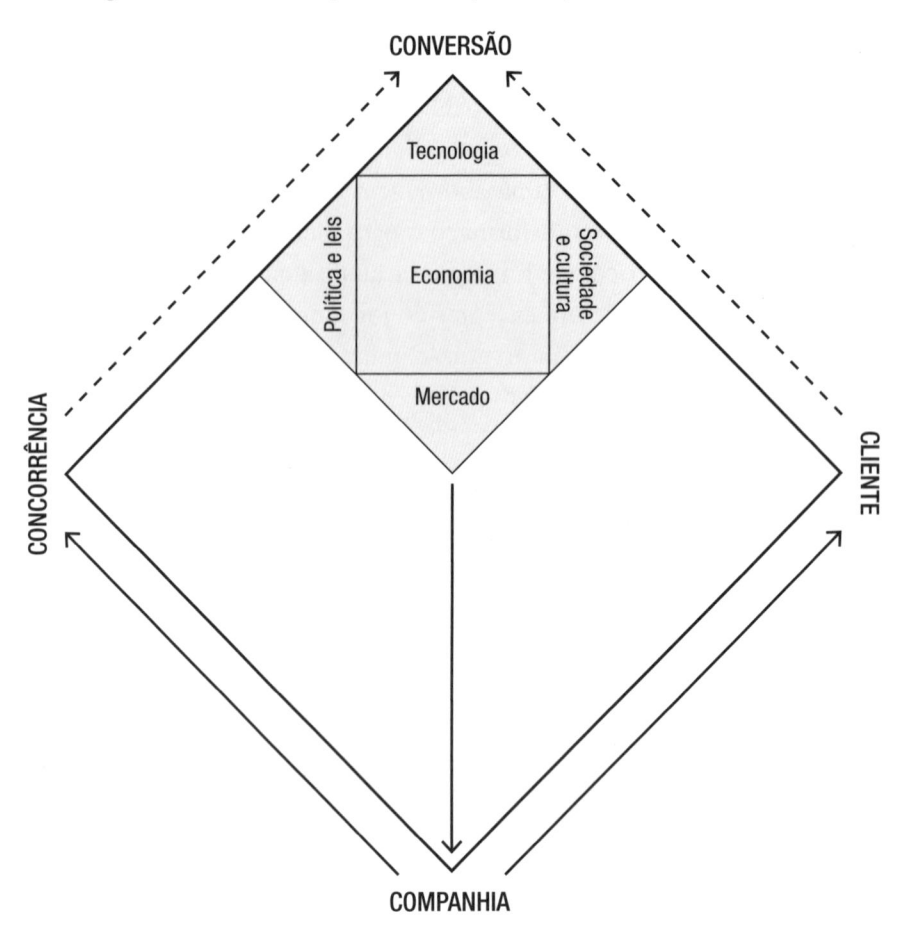

Figura 9.4 Modelo 4C para uma empresa impulsionadora de mercado

[Diagrama em forma de losango com os vértices: CONVERSÃO (topo), CLIENTE (direita), COMPANHIA (base), CONCORRÊNCIA (esquerda). No centro, um losango menor contendo: Tecnologia, Política e leis, Economia, Sociedade e cultura, Mercado.]

▶ Soluções inovadoras para margens melhores

Enquanto pessoas com mentalidade empreendedora, não podemos nos contentar com resultados meramente não financeiros. Quando eles são satisfatórios, mas os resultados financeiros não, é porque há algo errado. Então torna-se imprescindível analisar os aspectos de execução ou operação da empresa.

As soluções inovadoras precisam aumentar as margens de lucratividade. Isso inclui a margem bruta, a margem operacional, a margem de lucro líquido e o Ebitda (o lucro antes dos juros, impostos, depreciação e amortização). Portanto, precisamos buscar esses resultados no balanço ou nas demonstrações de resultados. Vamos examinar como inovar e que impacto financeiro isso pode ter.

▎ Maneiras de inovar

Empresas podem inovar no modelo de negócio, no produto ou na experiência do cliente.[11] Ao mudar o modelo de negócio, a empresa pode garantir uma posição mais robusta no ecossistema do setor. Por exemplo, a Rolls Royce, que fabrica motores de aviões a jato, criou um serviço de assinatura por hora de uso para empresas aéreas. Ao pagar uma tarifa básica por hora à Rolls Royce, a companhia aérea ganha direito aos serviços de instalação, revisão, manutenção e descarte.[12]

Em termos de experiência do cliente, a inovação pode ser entregue por meio do omnichannel, do serviço, da marca e assim por diante. O site 23andMe oferece às pessoas um jeito fácil de fazer testes de genoma e conhecer o próprio DNA. Seu serviço principal as ajuda a conhecerem seu verdadeiro eu em termos de ancestralidade e traços genéticos. O 23andMe envia ao consumidor um kit para coleta de saliva e depois entrega o resultado dos testes por e-mail. Todo mundo gosta de se conhecer melhor, e os testes de DNA, como afirma a empresa, são de fato uma experiência pessoal.[13]

Nem sempre a empresa terá como implantar inovações, em razão de limitações de recursos, habilidades e até competências. Por isso, muitas inovações também são viabilizadas por meio da colaboração entre diversas partes. Exemplos disso são o banco N26, o crowdsourcing da Lego e o AXS Lab. O banco N26 colabora com a TransferWise para oferecer um serviço melhor de transferência bancária de dinheiro em todo o planeta.[14] O crowdsourcing da Lego é um modo vencedor que a marca encontrou para entregar seus produtos mais populares mediante interação direta com os clientes.[15] O AXS Lab colabora com a PwC numa parceria para entregar mapas de acessibilidade.[16]

▶ As três adequações estratégicas

É preciso levar em conta três exigências adaptativas ao aplicar a mentalidade do marketing empreendedor, de modo a garantir a concretização das soluções inovadoras.

- **Adequação entre problema e solução**
  Essa abordagem centrada no cliente é essencial para aplicarmos os princípios centrados em soluções. Precisamos compreender os problemas reais do cliente do ponto de vista dele. O ideal é entender plenamente esses problemas para então oferecer as soluções certas aos clientes certos. Havendo compatibilidade entre problema e solução, nossos produtos podem se tornar a resposta que o cliente busca.

- **Adequação entre produto e mercado**
  As empresas oferecem um amplo leque de produtos num mercado superlotado. Por isso, aquilo que oferecemos deve ser o mais apropriado para um segmento específico. Podemos criar a mais alta percepção de valor por meio de diferenciação, de uma melhor qualidade, de uma experiência inesquecível para o cliente e até de preços muito competitivos.

- **Adequação entre dar e receber**
  Quanto melhor o produto que o cliente recebe em termos de benefícios funcionais e emocionais, e quanto menos dinheiro ele gasta para comprá-lo e possuí-lo, mais alto o produto estará na sua lista de preferências. Só que as preferências do cliente também precisam criar valor. Por isso a empresa precisa saber qual o nível de vendas que deseja atingir, e a que custo, para garantir uma criação de valor relevante (Figura 9.5).

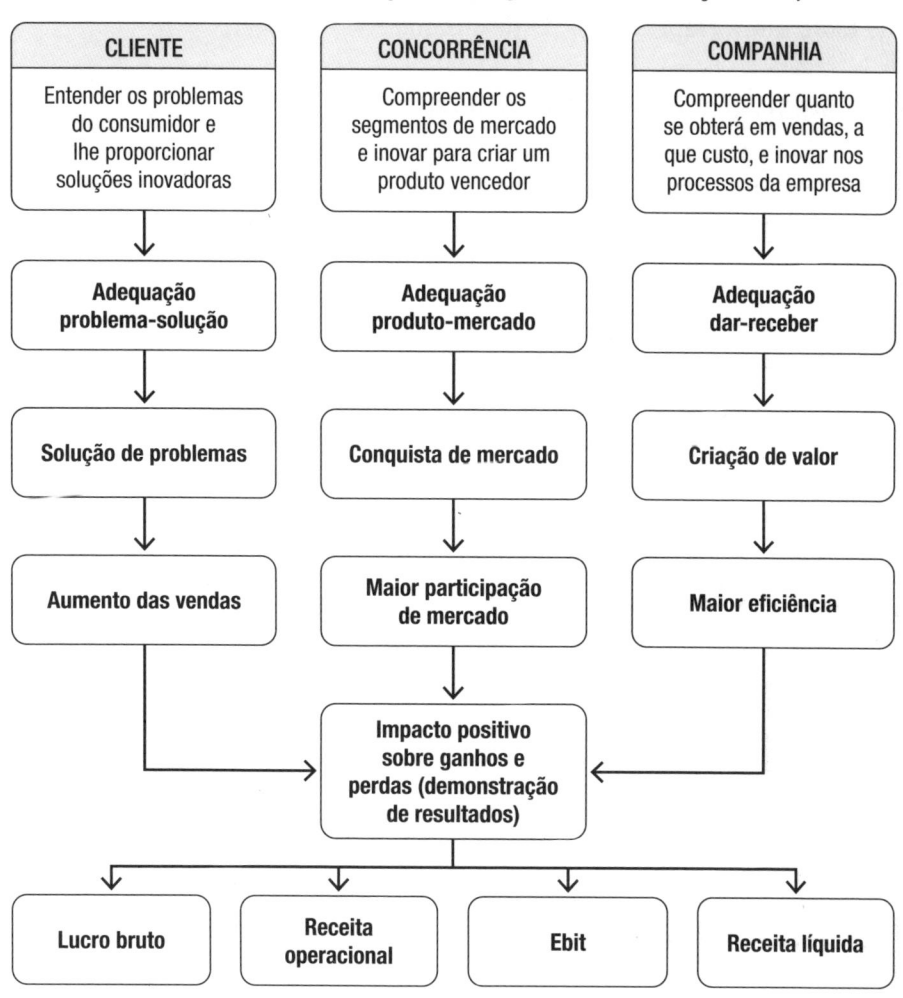

Figura 9.5 Impacto da adequação estratégica sobre o balanço da empresa

```
┌─────────────────────┐  ┌─────────────────────┐  ┌─────────────────────┐
│      CLIENTE        │  │    CONCORRÊNCIA     │  │      COMPANHIA      │
│ Entender os problemas│  │ Compreender os      │  │ Compreender quanto  │
│ do consumidor e     │  │ segmentos de mercado│  │ se obterá em vendas,│
│ lhe proporcionar    │  │ e inovar para criar │  │ a que custo, e inovar│
│ soluções inovadoras │  │ um produto vencedor │  │ nos processos da    │
│                     │  │                     │  │ empresa             │
└──────────┬──────────┘  └──────────┬──────────┘  └──────────┬──────────┘
           ▼                        ▼                        ▼
    ┌─────────────┐          ┌─────────────┐          ┌─────────────┐
    │ Adequação   │          │ Adequação   │          │ Adequação   │
    │problema-    │          │produto-     │          │dar-receber  │
    │solução      │          │mercado      │          │             │
    └──────┬──────┘          └──────┬──────┘          └──────┬──────┘
           ▼                        ▼                        ▼
    ┌─────────────┐          ┌─────────────┐          ┌─────────────┐
    │ Solução de  │          │ Conquista   │          │ Criação de  │
    │ problemas   │          │ de mercado  │          │ valor       │
    └──────┬──────┘          └──────┬──────┘          └──────┬──────┘
           ▼                        ▼                        ▼
    ┌─────────────┐          ┌─────────────┐          ┌─────────────┐
    │ Aumento das │          │ Maior       │          │ Maior       │
    │ vendas      │          │ participação│          │ eficiência  │
    │             │          │ de mercado  │          │             │
    └─────────────┘          └──────┬──────┘          └─────────────┘
                                    ▼
                        ┌─────────────────────┐
                        │ Impacto positivo    │
                        │ sobre ganhos e      │
                        │ perdas (demonstração│
                        │ de resultados)      │
                        └─────────────────────┘
```

| Lucro bruto | Receita operacional | Ebit | Receita líquida |

▶ Mudança leve *versus* mudança drástica na margem de lucro

Considerando que uma inovação implantada por uma empresa é, por definição, voltada para oferecer soluções relevantes para um segmento de consumidores, precisamos avaliar até que ponto essa inovação gera uma diferenciação e até que ponto é difícil para os concorrentes a imitarem. Quando essa diferenciação é forte, a empresa pode se tornar *price maker* ("fazedora de preço"). Por outro lado, quando a diferenciação é fraca, a empresa precisa se tornar *price taker* ("aceitadora de preço").

Desse ponto de vista, podemos identificar quatro situações de margem de lucro que a empresa é capaz de atingir.

- **Margem pequena de curto prazo**
  Essa situação ocorre quando a diferenciação resultante não é muito significativa, se comparada a outras soluções já disponíveis. O preço oferecido pela diferenciação não é muito alto e, por isso, produz apenas uma leve margem. Além disso, quando a diferenciação é fácil de imitar pelos concorrentes, não se desfruta dessa margem a longo prazo, porque a imitação em pouco tempo leva à "comoditização". No fim, acaba sendo preciso vender por preços de mercado, o que deprime cada vez mais a margem de lucro. Portanto, a margem de lucro pode sofrer um leve aumento, mas apenas a curto prazo.

- **Margem alta de curto prazo**
  Às vezes a margem de lucro aumenta drasticamente, mas apenas a curto prazo. Essa situação ocorre quando a diferenciação resultante é significativamente forte, comparada às diversas situações preexistentes. O preço oferecido por essa diferenciação pode ser bastante elevado, gerando assim uma forte margem de lucro. No entanto, quando a diferenciação se revela facilmente imitável pelos concorrentes, não se desfruta dessa margem forte durante muito tempo. A imitação rápida leva à comoditização, que no fim das contas força o retorno aos preços de mercado, com margens menores.

- **Margem baixa de longo prazo**
  Essa situação ocorre quando a diferenciação resultante não é forte, se comparada às diversas soluções preexistentes. O preço oferecido por essa diferenciação é relativamente baixo, gerando uma margem de lucro pequena. No entanto, quando a diferenciação não é facilmente imitável pelos concorrentes, pode-se desfrutar dessa margem estreita por mais tempo. Dessa forma, o processo de comoditização não ocorre tão rápido. A margem de lucro aumenta apenas de forma ligeira, mas esse aumento pode durar bastante tempo.

- **Margem alta de longo prazo**
Essa situação ocorre quando a diferenciação é significativamente forte, se comparada às diversas soluções preexistentes. O preço oferecido por essa diferenciação pode ser bastante elevado, favorecendo a geração de uma margem de lucro forte. Quando a diferenciação não é facilmente imitável pelos concorrentes, pode-se desfrutar dessa margem considerável por mais tempo. O processo de comoditização não ocorre tão rápido, e as margens de lucro aumentam de forma drástica e duradoura (Figura 9.6).

Figura 9.6 Mudança leve *versus* mudança drástica da margem de lucro

DIFERENCIAÇÃO		Fácil	Difícil
	Forte	Margem alta a curto prazo e aumento drástico da margem de lucro	Margem alta a longo prazo e aumento drástico da margem de lucro
	Fraca	Margem baixa a curto prazo e aumento leve da margem de lucro	Margem baixa a longo prazo e aumento leve da margem de lucro

IMITABILIDADE

Do ponto de vista do empreendedorismo, é preciso buscar o tempo todo oportunidades para obter margens elevadas, com base nessas descrições. Do ponto de vista do marketing, precisamos criar uma forte diferenciação, que propicie soluções relevantes para os clientes. O ideal é que sejam soluções que os concorrentes tenham dificuldade para imitar a longo prazo.

A relação recíproca entre inovação e lucratividade

No modelo omnihouse, a inovação e o aprimoramento estão interligados por uma seta de duas pontas, o que indica uma relação recíproca. Inovações produzem soluções relevantes para o cliente e, ao mesmo tempo, espera-se que melhorem as margens de lucro da empresa.

Isso explica a seta que parte da inovação em direção ao aprimoramento da margem. Mas e quanto ao sentido contrário? O aumento da margem pode levar a abandonar o investimento em capacidades inovadoras alinhadas à competência central da empresa. Com uma margem maior, pelo contrário, a empresa deve alocar uma verba maior para manter ou reforçar sua competência inovadora.

Com base num estudo da PwC (o Global Innovation 1000), analisamos a receita das empresas, as despesas com Pesquisa & Desenvolvimento e a "intensidade" de P&D (Figura 9.7), que é o percentual de despesas com P&D em relação à receita total. Usamos esses dados para medir o "grau de compromisso" de uma companhia com a manutenção de suas competências inovadoras. Selecionamos apenas 25 empresas da lista da PwC, que também fazem parte da lista de Melhores Marcas Globais divulgada pela Interbrand (usamos os dados de 2018 por ser o ano de publicação do estudo da PwC).

A partir dos dados reprocessados, conseguimos fazer uma série de afirmações animadoras. Podemos dividir as 25 empresas em três grupos: empresas de tecnologia; empresas do setor automotivo; e um mix de empresas de diferentes setores, em especial de produtos de consumo.

No grupo de empresas de tecnologia com receita abaixo dos 200 bilhões de dólares, a intensidade de P&D é de cerca de 10% a 20%, qualquer que seja sua receita total (Tabela 9.1).

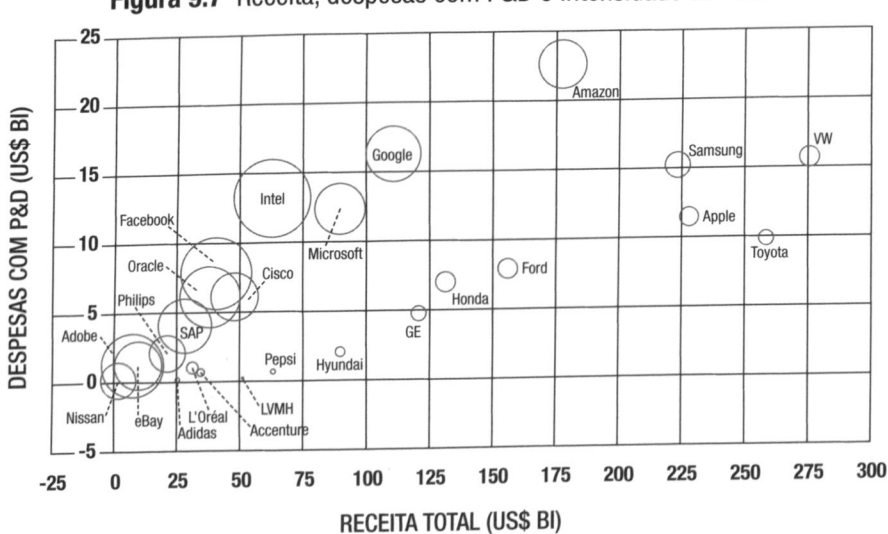

Figura 9.7 Receita, despesas com P&D e intensidade de P&D[17]

Tabela 9.1 Primeiro grupo (empresas de tecnologia) com receita abaixo de US$ 200 bilhões[18]

Empresa	Despesas com P&D (US$ bi)	Receita (US$ bi)	Intensidade de P&D (%)
Intel	13,10	62,76	20,9
Facebook	7,75	40,65	19,1
Adobe	1,22	7,30	16,8
Oracle	6,09	37,73	16,1
Google	16,23	110,86	14,6
SAP	4,02	28,17	14,3
Microsoft	12,29	89,95	13,7
eBay	1,22	9,57	12,8
Amazon	22,62	177,87	12,7
Cisco	6,06	48,01	12,6

No grupo de empresas de tecnologia, apenas a Apple tem uma intensidade de P&D relativamente baixa (5,1%) na comparação com as demais (Tabela 9.2). Com um valor de P&D de quase 12 bilhões de dólares, é a sétima entre as 25 empresas selecionadas, pois sua receita ultrapassou 200 bilhões. A Samsung, cuja receita também passa dos 200 bilhões – com uma gama de produtos mais ampla, incluindo celulares, TVs e eletrodomésticos –, tem uma intensidade de P&D ligeiramente superior à da Apple, de 6,8%, mas em valor de P&D é a quarta do ranking, com despesas de mais de 15 bilhões de dólares.

No grupo automotivo, a intensidade de P&D varia entre 2% e quase 10% (Tabela 9.3). No entanto, é preciso observar que a Nissan apresentou grande intensidade de P&D, mas ficou na lanterna das 25 empresas selecionadas em termos de receita. Mesmo a empresa mais próxima da Nissan nesse aspecto, a Adobe, tem mais que o quádruplo de sua receita. Tirando a Nissan, a intensidade média de P&D do grupo automotivo é de cerca de 4,5%. Quanto maior a receita, maiores as despesas com P&D.

Tabela 9.2 Primeiro grupo (empresas de tecnologia) com receita acima de US$ 200 bi[19]

Empresa	Despesas com P&D (US$ bi)	Receita (US$ bi)	Intensidade de P&D (%)
Samsung	15,31	224,27	6,8
Apple	11,58	229,23	5,1

Tabela 9.3 Segundo grupo (setor automotivo)[20]

Empresa	Despesas com P&D (US$ bi)	Receita (US$ bi)	Intensidade de P&D (%)
Nissan	0,16	1,70	9,6
VW	15,77	277,00	5,7
Honda	7,08	131,81	5,4
Ford	8,00	156,78	5,1
Toyota	10,02	259,85	3,9
Hyundai	2,12	90,22	2,3

Tabela 9.4 Terceiro grupo (setores variados)[21]

Empresa	Despesas com P&D (US$ bi)	Receita (US$ bi)	Intensidade de P&D (%)
Philips	2,12	21,35	9,9
GE	4,80	121,25	4,0
L'Oréal	1,05	31,25	3,4
Accenture	0,70	34,85	2,0
Pepsi	0,74	63,53	1,2
Adidas	0,22	25,48	0,9
LVMH	0,16	51,20	0,3

No último grupo, formado por empresas variadas, a intensidade de P&D fica geralmente abaixo de 5% (Tabela 9.4). Apenas a Philips se aproxima de 10%, mas é preciso observar que a receita da empresa é a menor do grupo.

Desses três grupos, extraem-se algumas conclusões interessantes. De modo geral – tirando a intensidade de P&D – podemos constatar que quanto maior a receita da empresa, maiores suas despesas com P&D. Essa conclusão indica uma correlação positiva entre receita e alocação de verba para a inovação. São empresas comprometidas em inovar a fim de manter a competitividade.

Para inovar bem, a empresa precisa alocar os recursos necessários e direcionar seus esforços para solucionar os problemas do cliente. Mudando o jeito de fazer negócio, criando produtos que atendam um nicho ou solucionando questões específicas que são importantes para os clientes, dá para aumentar a receita e as margens de lucro. Uma correlação positiva entre inovação e lucratividade sustenta o crescimento da empresa e o aumento de sua vantagem competitiva.

> **PRINCIPAIS CONCLUSÕES**
>
> - Para garantir que as inovações sejam voltadas para soluções, podem-se analisar os clientes, a concorrência e a própria companhia. Nessas avaliações, cabe aplicar tanto uma abordagem que olhe para dentro quanto uma que olhe para fora, juntamente com perspectivas conservadoras e radicais.
> - Para inovar, a empresa pode mudar seu modelo de negócio, seu produto ou a experiência do cliente.
> - No marketing empreendedor, soluções inovadoras serão avaliadas de acordo com três exigências de adequação: entre problema e solução, entre produto e mercado, e entre dar e receber.
> - As inovações podem gerar quatro tipos de margem de lucro: margem pequena de curto prazo, margem alta de curto prazo, margem pequena de longo prazo e margem alta de longo prazo.
> - A relação entre inovação e lucratividade é recíproca.

10
Convergência entre liderança e gestão

Como preservar valores e aumentar o valor de mercado

Reed Hastings, fundador da Netflix, estabeleceu uma visão para a empresa: buscar resultados financeiros demonstrando preocupação com as questões ambientais. Para tratar as emissões de sua cadeia de abastecimento, a Netflix financia programas que preservam e recuperam a capacidade da natureza de armazenar dióxido de carbono e investe em projetos de preservação florestal.[1]

A Netflix surgiu como um serviço de aluguel de DVDs por correio, sem cobrar multa caso o cliente não devolvesse o filme dentro do prazo. Tudo que o cliente precisava fazer era pagar uma assinatura para alugar o DVD. Os filmes que ele queria ver eram enviados por correspondência, junto com um envelope pré-pago de devolução.[2]

Com o passar do tempo, a Netflix adicionou serviços de streaming on-demand, que fizeram sucesso. Depois da falência da Blockbuster, em 2010, a Netflix continuou a progredir rapidamente. Durante a pandemia, Reed aproveitou oportunidades usando os métodos de marketing corretos e aumentando fortemente o número de clientes.[3] Conquistou 37 milhões de novas assinaturas em 2020 e mais 18,2 milhões de assinantes em 2021.

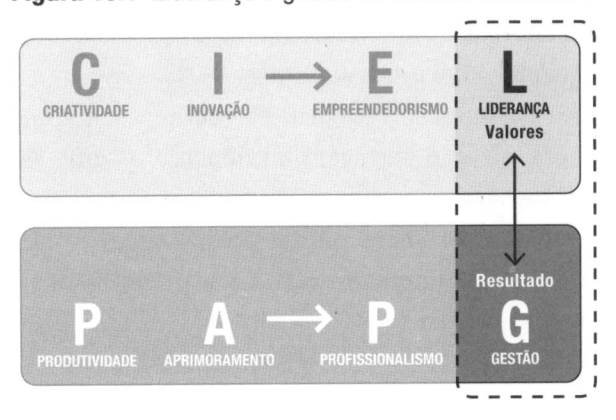

Figura 10.1 Liderança e gestão no modelo omnihouse

```
C         I    →    E            L
CRIATIVIDADE  INOVAÇÃO  EMPREENDEDORISMO   LIDERANÇA
                                           Valores
                                              ↑
                                              ↓
                                           Resultado
P         A    →    P            G
PRODUTIVIDADE APRIMORAMENTO PROFISSIONALISMO  GESTÃO
```

O caso da Netflix mostra como a liderança é crucial no marketing empreendedor. Reed zelou pela empresa desde o início, priorizando inovação constante. A companhia continuou a crescer e se expandir inclusive durante a pandemia. Os investimentos em sustentabilidade ajudaram a solidificar seu compromisso tanto com os clientes quanto com a preservação do planeta.

Ao voltarmos para o modelo omnihouse, constatamos que a liderança é o elemento CI-EL mais à direita. Discutimos em capítulos anteriores a criatividade e a inovação, e também analisamos a transição entre o método profissional e o método empreendedor. Chegamos agora aos dois últimos elementos, que são a liderança e a gestão com a qual ela deve convergir (Figura 10.1).

A seguir, vamos examinar a conexão entre liderança e marketing empreendedor, e também entre liderança e gestão. Por fim, faremos a correlação entre os componentes de valor para os acionistas e veremos como medi-los.

▶ Liderança e marketing empreendedor

Há muitas pesquisas e publicações sobre liderança. A literatura especializada discutiu amplamente os tipos de líder, os estilos de liderança e as características dos grandes líderes. Vários modelos e teorias foram elaborados a partir do estudo amplo e constante da liderança e da maneira como líderes e subordinados interagem.⁴ As abordagens de liderança mais populares entre profissionais e acadêmicos incluem liderança transformacional, liderança situacional e liderança autêntica.

Um fator que costuma ser associado à liderança é a *visão*, ou o sonho, daquilo que a organização alcançará no futuro. Costuma-se associar a liderança à transformação de uma empresa.⁵ Essa transformação pode envolver metas monetárias ou de outros tipos. Daniel Goleman certa vez afirmou que a principal tarefa do líder é atingir resultados que vão além dos aspectos financeiros.⁶

Pesquisas conduzidas pela Gallup ao longo de cinquenta anos revelam os cinco papéis principais dos grandes líderes:

- Inspirar as equipes a realizar um trabalho excepcional
- Estabelecer metas e garantir recursos para que as equipes brilhem
- Motivar a ação, o enfrentamento de adversidades e a resistência
- Montar equipes comprometidas e colaborativas, com laços profundos
- Adotar uma abordagem analítica da estratégia e da tomada de decisões⁷

É comum que se separem as discussões entre liderança e empreendedorismo e entre liderança e marketing. Chega a ser difícil encontrar fontes que tratem da relação entre liderança e marketing empreendedor. Mesmo em revistas científicas há pouco material que trate dos dois conceitos em conjunto.

▎ Liderança e empreendedorismo

Ruth Gunther McGrath e Ian MacMillan foram os primeiros a propor o conceito de liderança empreendedora. "O mundo está ficando volátil e imprevisível demais para que se adotem táticas de liderança convencionais", escreveram eles em 2000.⁸ A maneira como isso acontece nas empresas ainda vem sendo amplamente debatida.

Quem aplica uma abordagem empreendedora na carreira profissional precisa de qualificação em liderança. Infelizmente, muitas vezes se acredita que todos têm essa competência – de elaborar uma visão e comunicá-la, servir de exemplo e criar novos líderes.⁹ Segundo pesquisas científicas, as influências combinadas da genética e do ambiente desempenham um papel significativo no desenvolvimento de lideranças. E estatísticas revelam que os impactos ambientais têm um efeito mais substancial nessa trajetória.[10]

A liderança empreendedora pode impactar positivamente a performance da empresa. Pode-se definir uma liderança forte como a capacidade de comandar a equipe de gestão em consonância com as metas da empresa, reforçando o moral e a confiança da equipe, o que por sua vez aumenta o engajamento e o compromisso dos funcionários.[11] Desse ponto de vista, uma liderança empreendedora forte é um dos fatores essenciais no estabelecimento da vantagem competitiva.

A liderança empreendedora também desempenha um papel vital no desenvolvimento humano na organização. Dados coletados no setor industrial de um país em desenvolvimento mostraram uma correlação positiva entre liderança empreendedora e a criatividade dos funcionários.[12] Outro estudo, na China, concluiu que a liderança empreendedora consegue reduzir a rotatividade de pessoal.[13] Basicamente, a liderança tem que ser capaz de reforçar a vantagem competitiva por meio do desenvolvimento de pessoas, o que inclui coaching, mentoria, aprendizado na prática e outros tipos de formação.

▌ Liderança e marketing

Sem líderes fortes, o marketing vai atuar de maneira meramente normativa ou burocrática, incapaz de lidar com as transformações rápidas provocadas pela tecnologia digital, cada vez mais presente. Não dá para implementar o marketing apenas com base numa abordagem "profissional". Mais de 55% do impacto causado numa empresa pelos executivos de marketing se devem a fatores de liderança, e cerca de 15% à contribuição das competências técnicas de marketing. Constatamos com isso que, no marketing, a liderança desempenha um papel fundamental ao proporcionar valor sob a forma de soluções para os clientes. Também usa de modo produtivo os recursos da empresa para garantir os resultados ideais.[14]

A implementação de estratégias de marketing também exige uma liderança forte. A posição do líder de marketing vem ganhando importância, fato ainda mais evidente durante períodos de incerteza, como a pandemia da covid-19. Uma liderança forte é necessária para direcionar todas as equipes a adotarem uma abordagem robusta centrada no consumidor, o que determina a participação de mercado da empresa.[15] Ao manter o foco nesses consumidores dinâmicos, o líder orienta sua equipe a ser sempre adaptável.[16]

Como suas responsabilidades são muito abrangentes, os líderes de marketing estão sendo convidados para a mesa dos executivos. Quase um terço (31,5%) dos profissionais seniores de marketing afirmam participar de todas ou quase todas as videoconferências de resultados. Mais da metade (53,5%) dizem que comparecem a todas ou quase todas as reuniões de direção.[17]

Promover excelência na liderança é fundamental para o êxito do marketing, sobretudo unindo, direcionando e motivando a equipe de marketing num sentido compatível com as estratégias e táticas predeterminadas. A liderança também desempenha um papel relevante no planejamento e na execução das estratégias de marketing, o que gera resultados financeiros e não financeiros, como fidelidade do cliente, liderança do produto e sólido ativo da marca.[18] Percebemos com isso a importância de um líder que compreende o papel do marketing na realização das metas e no uso da funcionalidade do marketing para garantir crescimento.[19]

Quando os líderes de marketing adotam os dados e a inteligência na era digital, tornam-se líderes de crescimento. Segundo um levantamento da Deloitte, 56% dos profissionais de marketing acreditam que dados e inteligência podem ajudá-los a fazer seus planos de crescimento prosperarem. Por outro lado, apenas 18% acham que dominar totalmente a gama de produtos pode ajudá-los a passar ao estágio seguinte de crescimento.[20]

▶ Liderança e gestão

Diante do aumento da concorrência e de um ambiente de negócios cada vez mais dinâmico, as habilidades de liderança se tornaram cruciais em gestão. As empresas não podem confiar somente no próprio êxito com uma abordagem normativa. A gestão exige um líder qualificado, o que significa uma liderança poderosa. As empresas precisam, portanto, garantir que suas habilidades de liderança permaneçam relevantes tanto hoje quanto no futuro.[21]

Na definição de Warren Bennis, liderança é a capacidade de transformar uma visão em realidade. Precisamos, então, transformar essa visão em várias metas concretas. E, para alcançar essas metas, é necessária uma estratégia. Essa estratégia, por sua vez, desdobra-se em diversos planos operacionais ou táticos, mais implementáveis. Segundo David Garvin, professor da Harvard Business School, a implementação e execução adequada de uma estratégia acarreta "entregar o que é planejado ou prometido no prazo, no orçamento, com qualidade e com um mínimo de variabilidade – mesmo diante de eventos e contingências imprevistos".[22]

Nesse novo modelo de marketing empreendedor, a estratégia e as táticas de marketing fazem referência a nove elementos que têm como âncoras o posicionamento, a diferenciação e a marca – ou o "triângulo PDM". Esses nove elementos (segmentação, público-alvo, posicionamento, diferenciação, mix de marketing, venda, marca, serviço e processo) podem ser agrupados em três habilidades de gestão de marketing principais: gestão do cliente, gestão do produto e gestão da marca (Figura 10.2). A capacidade de preservar os valores da empresa dessa forma e de conseguir manifestá-los nos nove elementos centrais do marketing é um reflexo da implementação da liderança.

É de se esperar que a gestão de clientes, produtos e marcas com base em valores gere fluxo de caixa a curto prazo. Ela tem que aumentar o valor da marca ou da empresa no futuro. Esse é o resultado que a empresa deve almejar com a gestão desses três elementos.

A gestão do cliente, que faz parte da estratégia de marketing, tem a ver com a identificação do mercado-alvo, com sua seleção e com a oferta de uma boa experiência ao cliente, alinhada ao posicionamento definido. Isso, por sua vez, pode levar ao engajamento do cliente, à formação de um mecanismo de retenção e a uma forte fidelidade. A KPMG realizou uma pesquisa com 18.520 consumidores, de mais de vinte países, sobre questões relacionadas à fidelidade do cliente. A ideia era analisar como as marcas e os varejistas podem atrair e reter essa fidelidade aperfeiçoando seus programas. Segundo o estudo, 56% dos consumidores acreditam que a maneira como as empresas conduzem sua relação com o público, através do serviço ao cliente, é determinante para sua fidelidade.[23]

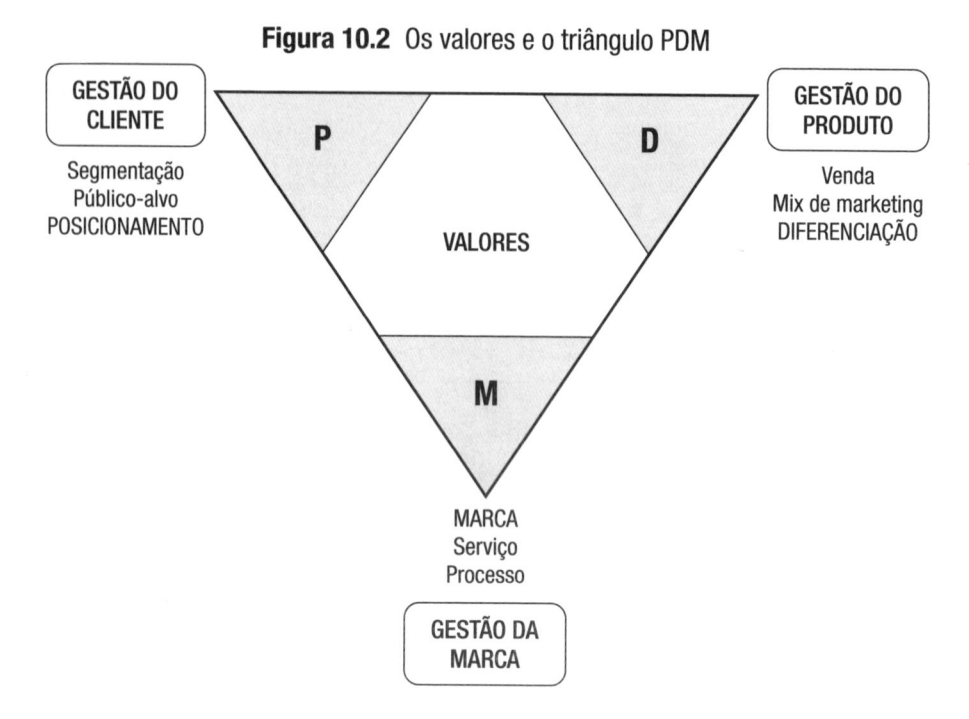

Figura 10.2 Os valores e o triângulo PDM

```
GESTÃO DO CLIENTE
Segmentação
Público-alvo
POSICIONAMENTO

P   D
VALORES
M
MARCA
Serviço
Processo

GESTÃO DO PRODUTO
Venda
Mix de marketing
DIFERENCIAÇÃO

GESTÃO DA MARCA
```

A gestão do produto se concentra na administração do portfólio de produtos, do desenvolvimento à comercialização, visando proporcionar soluções para o segmento de mercado pretendido. Isso inclui a maneira como a diferenciação se traduz em elementos de mix de marketing e, em seguida, esforço de vendas. Num levantamento da Deloitte sobre os hábitos de compras de fim de ano, quando se trata da importância de um produto, a maioria dos entrevistados afirmou procurar itens de alta qualidade (71%) e variedade (68%).[24]

A gestão da marca garante o fortalecimento do ativo da marca, com o apoio de serviços e processos que reforçam o valor para o cliente. Podemos aprender com a Apple sobre uma gestão de marca eficaz. Por meio de uma estratégia de branding hábil na priorização do aspecto emocional, a empresa conquistou uma espécie de fanatismo entre os clientes. Serviços premium oferecidos nas Apple Stores aumentam a fidelidade dos clientes à marca e a seus produtos. Em 2024, a Apple foi considerada a marca mais valiosa do mundo.[25]

▌ Liderança e valor de mercado

Não raro constatamos que a liderança, em relação à alta gestão da empresa, é uma habilidade qualitativa não técnica. Mesmo assim, os resultados do trabalho da alta gestão costumam ser avaliados de forma quantitativa. O crescimento do lucro da empresa, da cotação da ação, da produtividade dos empregados e outras métricas se tornaram, de modo geral, indicadores-chave da performance de um líder.

Uma avaliação 360 graus constatou que, em termos quantitativos, a liderança faz muita diferença na performance financeira da empresa. Nesse estudo, os líderes foram divididos em três grupos: 10% com as melhores performances; 10% com os piores desempenhos; e 80% no grupo intermediário. No fim das contas, os líderes com pior performance deram prejuízo, os líderes do grupo intermediário deram lucro e os 10% superiores mais que duplicaram os lucros da empresa![26]

A liderança deve zelar por um processo de criação de valor que atenda às exigências dos interessados. Isso inclui funcionários, clientes, sociedade e acionistas ou investidores. O Business Reality Check (teste da realidade do negócio), encomendado pela American Express e elaborado pela The Economist Intelligence Unit, comparou as opiniões de líderes de empresas com dados do mercado coletados em fontes nacionais, internacionais e especializadas. Segundo esse estudo, 34% dos executivos acreditam que a pressão dos acionistas por resultados de curto prazo é um grande obstáculo à execução das estratégias. Além disso, 29% acreditam que a pressão da responsabilidade perante um grupo mais amplo de interessados é um empecilho significativo.[27]

Allan Freed e Dave Ulrich explicam que não podemos mais determinar o valor de uma empresa unicamente com base na abordagem tradicional, levando em conta apenas o aspecto financeiro, que, segundo seus cálculos, representa apenas 50% do valor de mercado. Os investidores também consideram o valor intangível desenvolvido graças ao papel vital da liderança na empresa. Portanto, na tomada de decisões, os investidores precisam levar a sério o papel da liderança.[28]

A liderança afeta a performance da empresa ao direcionar, mobilizar e motivar a equipe de gestores, com base numa cultura corporativa sólida.

Os estudos de Natasha Ouslis mostram que a liderança pode contribuir em até 14% para a performance da empresa, e os CEOs podem contribuir em quase 30% em diversas iniciativas. Devido ao papel da liderança, o aumento do valor intangível também levou a um abismo maior entre o valor patrimonial e o valor de mercado. Nas últimas décadas, esse abismo se tornou mais profundo, com o valor de mercado chegando ao sêxtuplo do valor patrimonial.[29]

Segundo um artigo acadêmico publicado pela Deloitte, a liderança ainda é um aspecto muitas vezes negligenciado. Embora a melhoria dessa competência possa aumentar o valor para o acionista e garantir a sustentabilidade de longo prazo, ainda é pequeno o percentual de executivos que acham que desenvolver lideranças é muito eficaz. Apesar disso, segundo a Deloitte, os analistas consideram a eficiência da equipe sênior de líderes como um critério crucial para avaliar o êxito da empresa, mais importante que uma simples análise de índices ou previsão de receitas. Uma liderança eficaz aumenta a valorização da empresa, mas é preciso observar que esse efeito varia de setor para setor.[30]

Dito isso, podemos afirmar que a liderança é essencial na execução das estratégias e táticas de marketing, por meio de um processo de gestão que inclui a gestão do cliente, do produto e da marca. Esses são os três aspectos "do lado superior direito" do modelo omnihouse. Uma liderança robusta é capaz de garantir que os três aspectos respeitem plenamente os valores – como honestidade, senso de responsabilidade, compromisso com a qualidade, atenção ao meio ambiente – compartilhados por todos na empresa.

Uma liderança forte também é necessária para direcionar e incentivar a equipe de gestores a se concentrar nos nove elementos de marketing que compõem a gestão do cliente, do produto e da marca. Uma liderança forte e o apoio de processos de gestão corretos para esses três aspectos aumentarão o valor de mercado futuro. Isso ocorre em paralelo ao aumento do valor intangível, que é uma contribuição da liderança (Figura 10.3).

Uma boa gestão do cliente aumenta o valor intangível da empresa em termos de fidelidade. A gestão do produto aumenta esse valor por meio de soluções inovadoras, embutidas em seus produtos. Já a gestão da marca agrega valor intangível por meio de um ativo da marca mais forte.

Os gestores, no fim das contas, precisam apresentar resultados tangíveis e concretos, tanto financeiros quanto não financeiros, sustentando ao mesmo tempo os valores e a cultura da empresa, assim como seu impacto social. Exemplos disso incluem lucratividade honesta, aumento ético no número de clientes, expansão de mercado que leve em conta aspectos ambientais e assim por diante.

Figura 10.3 Liderança e gestão: dos valores ao valor de mercado

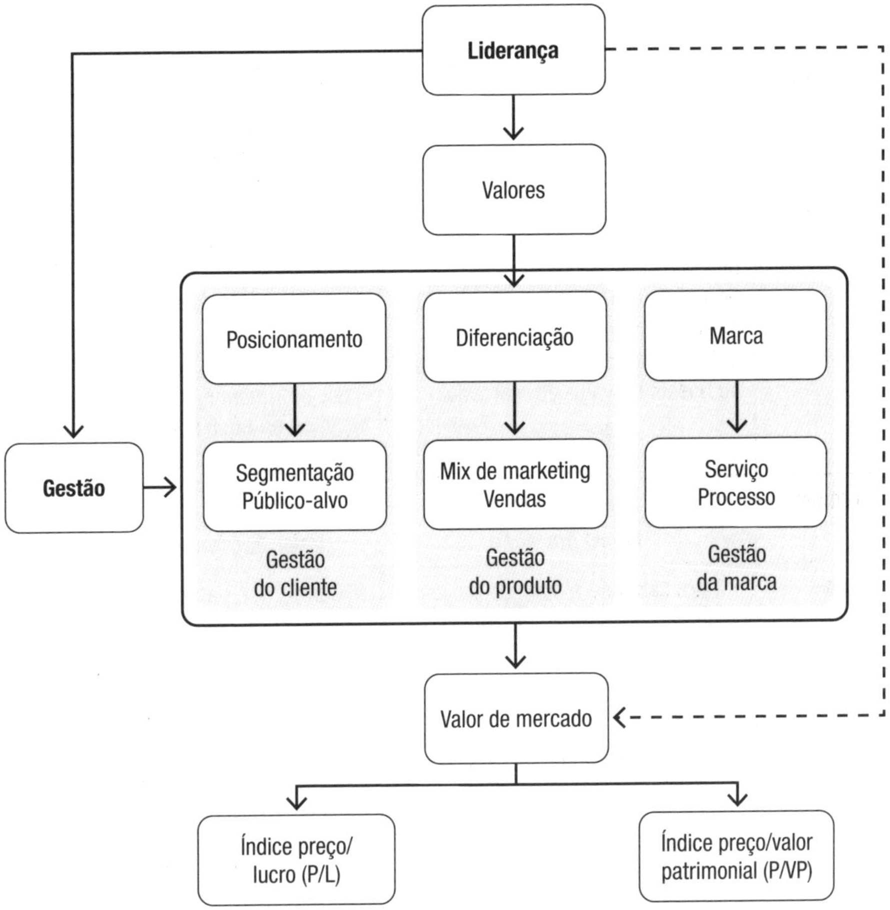

```
                          ┌───────────┐
                          │ Liderança │─ ─ ─ ─ ─ ─ ─ ─ ─ ┐
                          └─────┬─────┘                  │
                                ▼                        │
                          ┌───────────┐                  │
                          │  Valores  │                  │
                          └─────┬─────┘                  │
                                ▼                        │
        ┌───────────────┬───────────────┬───────────────┐│
        │ Posicionamento│  Diferenciação│     Marca     ││
        └───────┬───────┴───────┬───────┴───────┬───────┘│
                ▼               ▼               ▼        │
        ┌───────────────┬───────────────┬───────────────┐│
┌───────┐│  Segmentação │Mix de marketing│   Serviço    ││
│Gestão │→│Público-alvo │    Vendas     │   Processo    ││
└───────┘└───────────────┴───────────────┴───────────────┘│
           Gestão          Gestão           Gestão        │
          do cliente      do produto       da marca       │
                                ▼                        │
                        ┌───────────────┐                │
                        │Valor de mercado│◄─ ─ ─ ─ ─ ─ ─ ┘
                        └───────┬───────┘
                   ┌────────────┴────────────┐
                   ▼                         ▼
            ┌─────────────┐           ┌─────────────┐
            │Índice preço/│           │Índice preço/valor│
            │ lucro (P/L) │           │patrimonial (P/VP)│
            └─────────────┘           └─────────────┘
```

"Liderança" significa que um indivíduo pode expressar os valores da empresa no posicionamento, na diferenciação e na marca, garantindo, em seguida, o alinhamento desses elementos com a segmentação e o público-alvo, com o mix de marketing e as vendas e com o serviço e o processo. A liderança também tem a ver com comandar, direcionar e motivar a equipe de gestores como executores. Portanto, a atenção ao aspecto humano é uma das bases cruciais da implantação da liderança.

O líder precisa assegurar que cada integrante da equipe esteja fortemente motivado, mobilizando a energia e a competência de todos para atingir uma meta predeterminada. Uma liderança forte criará um sentimento positivo, que aumentará o valor de mercado da empresa aos olhos dos investidores. Esse valor de mercado pode ser medido usando o índice preço/lucro (P/L) e o índice preço/valor patrimonial (P/VP) (Tabela 10.1).

Tabela 10.1 Índice preço/lucro (P/L) e índice preço/valor patrimonial (P/VP)

	Índice P/L[31]	Índice P/VP[32]
Definição	Relação entre o preço de uma ação ou título da empresa e o lucro por ação. É o cálculo (em termos proporcionais) da cotação da ação ou do título em relação ao lucro por ação. A cotação da ação ou do título se baseia no valor de mercado.	Relação entre a capitalização de mercado da empresa (ou valor de mercado) e o valor de seus ativos. É o cálculo (em termos proporcionais) de como o mercado avalia a empresa em relação a seu valor patrimonial. A cotação da ação ou do título se baseia no valor de mercado.
Fórmula	$\dfrac{Preço\ da\ ação}{Lucro\ por\ ação}$	$\dfrac{Preço\ da\ ação}{Valor\ patrimonial\ por\ ação}$
Usos	• Para saber se a cotação de uma ação ou título de uma empresa está supervalorizada ou subvalorizada (em relação a seu lucro)	• Como base para os investidores decidirem sobre o potencial de um investimento
	• Como base de comparação ou benchmark num setor similar ou num mercado mais amplo (como o índice S&P da bolsa londrina)	• Para medir se a empresa está subvalorizada ou supervalorizada e decidir se o investimento na empresa pode atender ou não o objetivo do investidor
	• Para conhecer melhor o mercado atual ou a disposição dos investidores de pagar por ações ou títulos, com base nos lucros passados ou futuros	• Para mostrar como o mercado percebe o valor da cotação de uma ação ou título específico ou um valor de mercado justo para a empresa

Ao administrar os três principais aspectos – cliente, produto e marca, que por sua vez incluem nove elementos centrais de marketing –, os gestores conseguem garantir a solidez dos fundamentos da empresa. Isso, por sua vez, pode aumentar o valor de mercado, o que é muito importante quando o objetivo são aquisições, investimentos ou entradas em bolsa.[33] O valor de mercado também é uma referência essencial para os investidores em ações – private equities, gestores de fundos mútuos/hedge, gestores de portfólios e investidores de risco –, que tendem a analisar de forma mais abrangente o valor das empresas.[34]

Com base no valor de mercado atual da empresa, ou na cotação de sua ação, o investidor tem como calcular os diversos índices como base para a tomada de decisões de investimento, como o índice P/L. Essa proporção é uma das mais usadas pelos investidores e analistas para determinar o valor relativo de uma ação. Podemos usar o índice P/L como ferramenta para saber se uma ação está supervalorizada ou subvalorizada.[35]

É preciso observar que o líder numa empresa pode ser mais de uma pessoa. Em todos os níveis de uma organização existem líderes focados numa responsabilidade com um escopo determinado. Eles precisam ser capazes de levar sua equipe a realizar a meta sob sua responsabilidade.

Um dos desafios encontrados ao adotar uma abordagem mais abrangente do marketing empreendedor é como fazer a convergência entre liderança e gestão. O ideal não é excesso de liderança e falta de gestão, uma situação muitas vezes encontrada em pequenas e médias empresas. Também não é excesso de gestão e falta de liderança, o que pode ocorrer em empresas maiores.

Durante quase duas décadas, Eric J. McNulty e Leonard Marcus, diretores da Iniciativa Nacional de Preparo para a Liderança de Harvard, estudaram e observaram CEOs dos setores público e privado em situações de alta pressão. Concluíram que, nas crises, é comum haver excesso de gestão e falta de liderança. Os executivos precisam liderar e gerir de forma eficiente em tempos de crise, que se caracterizam pela complexidade e pelas mudanças. A missão dos gestores é reagir às necessidades imediatas do momento. O gestor precisa tomar decisões rápidas e alocar recursos. No entanto, liderar exige guiar as pessoas à melhor conclusão possível ao longo de um horizonte de tempo.[36]

Como já vimos, a relação entre liderança e gestão tem a ver com flexibilidade e rigidez. Liderar, muitas vezes, é lidar com mudanças ou transformações, das muito pequenas às radicais. Gerir é manter a estabilidade e supervisionar atividades sistemáticas.[37]

Essa definição é respaldada por Rita Gunther McGrath, professora da Columbia Business School. Ela selecionou dez empresas, de um conjunto de mais de 2.300 corporações americanas que melhoraram a receita líquida em pelo menos 5% ao ano, entre 1999 e 2009. Essas empresas de alta performance apresentaram uma estabilidade excepcional, com características organizacionais específicas que permaneceram constantes por longos períodos. Também se mostraram inovadoras ágeis, capazes de se transformar rapidamente, readequando seus recursos.[38]

Diante de tudo isso, constatamos que a liderança não pode ficar isolada. Ela tem que ser parte de um pacote com uma gestão qualificada, para criar um equilíbrio que permita à empresa progredir em suas atividades cotidianas rumo ao futuro. Além disso, o marketing empreendedor precisa ser reforçado com uma liderança empreendedora, pois fortalece a performance da empresa. Uma boa combinação de liderança e gestão terá uma influência positiva no valor de mercado, que se traduz num aumento do valor intangível, o que inclui a criação de um sentimento positivo aos olhos dos investidores. Esse valor de mercado pode ser analisado de diversas formas, das quais talvez a mais evidente seja o cálculo do índice preço/lucro e do índice preço/valor patrimonial, importantes indicadores para os investidores.

PRINCIPAIS CONCLUSÕES

- Liderar envolve inspirar e influenciar os outros, ter um objetivo e guiar transformações.
- A liderança empreendedora é capaz de melhorar a performance de uma empresa e impulsionar o desenvolvimento de seu pessoal.
- É necessária uma liderança forte para gerir clientes, produtos e marcas.
- A gestão obtém resultados tangíveis, sob a forma de aumento do valor de mercado, por meio da gestão de clientes, produtos e marcas.
- Ao avaliar uma empresa, o investidor analisa aspectos relacionados à liderança. Uma equipe robusta pode ajudar a impulsionar o valor de mercado.

11
Como encontrar e aproveitar oportunidades

Da visão do negócio à arquitetura de marketing

Piyush Gupta, CEO do banco DBS, com sede em Cingapura, enxergou ótimas oportunidades de crescimento na Ásia aproveitando a tecnologia digital. Ele entendeu que a geração mais jovem está mais informatizada. Além disso, os consumidores asiáticos são líderes no consumo de smartphones.

O DBS, que oferece uma ampla gama de serviços financeiros e gestão de patrimônio para pessoas físicas e jurídicas, elaborou um novo mapa da mina. Investiu pesado em tecnologia e realizou mudanças radicais para "recabear" inteiramente a instituição com inovação digital. Realizou um estudo abrangente de tendências em tecnologia, comportamento do consumidor e infraestrutura tecnológica. Uma equipe também visitou algumas das maiores empresas de tecnologia do planeta para coletar ideias preciosas e aprender como implementar as melhores práticas no setor bancário.

Com base nas conclusões desse estudo, a equipe de infraestrutura tecnológica do DBS passou de 85% terceirizada para 85% interna, a fim de aumentar a eficiência dessa transformação. Elaborou um modelo de negócio digital com cinco competências cruciais: "aquisição", "transação", "engajamento", "ecossistemas" e "dados". A partir delas, orientou seus objetivos em diferentes segmentos. Em Cingapura e Hong Kong, digitalizou-se rapidamente para se antecipar a problemas. Na Índia e na Indonésia, entrou no mercado com o Digibank, que oferecia uma solução fintech inovadora.

O DBS preparou uma comunicação de marketing como parte de sua estratégia de transformação, adotando como novas missões "tornar o banco divertido" e "mais vida, menos banco". Usando táticas de marketing, introjetou uma percepção de simplicidade e facilidade na experiência de banking. Essa campanha abarcava diversos fatores. O objetivo do DBS é que seus clientes se livrem do estresse, graças ao "banking invisível", tornando o banco parte da jornada dos clientes e estando disponível para eles a qualquer hora.[1]

O DBS fortaleceu seu canal digital ao investir no DBS Car Marketplace, maior mercado de venda direta de automóveis de Cingapura. Também criou o DBS Property Marketplace, que faz a conexão entre proprietários e compradores de imóveis. Além disso, investiu no Carousell, uma plataforma de compra e venda de produtos novos e usados, colaborando na oferta de produtos financeiros e serviços de pagamentos nas plataformas da Carousell.[2]

Com isso, analistas de investimentos da Seedly Singapore concluíram que as ações do DBS valorizaram cerca de 23% em 2020, ante uma queda de aproximadamente 2% do índice Straits Times (que mede as trinta maiores e mais líquidas empresas da bolsa de Cingapura).[3] O DBS recebeu os prêmios de Digital Banking Mais Inovador, em 2021, e Melhor Banco do Mundo, em 2020.[4]

A partir do caso do DBS, constatamos que um bom ambiente de negócios, a definição de opções estratégicas e a preparação de estratégias e táticas de marketing implementáveis até a etapa da execução são atitudes que podem influenciar a competitividade da empresa. É possível medir de forma objetiva a competitividade com base em vários indicadores financeiros e não financeiros.

Nos capítulos anteriores, analisamos as inter-relações verticais e diagonais no modelo omnihouse. Agora vamos analisá-las horizontalmente. Discutiremos a estratégia do marketing empreendedor, que consiste em três partes: a preparação da estratégia propriamente dita, as competências omni necessárias para executar essa estratégia e a gestão financeira da empresa para aumentar seu valor de mercado ao longo do tempo.

Para isso, vamos analisar os dois "telhados" do modelo omnihouse. Basicamente, eles explicam por que a dinâmica no ambiente de negócios é a base essencial para a implantação de uma *arquitetura de marketing*. Podemos reforçar a competitividade desenvolvendo uma arquitetura de marketing que consiste nos nove elementos centrais do marketing (9E), tendo como âncora o triângulo PDM: posicionamento, diferenciação e marca (Figura 11.1).

Figura 11.1 Os dois "telhados", dinâmica e competitividade, no modelo omnihouse

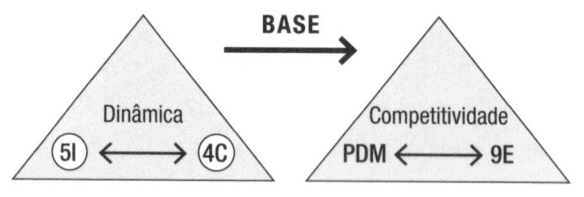

I▶ Da visão às decisões

O componente "dinâmica" consiste em cinco impulsionadores (5I), que, como explicado no Capítulo 3, incluem os aspectos tecnológico, político-legal, econômico, sociocultural e de mercado naquilo em que uns influenciam os outros. De forma coletiva, nos referimos a esses cinco impulsionadores como *conversão*. Juntamente com outros três elementos – concorrência, cliente e companhia –, eles formam o modelo 4C (Figura 11.2).

Figura 11.2 Lados externo e interno do modelo 4C

Na análise dos fatores 5I, devemos observar quais têm maior probabilidade de ocorrer e possuem maior importância (ou relevância). Isso inclui avaliar o impacto imediato dos cinco impulsionadores. Precisamos saber se eles são imediatos, ou ligeiros, e até que ponto essas forças podem afetar diretamente nossa empresa.

Conversão, concorrência e cliente são elementos externos, necessários para avaliar melhor ameaças e oportunidades. No entanto, precisamos observar internamente os pontos fortes e fracos da empresa.

Tecnologia

É preciso analisar os diversos fatores de transformação provenientes do crescimento rápido das tecnologias, dos avanços digitais e da presença on-line. Como já vimos, os avanços tecnológicos são um dos maiores impulsionadores, influenciando rapidamente as mudanças recentes do ambiente de negócios. Eis dez tecnologias de ponta que caminham para se tornar comuns em 2030:

- Robótica avançada
- Sensores e Internet das Coisas
- Impressão 3D
- Laticínios de origem vegetal, produzidos em laboratório
- Carros autônomos
- Web 3.0 (internet baseada na tecnologia blockchain)
- Realidade estendida (realidade virtual, realidade aumentada, realidade mista e metaverso)
- Supercomputadores
- Tecnologia avançada de drones
- Tecnologias verdes/ambientais

Política e leis

Em 2015, as Nações Unidas convidaram para um evento em Nova York todos os chefes de Estado, juntamente com representantes de governos e entidades internacionais, a fim de que apoiassem os Objetivos de Desenvolvimento Sustentável (ODS), um plano para promover um futuro melhor e mais sustentável a todas as gerações. Os aspectos políticos ou legais vão dar apoio aos ODS, criando ou respeitando orientações em favor da sustentabilidade. Por exemplo, bancos começaram a conceder empréstimos com base em notas de ESG (critérios ambientais, sociais e de governança). Governos vêm concedendo incentivos a empresas que utilizam energias verdes ou renováveis.[5]

Economia

O advento da economia compartilhada (por exemplo, criação de conteúdo, compartilhamento de carona e comércio on-line), as oportunidades de empregos remotos e o mercado de trabalho freelance levaram muitos profissionais a abandonar a jornada "das nove às dezoito". Em vez disso, esses profissionais estão optando pela flexibilidade que a *gig economy* propicia. O governo britânico define *gig economy* como "o intercâmbio de atividade e dinheiro entre indivíduos ou empresas por meio de um canal digital que facilita ativamente as parcerias entre vendedores e consumidores, numa base de curto prazo e pagamento por empreitada".[6]

A *gig economy* passa da economia tradicional do trabalhador em tempo integral, geralmente focado no desenvolvimento da carreira, para o trabalhador por empreitada. Em 2017, estima-se que 55 milhões de pessoas na força de trabalho dos Estados Unidos faziam parte da *gig economy*, ou 36% do total.[7] Em 2030, a previsão é de que eles representem 50% de toda a força de trabalho.[8]

Nos últimos tempos, temos notado a ascensão de uma "economia circular", que aplica três princípios: a eliminação do desperdício e da poluição; a circulação de produtos e materiais (pelo melhor valor); e a regeneração da natureza. Essa abordagem, sem sombra de dúvida, afeta positivamente empresas, pessoas e o meio ambiente. Também resolveria problemas globais relacionados à biodiversidade, ao desperdício, às mudanças climáticas e à poluição.[9]

A economia circular vai incentivar as empresas a transformar seus modelos de negócios para criar um futuro melhor.[10] Segundo a Accenture, espera-se que essa economia circular gere, até 2030, 4,5 trilhões de dólares a mais em produção econômica. A Organização Internacional do Trabalho também projeta a criação de 18 milhões de empregos em 2030.[11]

Sociedade e cultura

A atividade nas redes sociais, como Instagram e TikTok, continua a crescer entre os usuários. A realidade virtual, com o metaverso, é o próximo estágio dessa evolução e vai mudar a forma como as pessoas interagem. São tendências inexploradas que abrem possibilidades para uma nova cultura.[12]

Outra mudança sociocultural é a alimentação de origem vegetal. A Universidade de Oxford e a Escola de Higiene e Medicina Tropical de Londres fizeram um estudo que analisou os dados de consumo de mais de 15 mil indivíduos, a partir de uma pesquisa nacional sobre dieta e nutrição. A pesquisa mostrou que o percentual de pessoas que relataram comer ou beber alternativas de origem vegetal, como leite (de aveia, soja ou coco, por exemplo), linguiças veganas e hambúrgueres vegetais, quase duplicou, de 6,7% em 2008-2011 para 13,1% em 2017-2019.[13]

Mercado

Em meio à Quarta Revolução Industrial, as engrenagens do mercado são influenciadas pela tecnologia, pela conectividade e por metas globais ambiciosas – tais como os Objetivos de Desenvolvimento Sustentável até 2030. Alguns setores já estão sofrendo disrupção e começaram a se preparar para a transformação digital, adotando tecnologias e apoiando os ODS.[14] Por exemplo:

- O setor automotivo criou veículos elétricos autônomos para atingir o ODS número 7: energia limpa e acessível
- O setor hospitalar desenvolveu a telemedicina para atingir o ODS número 3: saúde de qualidade e bem-estar para cada vez mais pessoas
- O setor da moda e do varejo começou a desenvolver materiais renováveis ou sustentáveis, usando conteúdo reciclado, para atingir o ODS número 12: consumo e produção responsáveis[15]

Mudanças nos cinco impulsionadores, que chamamos coletivamente de *conversão*, podem fazer com que a proposição de valor que oferecemos torne-se subitamente obsoleta. Portanto, nos referimos de modo geral à conversão como *migração de valor* de nossos produtos. Ela pode até reduzir o valor da empresa.

Concorrência

Em média, as empresas despendem entre 7% e 12% de sua receita em marketing. Algumas gastam mais, entre elas as do setor de eletrônicos, como Samsung, Sony e Apple. Outras têm uma verba menor, como a Xiaomi Corporation, empresa chinesa de eletrônicos fundada em abril de 2010. A Xiaomi reduziu custos no começo, vendendo através de seu canal on-line.[16] Seu modelo de liderança em custos consegue criar produtos acessíveis, com especificações de alta qualidade, que são adorados pelos clientes. Em 2024, a Xiaomi está no top 3 dos líderes globais em smartphones, à frente de empresas como Sony, LG e Nokia.[17]

Além disso, precisamos entender as fontes das vantagens que os concorrentes possuem, inclusive seus recursos e as competências para alavancar tais recursos. Temos que estar atentos ao grau de suas competências dinâmicas, que são a base para criar uma forte agilidade corporativa. Quanto mais singulares forem esses recursos e competências, mais provável que os concorrentes adquiram competências que os destaquem.

A Xiaomi emprega um marketing incomum no setor de eletrônicos. Criou um recurso único, chamado Mi Fans, uma enorme base de fãs que engaja milhões de pessoas nas redes sociais no mundo inteiro. A empresa convida alguns fãs para assistir ao lançamento de produtos. Essa estratégia conferiu à Xiaomi a competência dinâmica necessária para incrementar as vendas, recorrendo à militância do Mi Fans e mantendo os custos de P&D baixos por meio do feedback que recebe dos clientes em relação a bugs e ideias originais.[18]

O número de players num setor também determina o nível de concorrência. Este, por sua vez, será determinado por até que ponto nossos concorrentes são capazes de elaborar e executar com eficiência estratégias criativas. Reagindo às transformações para atender o desejo dos consumidores, os concorrentes oferecem valores diferentes. Portanto, podemos chamar nossos concorrentes de *fornecedores de valor*. Caso a proposta deles seja mais valorizada que a nossa no mercado, é provável que nossos clientes migrem para um dos concorrentes.

Depois que a Xiaomi conquistou relativo sucesso no mercado de smartphones, alguns concorrentes, como Oppo, Realme e Vivo (empresa chinesa, sem relação com a operadora de telefonia no Brasil), entraram na competição com proposta de valor semelhantes e produtos acessíveis e de alta tecnologia. A Oppo e a Vivo usam a publicidade e uma estratégia de embaixadores da marca,[19] com campanhas agressivas sobre "as melhores fotos de celular" para abocanhar a fatia de mercado da Xiaomi. No fim das contas, a Xiaomi decidiu não competir com essa campanha, mas se concentrar no desenvolvimento do Ecossistema MiOT para se diferenciar dos concorrentes.

Cliente

Precisamos prestar atenção o tempo todo no que está acontecendo com os clientes, sejam eles novos ou estejam conosco há vários anos. Devemos monitorar se estão migrando para nossos concorrentes. Também precisamos medir com constância seu grau atual de satisfação e fidelidade.

A Geração Z (também chamada de iGen ou centennials) é composta por aqueles que nasceram entre 1997 e 2012. São pessoas que foram criadas num mundo com internet, redes sociais e smartphones. Financeiramente, tendem a ser mais pragmáticas e avessas a riscos. Assim como a Geração Y, a Z se preocupa com causas sociais, responsabilidade corporativa e defesa do meio ambiente. Além disso, tem valores diferentes das demais gerações, o que em inglês foi batizado de YOLO, FOMO e JOMO:[20]

- **YOLO** (*you only live once*, "só se vive uma vez"). Para eles, o presente é o único momento para viver plenamente a vida. A Geração Z busca e investe naquilo que ama, como aprender um novo idioma ou fazer um mochilão pela Europa ou pela África. Com essa geração, o que ouvimos é: "A vida é curta; vamos comprar essa bolsa!"
- **FOMO** (*fear of missing out*, "**medo de ficar de fora**"). Trata-se do medo de se arrepender de não ter participado de um evento ou de algo que outras pessoas estão vivendo. A Geração Z compra aquilo

que seus amigos ou seu círculo possui, tira fotos de lugares importantes para fazer parte da sociedade ou pede demissão do emprego para correr atrás do próprio sonho.
- **JOMO** (*joy of missing out*, "**alegria de ficar de fora**"). Eles já passaram pelo FOMO e pelo YOLO. Agora se deram conta de que a resposta é o JOMO. Não participam de certas atividades, sobretudo relacionadas às redes sociais ou ao entretenimento. Também não gostam de se comparar ou de competir e acreditam que as fontes da felicidade são a vida pessoal e a vida profissional.

Precisamos compreender como essa geração nos enxerga. Ela aprecia nossas propostas de valor? Essas pessoas sentem-se envolvidas e empolgadas com nossas diversas iniciativas de comunicação? Que perguntas costumam fazer? Essas perguntas indicam alguma preocupação?

Devemos compreender a nova via do cliente na era digital. Primeiro, o consumidor talvez veja um anúncio na TV ou nas redes sociais (estágio da "assimilação"). Uma boa publicidade vai atrair a atenção dele, fazendo-o clicar ou pesquisar mais informações num site (estágio da "atração"). Além disso, pode perguntar aos amigos sobre a experiência deles ou procurar um representante de vendas (estágio da "arguição"). Se notar o alto valor de um produto, ele pode ir a uma loja ou concluir a compra no e-commerce (estágio da "ação"). Por fim, pode avaliar a qualidade do produto e compartilhar sua experiência, por exemplo, nas redes sociais (estágio da "apologia").[21]

As empresas precisam lidar com clientes que buscam serviços melhores, personalização, rapidez e um processo de compra enxuto onde e quando quiserem. De todos os consumidores, 71% fazem compras on-line e pesquisam os melhores preços, enquanto 77% dos consumidores digitais têm a expectativa de uma experiência personalizada em suas compras digitais. Portanto, as empresas não podem mais confiar apenas numa abordagem centrada no produto; precisam, de fato, tornar-se organizações centradas no cliente.[22]

Companhia

Toda empresa tem vantagens e desafios internos, que costumam ser analisados juntamente com os fatores externos na tomada de decisões estratégicas. A análise externa e interna é aquilo que se costuma chamar de análise TOWS.*

Nesse contexto, precisamos investigar mais a fundo três fatores em nossa empresa:

- **Competências atuais.** Que competências possuímos hoje e que recursos e capacitações podem ajudar a moldar essas competências? Precisamos avaliar se elas continuarão relevantes a longo prazo. Também precisamos determinar se essas competências são de fato *distintivas*. Podemos definir *competência distintiva* como um conjunto de características peculiares de uma organização que lhe permitem entrar nos mercados desejados e obter uma vantagem para ganhar uma competição. As empresas podem desenvolver suas competências distintivas de várias formas:[23]
    - Elaborar um produto de alta qualidade, com expertise específica
    - Contratar especialistas qualificados
    - Descobrir nichos de mercado inexplorados
    - Inovar e obter uma vantagem competitiva por meio do simples poder da gestão
    - Atingir a excelência em tecnologia, pesquisa e desenvolvimento ou obter um ciclo de vida mais rápido do produto
    - Possuir um baixo custo de produção ou uma boa assistência ao cliente

- **Extensão das possibilidades.** Até que ponto podemos usar as competências melhor do que as usamos até agora? Precisamos explorar opções variadas para alavancar as competências que já possuímos de modo a multiplicar as iniciativas de criação de valor, que não podem ficar limitadas a obter economias de escala, mas devem também ampliar as economias de escopo.

---

* Embora seja de praxe usar a sigla SWOT (*strengths, weaknesses, opportunities and threats*, "pontos fortes, pontos fracos, oportunidades e ameaças"), usamos aqui TOWS para ressaltar que o espírito é mais de olhar para fora antes de olhar para dentro.

Figura 11.3 Da análise TOWS às decisões

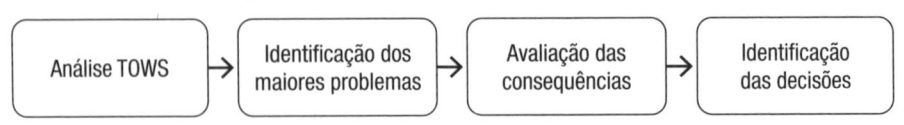

Análise TOWS → Identificação dos maiores problemas → Avaliação das consequências → Identificação das decisões

- **Atitude de risco.** Qual é nosso ponto de vista no processo de tomada de decisões? Talvez estejamos superestimando os diversos riscos existentes, o que acaba nos deixando avessos a riscos. Ou talvez estejamos correndo riscos desde que eles sejam calculados. Essa estratégia é chamada de *tomada de riscos*, e é diferente da *procura de riscos*, em que se correm riscos, por menores que sejam, sem calculá-los.

Uma vez feita a análise 4C, precisamos identificar quais são e quais serão as questões-chave. Elas serão determinadas com base na "visão de helicóptero" da análise TOWS (Figura 11.3). Não se deve forçar a barra para resolver, um por um, todos os problemas encontrados nessa análise. Tendo identificado as questões-chave, precisamos analisar até que ponto suas consequências afetam a empresa. Com base nas diferentes consequências descobertas, definimos nossa decisão de seguir ou não adiante.

Podemos adotar inúmeras decisões estratégicas ou intenções: optar por investir diversos recursos e iniciativas para aumentar a competitividade; ficar de fora ou aguardar; colher os frutos; ou retirar-se e abandonar a competição.* A decisão depende dos recursos disponíveis e de nossa capacidade de converter esses recursos em competências para adquirir uma vantagem competitiva. Podemos aprofundar a análise de nossos recursos e capacidades usando o método de análise VRIO ("valioso, raro, inimitável e organizacional").** Quanto menos recursos se encaixam nos critérios VRIO, mais débil a vantagem competitiva que somos capazes de adquirir. Caso consigamos atender alguns dos critérios VRIO, seremos capazes de criar uma vantagem competitiva temporária. Essa vantagem provavelmente será sustentável se conseguirmos atender integralmente os critérios VRIO.[24]

---

* A expressão *intenção estratégica* foi cunhada por Gary Hamel e C. K. Prahalad no final dos anos 1980.
** Os critérios VRIO foram criados por Jay Barney em 1991.

Por exemplo, a IKEA oferece móveis modulares a preços acessíveis, propiciando montagem rápida, manutenção fácil e maior longevidade do produto em relação à concorrência. Dentro desse conceito, o cliente pode trocar ou acrescentar peças, em vez de comprar outra mobília inteira. Se analisarmos a IKEA usando o enquadramento VRIO (Tabela 11.1), constataremos que esse design modular ajuda a empresa a reforçar sua competitividade.[25]

Tabela 11.1 Análise VRIO da IKEA

Valioso	A IKEA oferece mobília acessível, reforçada por uma tecnologia de design modular.
Raro	Enquanto a concorrência cria mobílias em peças inteiras, a IKEA cria um design modular para o cliente trocar e acrescentar peças.
Inimitável	A concorrência também é capaz de criar designs modulares, mas as peças não são compatíveis com os produtos da IKEA. Os competidores não conseguem imitá-los, porque a IKEA patenteou os designs. Por isso, só é possível comprar as peças adicionais ou de substituição na IKEA, o que atua como mecanismo de retenção do cliente.
Organizacional	Diversos designers de produto experientes dão suporte à IKEA.

Com base nessa análise, constatamos que a IKEA tem uma enorme oportunidade para sustentar sua vantagem competitiva. Ela preenche de forma poderosa os quatro critérios VRIO e pode seguir sua visão e missão com confiança.

No entanto, quando decidimos investir e percebemos uma lacuna entre aquilo que queremos atingir e nossa decisão, é preciso preenchê-la. Isso pode ser feito pela colaboração com terceiros num ecossistema de negócios. Se necessário, podemos até fazer uma "coopetição" com nossos concorrentes diretos.

Como transformar decisões em arquitetura de marketing

Tendo sido tomada a decisão de investir, a arquitetura de marketing precisa ser definida, processo que vamos descrever na sequência. Em seguida, analisaremos cada um de seus componentes: estratégia, tática e valor (Figura 11.4).

Estratégia de marketing

Na abordagem convencional de marketing, a estratégia consiste em segmentação, público-alvo e posicionamento (STP, na sigla em inglês). Damos o nome de *estratégia* porque – sobretudo no processo de segmentação e definição do público-alvo – depois que conseguimos mapear um mercado em seus diversos segmentos, o passo seguinte é decidir quais desses segmentos atender e quais não atender.

Figura 11.4 Da visão à arquitetura de marketing

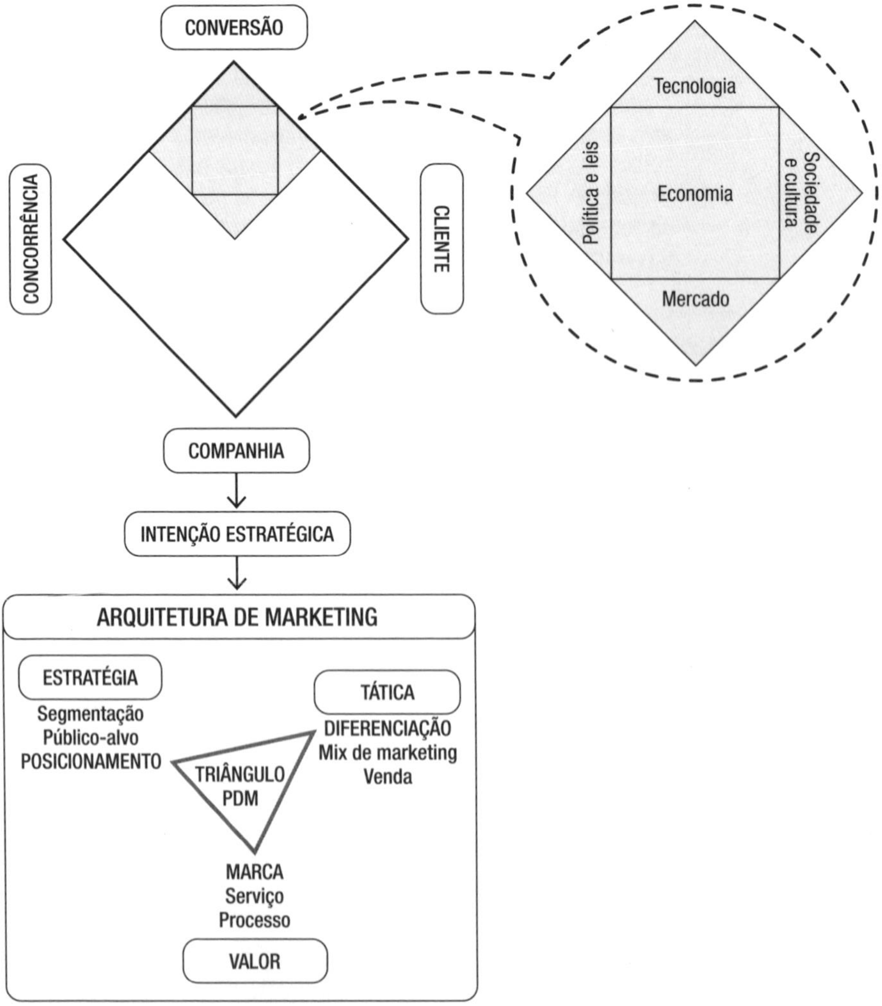

Diversas transformações vêm ocorrendo na elaboração desse conceito de marketing. Uma das abordagens ganhou o nome de *marketing new wave*. Vamos apresentar como ela se relaciona com a segmentação, o público-alvo e o posicionamento.[26]

- **Da segmentação à "comunitarização"**
  Não se pode mais fazer segmentação usando uma abordagem estática, ou seja, enxergando o cliente como um indivíduo, quando o fato inegável é que o cliente é uma criatura social. Estamos acostumados com a segmentação usando variáveis geográficas, demográficas, psicológicas e comportamentais, mas hoje em dia é preciso reforçá-la incluindo nesse processo de segmentação o propósito, os valores e a identidade (PVI) do cliente.

  Não podemos enxergar apenas de forma vertical a relação entre a empresa e o cliente, nem este último como um alvo passivo. Precisamos levar em conta também uma abordagem mais horizontal, em que o cliente seja visto como um membro ativo da comunidade. Além disso, devemos reforçar ainda mais o mapeamento do cliente com base em similaridades, avaliando o potencial de coesão e influência da comunidade.

- **Do público-alvo à confirmação**
  Em geral, determinar o público-alvo depende de como a empresa dedica seus recursos aos inúmeros segmentos. Leva em conta o tamanho desse segmento, sua taxa de crescimento e sua vantagem e situação competitiva. Além de tudo isso, é necessária uma confirmação a mais, analisando outros três critérios: relevância; grau de atividade; e número de redes comunitárias (NRC).

  A relevância será determinada pelo grau de similaridades de PVI entre a comunidade e nossa marca. Além disso, precisamos atentar ao grau de engajamento mútuo entre os membros da comunidade. Em vez de uma lista de nomes, é preciso analisar o grau de participação dos membros em atividades diversas. Também deve-se atentar ao NRC, ou seja, o grau de alcance das redes comunitárias. Isso não se restringe à rede comunitária da empresa: inclui terceiros em outras redes.

- **Do posicionamento ao esclarecimento**
Paralelamente ao aumento do poder de barganha do consumidor, a eficácia da abordagem unilateral do posicionamento, decidida pela empresa, tem diminuído. Em geral, as empresas elaboram uma declaração de posicionamento, formada por vários elementos principais: o público-alvo, a marca, um quadro de referência, um ponto de diferenciação e razões para acreditar. A declaração de posicionamento costuma ser a base para a criação do slogan. No entanto, hoje esse tipo de ênfase no posicionamento já não basta. É necessária uma abordagem esclarecedora para o consumidor, evitando fenômenos em que se promete muito, mas, na prática, se entrega pouco.

Estamos passando do conteúdo orientado pela empresa para o conteúdo orientado pelo cliente. O posicionamento, que antes era uma tentativa de elaborar uma mensagem única, passou a envolver mensagens multidimensionais. Além disso, é preciso comunicar com uma abordagem mais do que unívoca; é necessário utilizar comunicações em vários sentidos.

Essa estratégia de marketing é a base para a implementação de uma gestão do cliente em que se deve atentar a quatro pontos:[27]

- **Obter.** Buscar ativamente consumidores potenciais e torná-los clientes.
- **Manter.** Adotar programas de fidelidade ou um mecanismo robusto de retenção.
- **Crescer.** Adicionar valor por meio do cross-sell e do up-sell, de modo que não estejamos em busca apenas de economias de escala, mas também de economias de escopo.
- **Recuperar.** Recapturar clientes relevantes e significativos que tenham migrado para a concorrência.

Tática de marketing

Na definição clássica do marketing, a tática consiste em três elementos: diferenciação, mix de marketing e vendas. Os três traduzem de forma concreta os elementos STP. É preciso alinhar a diferenciação ao posicionamento e, em seguida, traduzir essa diferenciação num mix de marketing que consista em produto, preço, posicionamento e promoção. Depois disso, é necessário converter em vendas nossa oferta ao mercado.

Assim como os elementos STP, esses três elementos táticos também se transformaram numa era de clientes cada vez mais complexos.

- **Da diferenciação à codificação**
  Até recentemente, a diferenciação era gerada por meio do conteúdo (o que oferecer), do contexto (como oferecer) e de outros facilitadores (como questões de tecnologia, praticidade e humanização). Isso já não basta, pois se restringe ao ponto de vista do departamento de marketing – não se refere à cultura organizacional como um todo, que pode ser o DNA de uma marca.

  Portanto, a equipe de marketing precisa ser capaz de codificar o DNA da empresa no DNA da marca. Esse DNA – que trata de símbolos e estilos, sistema e liderança, além de valores compartilhados – precisa ser entendido, introjetado e aplicado com bom senso por todos os funcionários.

- **Do mix de marketing ao mix de marketing new wave**
  Os elementos tradicionais do mix de marketing também se transformaram: do produto à cocriação; do preço ao valor; do posicionamento à ativação comunitária; e da promoção à conversação.

  Durante o estágio de desenvolvimento de um produto, as empresas caem muitas vezes na armadilha de uma abordagem centrada na própria companhia. Da concepção inicial à realização de um produto, o papel da empresa predomina. O consumidor tende a ser passivo e só pode dar sua opinião sobre o produto final. Hoje, as empresas têm que dar ao consumidor a oportunidade de se envolver no desenvolvimento dos produtos, sendo seu cocriador.

  O fator posicionamento – parte de um canal de distribuição e de marketing – costuma ser uma plataforma onde se pode adquirir produtos e obter serviços de assistência. Com a alternativa da distribuição on-line, a plataforma física deixa de ser interessante caso sirva apenas para a aquisição de bens ou serviços. Portanto, é preciso transformar esse elemento numa plataforma do mundo real, onde as comunidades se encontrem e compartilhem ideias ou experiências. O espaço físico é essencial para fortalecer o relacionamento dentro de uma comunidade. O êxito dessa ativação comunitária depende de como a empresa consegue combinar as abordagens on-line e off-line.

- **Das vendas à comercialização**
  A abordagem tradicional para as vendas continua sendo necessária, mas tornou-se necessário reforçá-la com a comercialização, otimizando as redes sociais para obter novos clientes e reter os antigos. A combinação das abordagens off-line e on-line permite ao pessoal de vendas montar uma rede poderosa. O número cada vez maior de clientes que usam as redes sociais deixa a equipe mais disposta a ouvir opiniões externas como parte do processo de tomada de decisões. A comercialização é o uso eficaz e eficiente dessas redes sociais para otimizar o processo de vendas.

Valor de marketing

Este terceiro grupo inclui a marca, o serviço e o processo. A marca é um indicador de valor, reforçado pelo serviço e facilitado pelo processo.

Em relação aos valores de marketing, também é preciso reconhecer algumas transformações.

- **Da marca ao caráter**
  Enquanto identidade, a marca é necessária para criar um relacionamento com o cliente. Ela precisa proporcionar um benefício funcional e emocional. No entanto, é cada vez mais difícil fazer com que o consumidor confie na marca. As empresas precisam adotar uma abordagem que dê ênfase à identidade da marca-enquanto-pessoa.[28]

- **Do serviço à atenção**
  Apesar do rápido desenvolvimento tecnológico, o consumidor está se tornando ainda mais humano. É por isso que as interações humano-humano são mais cruciais que as interações máquina-humano, que se baseiam na tecnologia e tendem a ser mecânicas. Então não podemos

servir o cliente com base numa abordagem mecânica e reativa. É preciso ser proativo e humanista, mostrando atenção. A era do serviço ao cliente acabou há muito tempo, e foi substituída pela atenção ao cliente.

- **Do processo à colaboração**
 O processo é parte essencial da criação de valor numa empresa, desde a obtenção da matéria-prima até a entrega do produto ao cliente. A empresa tem que gerir diversos processos na cadeia de valor para assegurar que tudo ocorra de forma eficiente e eficaz. Para isso, três indicadores são usados como benchmarks: qualidade, custo e entrega.

Tudo isso ressalta a importância cada vez maior da humanização da marca. As empresas precisam ter competências de gestão da marca altamente funcionais.

Triângulo PDM (posicionamento, diferenciação e marca)

Três fatores principais integram os nove fatores centrais do marketing. São eles: posicionamento, diferenciação e marca (Figura 11.5). O posicionamento é a promessa de valor que a marca vai entregar ao cliente; é o cerne da *estratégia*. A diferenciação é o esforço da empresa para compreender aspectos dos produtos e serviços que são relevantes para manter o cliente satisfeito e fiel; é o cerne da *tática*. Já a marca é o cerne do *valor*.

Figura 11.5 Triângulo PDM

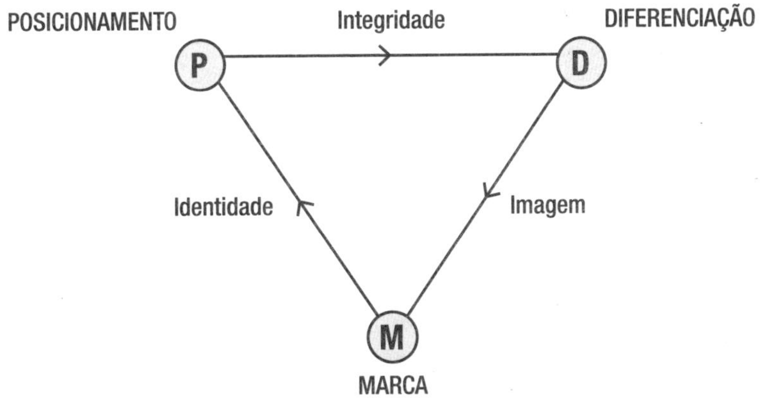

Sendo uma identidade, a marca precisa de um posicionamento claro. Essa promessa ao cliente deve ser concretizada por meio de uma forte diferenciação, que crie integridade. Caso essa diferenciação seja mantida, isso criará uma forte imagem de marca.

Voltemos ao nosso primeiro caso, o banco DBS na Ásia: o CEO da empresa, Piyush Gupta, analisa a macroeconomia para identificar oportunidades que utilizem tecnologias digitais e o potencial de priorizar a geração mais jovem. Ele define três segmentos, cada um com um objetivo de marketing diferente. Os países em desenvolvimento (como Indonésia e Índia) atraem usuários em potencial com o Digibank. O restante do setor reduz custos por meio da implementação de tecnologia em sua operação. O foco nos mercados de Cingapura e Hong Kong é a "autodisrupção" e uma postura defensiva em relação aos movimentos dos concorrentes.

O DBS define seu posicionamento de forma clara, com base na simplicidade e numa experiência de banking sem estresse. A tecnologia, como cerne da diferenciação, dá suporte ao posicionamento, proporcionando a integridade da promessa da marca. O DBS cria uma imagem de marca positiva através da comunicação de marketing, garantindo que a promessa da marca seja cumprida. Todos os três elementos do triângulo PDM precisam ser coerentes, apoiando-se reciprocamente.

Podemos constatar, portanto, que a preparação da estratégia precisa ser coerente, abrangendo todos os aspectos para tirar partido das vantagens existentes e criar uma vantagem competitiva. Tendo compreendido o panorama, podemos decidir se queremos seguir em frente, rumo a uma arquitetura de marketing que consiste em estratégia, tática e valor. Precisamos garantir que cada elemento do triângulo PDM dê apoio e seja coerente uns com os outros, de modo que a marca tenha identidade, integridade e imagem fortes.

PRINCIPAIS CONCLUSÕES

- Analisar os fatores 5I (tecnologia; política e leis; economia; sociedade e cultura; e mercado) nos permite enxergar quais têm maior probabilidade de ocorrer e são mais relevantes.
- Analisar o modelo 4C (conversão, concorrência, cliente e companhia) nos permite identificar pontos fortes e fracos, juntamente com ameaças e oportunidades.
- A estratégia de marketing consiste em passar da segmentação para a "comunitarização", do público-alvo para a confirmação, e do posicionamento para o esclarecimento.
- A tática de marketing envolve passar da diferenciação para a codificação, do mix de marketing para o mix de marketing new wave, e das vendas para a comercialização.
- O valor de marketing tem a ver com transformar marca em caráter, serviço em atenção e processo em colaboração.

12
Como adquirir competências omni
Da preparação à execução

A Shopee, um marketplace criado por uma empresa com sede em Cingapura, começou com uma equipe de dez jovens em 2015. Em 2019, já eram 700 funcionários, e suas atividades foram expandidas para locais como Vietnã e Indonésia. Essa expansão maciça levou a Shopee a atrair talentos para preencher postos gerenciais, operacionais e criativos.

A Shopee encarou diversas dificuldades no recrutamento de talentos. Precisou explicar sua cultura corporativa; convencer talentos jovens e iniciantes a contribuir para uma empresa num ambiente de negócios volátil; e atrair talentos veteranos para se consolidar como uma organização gerida de maneira profissional.

Para enfrentar esses desafios, a Shopee adotou diversas diretrizes. Primeiro, comunicou sua visão, sua missão e suas metas no ambiente on-line. Em segundo lugar, organizou reuniões de aclimatação regulares para os recém-chegados, ajudando-os a se adaptar a um ambiente de trabalho frenético. Por fim, criou a página "Life at Shopee" no LinkedIn para apresentar suas atividades diárias e compartilhar pontos de vista em relação aos movimentos da empresa (por exemplo, "Por que a campanha 9.9 Super Shopping Day é importante para a Shopee?").

Quando compreendem a Shopee enquanto empresa, os talentos do mercado se sentem prontos para se candidatar. A Shopee divulga as especificações técnicas de suas vagas, tais como analista de logística, produtor de conteúdo e gerente de comunicação comercial. Hoje em dia, a Shopee tem dezenas de milhares de funcionários em todo o mundo e seu aplicativo está disponível em mais de dez países, incluindo México, Chile e Brasil.[1]

O caso da Shopee ilustra que uma empresa não pode mais confiar somente em uma ou duas competências. Precisa adquirir várias e alavancá-las concomitantemente, a fim de obter uma rápida expansão. Convergir, equilibrar e alavancar essas competências tem a ver com construir competências omni. Isso significa – além da referência ao nome do modelo básico aqui utilizado – que a organização tem todas as competências necessárias e é capaz de utilizá-las em processos de criação de valor, que geram uma poderosa competitividade. Portanto, precisamos recrutar pessoas capazes disso, moldá-las e mantê-las em nossa organização.

Nesta discussão sobre o modelo omnihouse, vamos analisar horizontalmente os fatores CI-EL e PA-PG (Figura 12.1) e explorar as competências omni necessárias para levar a cabo a estratégia.

Figura 12.1 Relação horizontal entre os fatores CI-EL e PA-PG

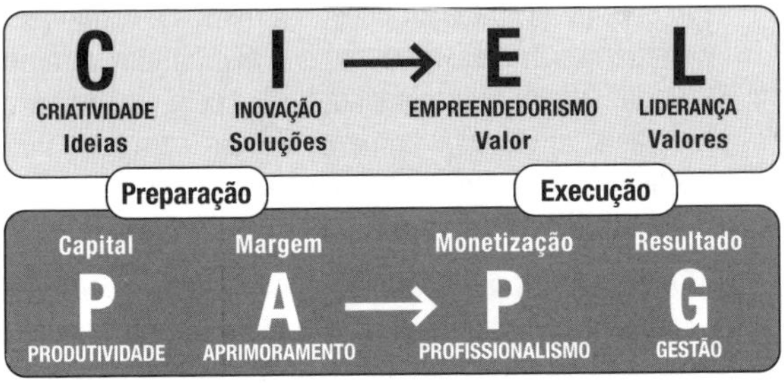

▎ Preparação e execução

Do lado esquerdo do modelo omnihouse, temos o estágio da "preparação" (que inclui os fatores CI e PA) e, do lado direito, o estágio da "execução" (que inclui os fatores EL e PG) (Figura 12.2).

A Figura 12.3 resume o que é preciso fazer no estágio de preparação, e a Figura 12.4, no estágio de execução.

Uma empresa que almeja o sucesso precisa identificar quais são as competências necessárias para seus posicionamentos operacional, gerencial e estratégico. Em seguida, deve arregimentar talentos com diferentes capacitações e competências e executar um processo integrado de criação de valor, maximizando os resultados.

Figura 12.2 Modelo de preparação e execução

Da geração da ideia à comercialização | Criação de valor com valores

- Esclarecer visão, missão e valores
- Criatividade → Inovação → Empreendedorismo → Liderança
- PREPARAÇÃO | EXECUÇÃO
- Produtividade → Aprimoramento → Profissionalismo → Gestão
- Esclarecer os resultados pretendidos

CICLO CI-EL

Convergir e equilibrar

CICLO PA-PG

Do insumo de capital à margem de lucro do produto | Do fluxo de caixa ao valor de mercado

Figura 12.3 Resumo do estágio de preparação

CRIATIVIDADE	Acompanhar todos os desdobramentos e conhecer os elementos impulsionadores que servem como referências ou gatilhos para a criatividade. Em seguida, preparar ideias criativas tecnicamente viáveis, com base nos problemas do cliente, tendo como referência a intenção estratégica da empresa.	Da geração da ideia à comercialização
INOVAÇÃO	Compreender o modelo 4C (conversão, concorrência, cliente e companhia). Em seguida, elaborar de forma concreta produtos ganhadores de mercado, com diversos serviços de suporte que, aos olhos do cliente, resolvam problemas e criem valor para a empresa.	
PRODUTIVIDADE	Reservar capital suficiente e relevante, rastreável no registro de ativos do balanço da empresa, para dar apoio ao processo criativo. Além disso, a empresa precisa preparar métodos de cálculo da produtividade relacionada a esse capital.	Do insumo de capital à margem de lucro do produto
APRIMORAMENTO	Elaborar processos para detectar, identificar e aperfeiçoar operações, reduzindo a margem de lucro em nome de inovações adicionais. É preciso rastrear a melhoria da margem de lucro na demonstração de resultados da empresa.	

Figura 12.4 Resumo do estágio de execução

EMPREENDEDORISMO	Para uma criação ideal de valor, a empresa precisa implantar uma abordagem empreendedora em seus diversos processos de negócio, incorporando os três tipos de empreendedorismo (busca de oportunidades, tomada de riscos e colaboração em rede) ao posicionamento, à diferenciação e à marca.	Criação de valor com valores
LIDERANÇA	Cultivar e incentivar cada pessoa, em todos os níveis da organização, a adotar uma liderança robusta, que sustente os valores da empresa de tal modo que eles se manifestem nos nove elementos centrais do marketing.	
PROFISSIONALISMO	A empresa precisa assegurar que todos os envolvidos nos diversos processos de criação de valor cumpram seus respectivos deveres no processo de monetização com alto profissionalismo, o que pode gerar um fluxo de caixa significativo no presente e no futuro.	Do fluxo de caixa ao valor de mercado
GESTÃO	Desenvolver e implementar uma gestão integrada e coordenada, o que inclui a gestão do cliente, do produto e da marca, para que a empresa aumente seu valor de mercado. O sistema de gestão precisa estar isento dos vários silos que provocam inércia ou resistência indesejáveis.	

▶ Como desenvolver talentos omni

O uso de tecnologias acessíveis e a disseminação da informação libertam e empoderam as pessoas, permitindo que trabalhem e pensem de modo independente. No entanto, lembramos que as vantagens propiciadas pela tecnologia e pela informação, por mais cômodas que sejam para uma empresa, não são suficientes para garantir a competitividade de longo prazo. As pessoas são uma fonte potencial de disrupção no presente e no futuro – tanto individualmente quanto como parte de uma organização –, e isso leva a concorrência a um patamar muito mais elevado.

Estamos atualmente diante de uma revolução industrial do trabalho, com base em combinações de diversas tecnologias, o que obriga as empresas a repensar sua forma de fazer negócio.[2] Todas elas estão disponibilizando tecnologias e informações variadas a seu pessoal. Essas tecnologias e informações acabam tornando-se elementos-padrão, ou comuns, nos processos de criação de valor. São necessárias, mas insuficientes na criação da competitividade de longo prazo.

O fator crucial que distingue as empresas competitivas das não competitivas reside em como a empresa recruta, desenvolve e retém gente talentosa. Nesta Quarta Revolução Industrial, num ambiente em transformação devido aos avanços tecnológicos, muitos executivos seniores e líderes de empresas precisam compreender os desafios que as equipes operacionais têm diante de si.[3] As empresas precisam, sobretudo, de gente que compreenda como alavancar as diferentes tecnologias, com habilidade de analisar informações e interpretá-las corretamente, utilizando-as na tomada de decisões. É uma situação que obriga as organizações a abandonar as abordagens tradicionais de recrutamento e adotar métodos mais sofisticados, que se concentrem na aquisição e no desenvolvimento de talentos.

▶ Como desenvolver a capacidade criativa

Quais são as características das pessoas que chamamos de "criativas" e que precisamos envolver em nossos processos de negócio? Eis algumas características a serem levadas em conta:[4]

- **Forte curiosidade.** Quer saber tudo em detalhes, questionar tudo, compreender problemas em profundidade e não se satisfaz com aquilo que já sabe. A curiosidade, zona cinzenta do conhecimento, envolve aprender mais sobre algo fora da nossa área de expertise.[5]
- **Mente aberta.** É capaz de compreender razões e está sempre pronto a argumentar, testar opiniões diferentes, experimentar todas as possibilidades, compartilhar ajustes e enfrentar o fracasso, porém buscando imediatamente novas ideias e alternativas. Isso inclui flexibilidade, objetividade e capacidade de colaboração.
- **Traquejo com os colegas.** É comunicativo, usa uma linguagem de fácil compreensão, consegue expressar suas ideias com clareza e trata os demais de igual para igual. Tende a ter uma postura divertida, enérgica e motivada.

- **Pensamento fora da caixa.** Usa inteligência e intuição para ler padrões complexos, tem imaginação aguçada, mantém o foco no objetivo principal e é realista. Nunca se cansa de gerar ideias, porque é capaz de pensar de maneira divergente e convergente para chegar à solução ideal.[6]
- **Coragem para aceitar desafios.** Está sempre disposto a aprender coisas novas, reage imediatamente a problemas complexos, não desiste rápido e motiva os demais.[7]

As empresas precisam tomar várias iniciativas para encaixar pessoas criativas:[8]

- **Acabar com os silos.** Os silos podem impedir que os talentos se conectem, resultando numa colaboração improdutiva.[9] As empresas precisam ser capazes de incorporar a diversidade e ter uma fluidez total que permita a comunicação aberta através de vários canais. Essa comunicação também precisa ser horizontal, e jamais tolhida pelo nível hierárquico na estrutura organizacional.
- **Dar autonomia.** A empresa pode oferecer diretrizes claras, porém sem restringir a liberdade necessária para que as sementes da criatividade germinem. Propiciar autonomia aos talentos cria um fluxo sustentável de confiança.[10]
- **Tolerar o fracasso.** A empresa pode criar um ambiente seguro para os erros, encorajando tentativas.[11] Ela deve permitir um método de tentativa e erro, incentivando experiências e explorando possibilidades. É recomendado dar crédito às ideias brilhantes.
- **Alocar adequadamente os recursos.** Esses recursos são necessários para criar diferentes instalações ou infraestruturas (inclusive tecnológicas) que deem apoio ao processo criativo.[12]
- **Apoiar a flexibilidade.** A empresa precisa de um plano claro, com espaço para o improviso, se necessário. Além disso, tem que contrabalançar idealismo e metas comerciais factíveis, dar apoio à expressão pessoal (individual e coletivamente) e conceder tempo suficiente para o trabalho. Essa flexibilidade faz com que os talentos desejem criar coisas novas e gerar ideias.[13]

- **Ter clareza sobre a intenção estratégica.** A empresa deve incluir a criatividade entre seus valores, reconhecendo gente criativa como seu capital essencial. Precisa expor uma visão e uma missão desafiadoras, que atraiam pessoas criativas a contribuir com ideias e atingir metas.[14]

▶ Como desenvolver a competência de inovação

Para que a inovação ocorra, precisamos de talentos que:[15]

- **Sejam voltados para soluções.** Mentes excepcionais trazem soluções diferentes, desafiadoras, até mesmo arriscadas, porque têm ideias inteiramente novas, autênticas e heterodoxas. Tiram partido de recursos às vezes limitados, ao analisar complexidades múltiplas e os potenciais e oportunidades do mercado. A inovação pode resolver ou prevenir problemas.[16]
- **Estejam sempre inovando.** Numa empresa, a inovação contínua consegue manter a fidelidade do cliente.[17] Depende de pessoas que saibam que é necessário sair da zona de conforto e revolucionar para manter a competitividade e a sustentabilidade.
- **Avancem passo a passo.** Esses talentos realizam processos repetitivos entre a ideia e a concretização, a fim de atingir o resultado ideal. Nesse processo, buscam informações ou argumentos, fazem perguntas cruciais, não se deixam fascinar ou fixar por uma única inovação, ousam fazer experiências e se mantêm abertos a diferentes alternativas, sempre as aperfeiçoando e concretizando.
- **Possuam robustez mental.** São minuciosos e pacientes e não tendem a desistir. Caem e se levantam todos os dias, sempre dispostos a correr contra o tempo e enfrentar a concorrência.
- **Espalhem energia positiva.** Motivam a si próprios, são empolgados e intensos. Estão sempre dispostos a trabalhar em equipe e compartilhar conhecimento, transmitir habilidades e disseminar uma mentalidade inovadora em nome do bem comum.
- **Atentem para os detalhes.** Têm a capacidade de enxergar detalhes relevantes. Usam sua forte inteligência para fazer observações minuciosas. São inovadores e compreendem o processo integralmente.[18]

As empresas não podem confiar apenas na potência criativa de um grupo de indivíduos genuinamente inovadores. Precisam também criar um ambiente que estimule e desenvolva competências. Eis algumas características das empresas inovadoras:[19]

- **Têm uma intenção estratégica baseada na inovação.** A empresa incute um espírito inovador em sua visão, missão e estratégia. Também comunica bem esse espírito para que seja facilmente compreendido. Os processos de criação de valor da empresa refletem esse conceito de inovação, despertando empolgação.
- **Propiciam uma cultura estável e inovadora.** A empresa demonstra compromisso com as inovações em andamento, reais e implementadas. Cria um ambiente adequado, apoiado no reconhecimento e na valorização, encorajando o pessoal a inovar.
- **Proporcionam oportunidades amplas.** A empresa oferece espaço para a expressão de opiniões e aplica um método de controle que não é restritivo demais. Demonstra confiança e dá autonomia aos indivíduos, que se sentem empoderados e incentivados a inovar por meio de programas de treinamento. O fracasso não é um tabu.
- **Promovem a colaboração.** Mente aberta e transparência são cruciais para a cooperação num ambiente altamente diversificado. Os líderes precisam ser exemplos dessa atitude.
- **Oferecem uma gestão robusta do conhecimento.** O amplo acesso ao conhecimento e aos dados pode ajudar a empresa a encontrar soluções para seus problemas.[20] O conhecimento ajuda a entender o risco, de modo que a empresa possa ficar mais informada e passe à execução.

▌▶ Como desenvolver a competência empreendedora

Necessitamos de profissionais com mentalidade empreendedora, que possuam diversas características:[21]

- **Sabem alocar recursos.** São experts e capazes de usar os recursos e ferramentas disponíveis, têm consciência dos próprios pontos fortes

e fracos e se concentram na criação de valor para a organização com suas competências.
- **Buscam oportunidades.** Possuem forte curiosidade, um interesse genuíno pelo processo de aprendizagem e não se opõem ao desenvolvimento científico e tecnológico. Nunca se satisfazem com o que já sabem. Em vez disso, fazem novas perguntas.[22]
- **Assumem riscos.** Encaram o risco como um exercício e tentam mitigá-lo para gerar valor.[23] Os empreendedores se sentem à vontade com o fracasso e são capazes de aprender com os erros do passado, determinar o prejuízo aceitável e tolerável, reduzir os riscos enfrentados e experimentar.
- **Têm iniciativa própria.** São motivados, não dependem de recompensas alheias, entendem que a empolgação leva a resultados ótimos e têm um propósito claro ao cumprir seus deveres.
- **Colaboram em rede.** Capazes de criar relacionamentos relevantes, são voltados para o trabalho em equipe, gostam de estar em grupo e sabem envolver terceiros com competências múltiplas em prol de um objetivo comum.

As empresas precisam de uma abordagem empreendedora para identificar oportunidades no mercado e oferecer soluções múltiplas, resultantes das inovações realizadas. Eis algumas características de empresas que pretendem desenvolver uma mentalidade empreendedora:[24]

- **Facilitam experiências.** A organização incentiva os funcionários a tentar coisas novas e oferece retorno construtivo em relação aos resultados bem ou malsucedidos. Inspira os funcionários a testar suas ideias diretamente no mercado ou com os clientes, inclusive a partir de protótipos.
- **Fomentam uma cultura de aprendizado.** A empresa incentiva os funcionários a utilizar as lições do passado. O aprendizado também se dá por meio de livros e outros materiais escritos, e experiências e interações com os clientes. Cada uma dessas interações é uma lição valiosa que aperfeiçoa as soluções para os produtos da empresa e o repertório de serviços. Oportunidades de aprendizado estão disponíveis para todos.[25]

- **Ampliam o senso de pertencimento.** Funcionários empreendedores progridem quando sentem que fazem parte da empresa. A organização pode encorajar isso, oferecendo incentivos, como lotes de ações para funcionários que atendam determinados critérios. Delegar autoridade específica para liderar um programa ou projeto também aumenta o senso de pertencimento.[26]
- **Proporcionam autonomia.** A empresa envolve o funcionário ao estabelecer objetivos ou metas. Evita a microgestão no processo para atingir esses objetivos e concede ao funcionário liberdade para tomar decisões de forma independente. Estabelece um método eficaz de avaliação, com o mínimo de intervenção. Dar espaço para o talento exibir suas realizações e progressos é uma recompensa valiosa; isso mantém a fidelidade dos talentos e contribui para a criação de valor.[27]
- **Fortalecem a colaboração interdisciplinar.** A empresa facilita a formação de equipes interdisciplinares e otimiza o uso da tecnologia para estimular a colaboração entre equipes fisicamente distantes.

Como desenvolver a competência de liderança

Eis algumas características comuns aos líderes poderosos:[28]

- **Agem estrategicamente.** Estão prontos a adaptar-se aos desafios e oportunidades enfrentados. Precisam enxergar os problemas "do alto", sem enfocar apenas os problemas mais imediatos.[29]
- **São bons comunicadores.** Sabem influenciar os outros e expor ideias de forma clara e convincente, tanto em questões relacionadas a metas estratégicas quanto a tarefas técnicas. Ouvem opiniões alheias e são capazes de se comunicar bem com uma ou mais pessoas. Uma boa capacidade de escuta promove uma comunicação eficaz.[30]
- **São visionários.** Conseguem prever situações e fazer a conexão entre elas e as estratégias organizacionais. Estimulam os membros da equipe a olhar para o futuro com otimismo e sabem equilibrar estabilidade e crescimento.
- **Delegam e empoderam os demais.** Não fazem tudo sozinhos, e sim envolvem os membros da equipe segundo suas habilidades. A delega-

ção de tarefas não significa que o líder esteja fugindo das responsabilidades. Ele continua presente, empoderando os integrantes do time, tanto técnica quanto psicologicamente.[31]
- **Demonstram integridade e responsabilidade.** Transmitem coerência entre palavras e atos. Dão ordens ou instruções e servem de modelo para os membros da equipe. Embora envolvam outros integrantes do time na consecução das tarefas, não abandonam suas responsabilidades.

A seguir, listamos características de uma empresa comprometida em desenvolver competências de liderança:[32]

- **Reconhece candidatos com potencial.** A empresa identifica o potencial de cada funcionário desde o primeiro instante do processo de recrutamento. Avaliações rotineiras, realizadas pela empresa, também podem servir como referência.
- **Oferece coaching e mentoria.** O coaching incentiva os funcionários a refletir sobre seu potencial de liderança. Por sua vez, a mentoria os ajuda a superar seus pontos fracos.[33]
- **Apresenta novos desafios.** A empresa oferece uma série de missões aos funcionários. Aqueles capazes de lidar com desafios maiores recebem responsabilidades mais importantes. Esses novos desafios também são um teste de liderança para os funcionários.
- **Mede o progresso.** A empresa precisa avaliar o desenvolvimento de cada funcionário, sobretudo em relação à sua capacidade de liderança. Essa avaliação pode se basear nas responsabilidades cotidianas que se tornaram parte da descrição do cargo ou em missões especiais. A empresa também precisa premiar quem merece.
- **Facilita o desenvolvimento pessoal.** O treinamento sistemático ajuda a aumentar a compreensão e as habilidades dos funcionários no que diz respeito à liderança. Numa equipe, todos os talentos têm as mesmas oportunidades de desenvolver relações interpessoais e vivenciam o processo de assumir gradualmente responsabilidades maiores, a fim de se tornar futuros líderes.[34]

Para um resumo de como desenvolver as competências CI-EL, veja a Tabela 12.1.

Tabela 12.1 Resumo do desenvolvimento de competências CI-EL

	COMPETÊNCIAS			
	Criatividade	Inovação	Empreendedorismo	Liderança
Individuais	• Forte curiosidade • Mente aberta • Traquejo com os colegas • Pensamento fora da caixa • Coragem para aceitar desafios	• Foco em soluções • Inovação constante • Avanço passo a passo • Robustez mental • Energia positiva • Atenção aos detalhes	• Alocação de recursos • Busca de oportunidades • Tomada de riscos • Iniciativa própria • Colaboração em rede	• Ação estratégica • Boa comunicação • Olhar visionário • Delegação e empoderamento • Integridade e responsabilidade
Da empresa	• Fim dos silos • Concessão de autonomia • Tolerância ao fracasso • Alocação adequada de recursos • Apoio à flexibilidade • Clareza sobre a intenção estratégica	• Intenção estratégica com inovação • Cultura estável e inovadora • Oportunidades amplas • Colaboração • Gestão robusta do conhecimento	• Facilitação de experiências • Cultura de aprendizado • Senso de pertencimento • Concessão de autonomia • Colaboração interdisciplinar	• Reconhecimento de potencial • Coaching e mentoria • Novos desafios • Métrica do progresso • Desenvolvimento pessoal

▶ Como desenvolver a competência de produtividade

A seguinte lista descreve algumas características dos indivíduos produtivos:[35]

- **Concentram-se nas metas.** Conseguem apontar metas essenciais, que precisam ser alcançadas todos os dias, e priorizá-las. Sabem dividir as metas em tarefas menores.[36]
- **Criam listas de prioridades.** Conseguem subdividir suas tarefas de acordo com a importância na vida pessoal ou profissional (até mesmo misturando e equilibrando as duas). São capazes de com-

preender o trabalho que precisa ser realizado e aquilo que pode ser adiado ou eliminado.
- **Administram bem a agenda.** Gerir a agenda (inclusive a lista de tarefas) é saber dividir o tempo de forma adequada. Quem é produtivo tem prioridades e organiza o próprio tempo para realizá-las, uma a uma.
- **Planejam bem o repouso.** Conseguem gerir o tempo de descanso, mas não caem na armadilha da procrastinação, que leva ao acúmulo de trabalho. Prever um período de repouso pode ajudar a turbinar a concentração e a gerir melhor o tempo.[37]
- **São "monotarefa".** Fazer uma coisa de cada vez ajuda a reduzir as distrações no trabalho e a completar com eficiência as tarefas, sejam elas atividades importantes ou menores, como checar e-mails e mensagens de texto.

A empresa também deve fazer concessões às pessoas produtivas para preservar e até melhorar suas habilidades. A seguir, apresentamos algumas maneiras de fazer isso:[38]

- **Atentar-se à divisão do tempo.** Alocar o tempo de forma eficiente é um jeito impactante de reduzir o estresse no trabalho.[39] A empresa tem que proporcionar espaço suficiente para o cumprimento das tarefas. Pode implementar uma cultura de reuniões curtas, dando espaço às pessoas para organizar suas listas de afazeres, oferecendo pausas curtas nos momentos de maior sobrecarga.
- **Estabelecer regras para as reuniões.** A empresa pode elaborar diretrizes para a realização de reuniões, de modo que cada equipe consiga organizar encontros com maior regularidade. Pode ser estabelecido um tempo-limite de reunião, com uma agenda enviada previamente. O número e a duração das reuniões precisam ser regulamentados.
- **Enfatizar as metas.** Toda equipe produtiva sabe o resultado que dela se espera. Assim, os membros da equipe trabalham com rapidez por já terem compreendido os objetivos, as tarefas e os planejamentos específicos.

- **Comunicar-se com naturalidade.** Toda equipe produtiva tem o hábito do debate aberto para resolver problemas e obstáculos, de modo a trabalhar melhor.[40]
- **Fornecer ferramentas práticas.** As empresas e as equipes podem usar truques de produtividade, conforme suas necessidades. Entre eles estão incluir espaços de trabalho coletivo para equipes remotas, mensurar o trabalho realizado e rastrear o andamento do trabalho e as tarefas concluídas.

Como desenvolver a competência de aprimoramento

Listamos a seguir as características de indivíduos que querem se aperfeiçoar continuamente:[41]

- **Nunca param de fazer perguntas.** Questionam continuamente o *status quo* e trabalham todos os dias para encontrar falhas, a fim de melhorar as operações. Fazem as perguntas certas e conhecem a operação do sistema, o que permite identificar áreas onde pode haver melhorias.[42]
- **Resolvem problemas.** É possível encontrar espaço para melhorias de forma individual, começando pela busca do problema. Trazer soluções para as questões atuais é a primeira e mais comum fonte de aprimoramento.[43]
- **Esclarecem processos.** Descobrem o que é preciso fazer com os processos: melhorar, eliminar ou revolucionar.[44] Individualmente, analisam os processos em andamento em busca de possíveis ajustes.
- **Nunca param de aprender.** De vez em quando, precisam ampliar seus conhecimentos, de modo a encontrar espaços para melhoria.[45]
- **Sabem por onde começar.** Definir o problema e identificar sua raiz costuma ser o melhor ponto de partida para lidar com uma situação complicada.[46]

Eis algumas características das empresas que conseguem incentivar o aprimoramento contínuo de cada funcionário:[47]

- **Criam uma base de aprimoramento.** Toda empresa é capaz de iniciar o aprimoramento contínuo a partir dos padrões operacionais existentes, revendo as metas que não conseguiu atingir com esses padrões. É um método que pode ser, então, utilizado como novo padrão pelos funcionários.
- **Garantem o fluxo de ideias.** A empresa pode oferecer uma plataforma simples, em que ideias de aprimoramento sejam enviadas individualmente, dentro da área de cada um. Também pode adotar uma abordagem horizontal para que os gestores e demais funcionários trabalhem juntos e evoluam. Todos na empresa podem contribuir com ótimas ideias, inclusive aqueles que estão na linha de frente e compreendem melhor os principais problemas dos clientes.[48]
- **Criam hábitos.** A empresa pode criar uma rotina de busca do aprimoramento, gerindo um ambiente de comunicação que sirva de exemplo para que cada um desenvolva suas equipes dentro da companhia.
- **Incentivam.** A empresa precisa conhecer os obstáculos ao aprimoramento contínuo. Deve identificar e minimizar os receios dos funcionários de modo que todos possam contribuir.[49]
- **Proporcionam espaço para o aprendizado.** A empresa tem que oferecer oportunidades de aprendizado apropriadas, a fim de capacitar os funcionários com conhecimento e habilidades necessárias para o aprimoramento contínuo.[50]

▶ Como desenvolver a competência de profissionalismo

Ao procurar pessoas com competências de profissionalismo, muitas vezes a empresa busca as seguintes características:[51]

- **Preparo e pontualidade.** Preparam-se para reuniões, apresentações ou conferências, treinando na frente do espelho ou elaborando um roteiro. Chegam quinze a trinta minutos antes para se preparar.
- **Boa comunicação.** Utilizam as palavras certas ao escrever ou falar no ambiente de trabalho. Seu profissionalismo se reflete na maneira como discursam e nos assuntos que abordam.
- **Aparência apropriada.** A aparência não se restringe às roupas, mas

inclui o uso da mesa de trabalho e a organização dos arquivos. Uma vestimenta apresentável mostra que a pessoa está pronta para trabalhar e interagir profissionalmente com os demais.[52]
- **Responsabilidade.** São profissionais confiáveis, que mostram elevado comprometimento com as diversas obrigações. Ser responsável implica não só receber crédito pelos êxitos, mas também assumir a culpa pelos fracassos.[53]
- **Integridade.** São pessoas honestas, com fortes princípios morais.[54] Demonstram integridade em suas palavras, em seus atos e no trabalho entregue.[55]

A empresa conseguirá desenvolver suas competências profissionais de forma sistemática, institucionalizando-as, se adotar as seguintes atitudes:

- **Estabelecer regras e uma cultura para o local de trabalho.** Pequenas empresas precisam de um líder forte. As de médio porte exigem um regulamento corporativo ou um procedimento operacional padrão (POP). Grandes empresas precisam de regras, regulamentos e uma cultura que orientem o modo de trabalho.
- **Proporcionar um sistema de gestão da performance.** Além das regras, a empresa precisa oferecer um método de mensuração justo para todas as partes, que molde o comportamento profissional. O feedback e os sistemas de gestão da performance são relevantes para que cada um compreenda sua tarefa.
- **Incentivar a equipe a participar de treinamentos e seminários.** A empresa precisa se adaptar às condições do momento. Por esse motivo, os funcionários devem atualizar seus conhecimentos e competências por meio de programas de treinamento e educação, a fim de realizar suas tarefas, criar valor e manter a competitividade da empresa.[56]

▎ Como desenvolver a competência de gestão

Profissionais que demonstram competências de gestão têm as seguintes características:[57]

- **Análise com visão "de helicóptero".** São capazes de elaborar programas pela análise dos movimentos macroeconômicos, setoriais e concorrenciais. Uma visão de helicóptero permite que o gestor leve sua equipe a realizar o trabalho técnico, proporcionando uma visão, uma missão e o contexto maior do projeto.[58]
- **Tomada de decisões eficiente.** São capazes de enxergar as vantagens e desvantagens de diferentes alternativas, para agir no tempo certo e tomar atitudes alinhadas com os objetivos da empresa.[59]
- **Proficiência na gestão de projetos.** Conseguem realizar as operações da empresa porque sabem planejar (estabelecer metas, planificar recursos e prazos), executar (realizar processos de trabalho ou organizar treinamento), checar (auditar ou monitorar) e agir (tomar medidas preventivas ou corretivas).[60]
- **Capacidade de montar equipes.** São capazes de incentivar e permitir que todos trabalhem em equipe para completar projetos e tarefas de rotina. O gestor não precisa trabalhar sozinho. Pode formar equipes robustas e utilizar os pontos fortes coletivos para atingir objetivos desafiadores.[61]
- **Adaptabilidade.** Transformações rápidas no ambiente de negócios exigem um gestor capaz de se adaptar às mudanças externas e internas.

A empresa precisa conseguir manter um sistema de gestão relevante e em constante evolução. A seguir, algumas estratégias para desenvolver e preservar essas competências:[62]

- **Planejamento sucessório claro.** Uma boa organização não é liderada por apenas uma, mas por várias pessoas. Portanto, é necessário planejar a substituição ou o rodízio da equipe de gestores para garantir a continuidade do processo de gestão. O planejamento sucessório na empresa pode partir do ranqueamento das notas de feedback, de avaliações da gestão da performance e de entrevistas para avaliar o talento comunicativo e o pensamento estratégico.[63]
- **Feedback da performance.** O gestor pode criar oportunidades para que cada membro da equipe dê feedback, criando um hábito de feedback construtivo.[64] O feedback periódico da performance é neces-

sário para informar quais são as expectativas em relação a cada cargo e para oferecer sugestões de como melhorar o trabalho da equipe.
- **Comunicação aberta.** A empresa pode implementar uma comunicação de mão dupla entre gestores e equipes, através de debates abertos, reuniões semanais ou mensais ou sistemas de ouvidoria.

Para um resumo de como desenvolver as competências PA-PG, veja a Tabela 12.2.

Tabela 12.2 Resumo do desenvolvimento de competências PA-PG

	COMPETÊNCIAS			
	Produtividade	Aprimoramento	Profissionalismo	Gestão
Individuais	• Foco nas metas • Listas de prioridades • Agenda bem administrada • Repouso planejado • "Monotarefa"	• Perguntas constantes • Solução de problemas • Esclarecimento de processos • Aprendizado contínuo • Noção de por onde começar	• Preparo e pontualidade • Boa comunicação • Aparência apropriada • Responsabilidade • Integridade	• Visão "de helicóptero" • Tomada de decisões eficiente • Proficiência na gestão de projetos • Capacidade de montar equipes • Adaptabilidade
Da empresa	• Atenção à divisão do tempo • Regras para reuniões • Ênfase nas metas • Comunicação natural • Ferramentas práticas	• Base de aprimoramento • Fluxo de ideias • Criação de hábitos • Incentivo • Espaço para o aprendizado	• Regras e cultura da empresa • Sistema de gestão da performance • Treinamentos e seminários	• Planejamento sucessório • Feedback da performance • Comunicação aberta

Na prática

É raro, senão impossível, um indivíduo possuir todas as competências CI-EL e PA-PG. Possuir duas ou três, das oito, é suficiente. No entanto, aprender sobre as demais competências nos permite compreender outros colegas cujos pontos fortes sejam diferentes dos nossos.

A gestão do talento estratégico é essencial para converter uma estratégia de negócio em resultados tangíveis.[65] A empresa precisa dispor de um planejamento claro para encontrar, reunir, desenvolver, incumbir e reter pessoal. Precisa que os talentos estejam alinhados e integrados às metas e estratégias da organização. Tal abordagem é a essência da gestão de talentos impulsionada pela estratégia, e é imperiosa no ambiente atual.

> ### PRINCIPAIS CONCLUSÕES
>
> - Ao atrair talentos, a empresa pode analisar seus ciclos CI-EL e PA-PG para descobrir o tipo de funcionário necessário.
> - O ideal é que a empresa desenvolva competências nas seguintes áreas: criatividade, inovação, empreendedorismo, liderança, produtividade, aprimoramento, profissionalismo e gestão.
> - Saber qual é o mix necessário e preencher os cargos leva todos a contribuir com seus pontos fortes para a performance da empresa.

13
Como garantir a trajetória futura
Do balanço anual ao valor de mercado

A Louis Vuitton, maior empresa de artigos de luxo do mundo, divulgou um faturamento de 64,2 bilhões de euros em 2021 – um aumento de 44% em relação a 2020 e de 20% em relação a 2019.[1] Também em 2021, foi considerada a empresa de luxo mais valiosa do mundo, segundo o estudo Top Global Brands, da Interbrand. Ficou em 13º lugar geral e foi a única empresa do setor de moda a figurar no top 20 do ranking.[2]

Bernard Arnault, acionista majoritário e CEO da Louis Vuitton, explicou as razões por trás da extraordinária performance da marca em 2021, durante a recuperação gradual pós-pandemia. Ele creditou o resultado a uma equipe altamente eficiente. Também chamou a atenção para uma excepcional adaptabilidade em meio a um ambiente de negócios complexo.

Esses feitos financeiros e não financeiros surgiram do compromisso da marca em colocar o consumidor no centro de todas as operações. Em meio a uma crise prolongada, a Louis Vuitton manteve o relacionamento com os clientes, e a marca continua a inspirar.[3]

A partir do caso da Louis Vuitton, podemos aprender como uma atenção considerável aos resultados financeiros deve levar em conta a orientação do mercado e a aplicação da centralidade do cliente pela equipe de marketing. Quando isso ocorre, os resultados não financeiros levam a uma boa performance financeira. Uma forte conscientização do nosso produto ou da nossa marca é um primeiro passo. No entanto, de nada adianta se o cliente não estiver interessado.

Figura 13.1 Os componentes financeiros do modelo omnihouse

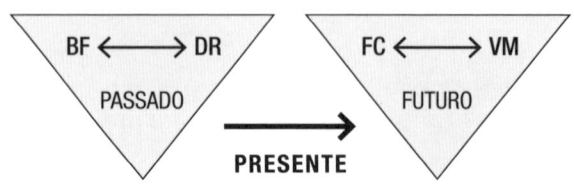

BF ⟷ DR   FC ⟷ VM
PASSADO   FUTURO
        ⟶
      PRESENTE

Neste capítulo, vamos estudar a parte de baixo do modelo omnihouse, discutindo brevemente seu aspecto financeiro para profissionais de marketing (Figura 13.1). Também vamos discutir a relação entre o balanço financeiro (BF), a demonstração de resultados (DR, também chamada de perdas e ganhos), o fluxo de caixa (FC) e o valor de mercado (VM). Todos esses termos são essenciais para os profissionais de marketing, principalmente quando aplicados numa abordagem de marketing empreendedor.

▶ O caixa ainda é o rei

Em geral, a receita de uma empresa vem da venda de produtos – bens, serviços e serviços de apoio –, que são parte de seu core business. Outras fontes, como investimentos e juros bancários, também podem contribuir. As transações comerciais costumam ser em numerário ou em moeda escritural. As vendas em moeda escritural aumentam a conta de recebíveis e convém convertê-las em caixa assim que possível. Os ativos de uma empresa nada produzem se não conseguirmos alavancá-los.

Uma das medidas cruciais para manter o fluxo de caixa é converter imediatamente em dinheiro vivo os pagamentos que não sejam em espécie. No entanto, um ambiente de negócios desfavorável pode causar uma ruptura no fluxo de caixa. Essa ruptura é incômoda, porque o dinheiro vivo é o sangue da continuidade operacional e muitas vezes é necessário para as atividades de financiamento e investimento. Por causa disso, empresas de todos os tamanhos devem priorizar um fluxo de caixa constante.

Depois que a empresa converte o faturamento em espécie, aumenta o montante de espécie no balanço. Esse dinheiro será usado para fazer pagamentos ou bancar atividades como P&D, para o suprimento ou aquisição de matérias-primas e para os processos de produção, marketing e vendas. O caixa cobre despesas operacionais, como indenizações e salários. Além disso, a empresa precisa de caixa para as atividades de investimento e financiamento.

Algumas empresas têm dinheiro em abundância. Em 2022, treze companhias concentraram quase 40% (cerca de 1 trilhão de dólares) de um total de 2,7 trilhões detidos por todas as empresas no índice S&P 500, da bolsa de Londres. No início de 2022, a Apple, um dos exemplos mais radicais, tinha 202,5 bilhões de dólares em espécie e investimentos, uma alta de quase 4% em relação ao ano anterior. Isso equivale a 7,4% de todo o caixa detido pelas 500 empresas do índice S&P. A Alphabet tinha 169,2 bilhões de dólares em caixa e investimentos, e a Microsoft, 132,3 bilhões, o equivalente a 6% e 5% de todo o caixa no S&P 500, respectivamente.[4]

O lucro líquido representa a receita menos as despesas. Ao final do ano fiscal, a empresa produz uma demonstração de resultados. No caso do lucro líquido, o conselho de administração propõe quanto distribuir como dividendos e quanto alocar como reserva de contingência. Isso costuma ser apresentado na assembleia geral dos acionistas. Uma vez aprovado, os dividendos e a reserva de contingência são alocados.

Qualquer reserva de contingência aumenta o capital próprio, o que melhora a capacidade da empresa de contrair novas dívidas ou investimentos, quando necessários para expandir o negócio. Mais adiante, esses empréstimos são registrados no passivo, enquanto o financiamento dos investidores será parte do patrimônio no balanço da empresa. Com o aumento do capital próprio e do passivo, o ativo também cresce. Por isso, a empresa precisa aumentar as vendas e, no fim das contas, a receita líquida. Essa explicação simplificada pode ser resumida pela seguinte fórmula: capital próprio mais passivo é igual a ativo (Figura 13.2).

Assim, dá para notar uma correlação entre a demonstração de resultados e o balanço da empresa. O acionista costuma se preocupar mais com a receita líquida na última linha da demonstração. Afinal, é o número usado para determinar os dividendos a serem distribuídos.

Figura 13.2 Fórmula do ativo

Capital próprio + Passivo = Ativo

▶ Passado, presente e futuro

Sob certas condições, quando o balanço da empresa está no vermelho, ela ainda é capaz de obter de investidores financiamento, em vez de dinheiro emprestado (ou seja, dívida), para suas atividades. Do ponto de vista do investidor, o balanço e a demonstração de resultados refletem o passado. Por isso, é mais importante para o investidor analisar o que a empresa possui atualmente, o que seus gestores estão fazendo agora e as perspectivas futuras do negócio.

Investidores em potencial analisam cuidadosamente as condições vigentes da empresa e sua capacidade de gerar caixa. Examinam até que ponto o processo de criação de valor é capaz de assegurar-lhes um retorno suficiente, aumentando o valor de mercado, o que se reflete no índice P/L e no índice P/VP (como discutido no Capítulo 10). O investidor avalia o esforço que a empresa vem fazendo para continuar superior e relevante em seu setor. Também leva em conta as condições internas da companhia, inclusive os recursos tangíveis e intangíveis, a capacidade de gerir múltiplos recursos, a implementação de sua competência central e suas possíveis competências distintivas. Resumindo, o investidor quer saber como a empresa consegue lidar com fatores externos, tais quais a dinâmica do ambiente macro, do mercado, da concorrência e as mudanças no comportamento e nas preferências do consumidor.

A capacidade da empresa de gerar caixa é um parâmetro essencial nos processos de criação de valor. O investidor enxerga a demonstração de fluxo de caixa como indicador da lucratividade e das perspectivas de longo prazo. Ela pode ajudar a determinar se a empresa dispõe de caixa suficiente para cobrir suas despesas. A demonstração de fluxo de caixa, em outras palavras, representa a saúde financeira da companhia.[5]

As startups, quando conseguem mostrar-se promissoras na disrupção de um setor, podem muitas vezes atrair investidores para desenvolver o negócio. Mesmo que a demonstração de resultados apresente uma posição de prejuízo durante vários anos, o investidor pode acreditar que a startup tem potencial para se tornar líder de mercado a longo prazo. Pode estar convencido de que seu valor de mercado vai aumentar significativamente e dar retornos extraordinários no futuro.

▷ Ciclo entre balanço e demonstração de resultados

A distribuição dos dividendos pagos pela receita líquida é chamada de *payout ratio*, ou proporção de dividendos. Quanto maior, mais robusto é o balanço da empresa (Figura 13.3). De acordo com James Demmert, fundador e sócio-gerente da Main Street Research, o *payout ratio* das empresas atraentes costuma ficar entre 35% e 55%.[6] No entanto, o total de dividendos também depende da situação da empresa. Quando ela está num estágio maduro e estável, costuma ter um *payout ratio* elevado. Empresas em expansão agressiva tendem a reter os lucros (como reserva de contingência) para reinvestir na companhia.[7]

A reserva de contingência aumenta o patrimônio dos acionistas. Um patrimônio maior aumenta a capacidade de alavancagem da empresa para obter empréstimos, o que por sua vez aumenta o total da dívida. Em consequência, o ativo também aumenta, o que obriga a empresa a aumentar as vendas. É preciso sustentar esse ciclo de forma constante para garantir o crescimento ao longo do tempo.

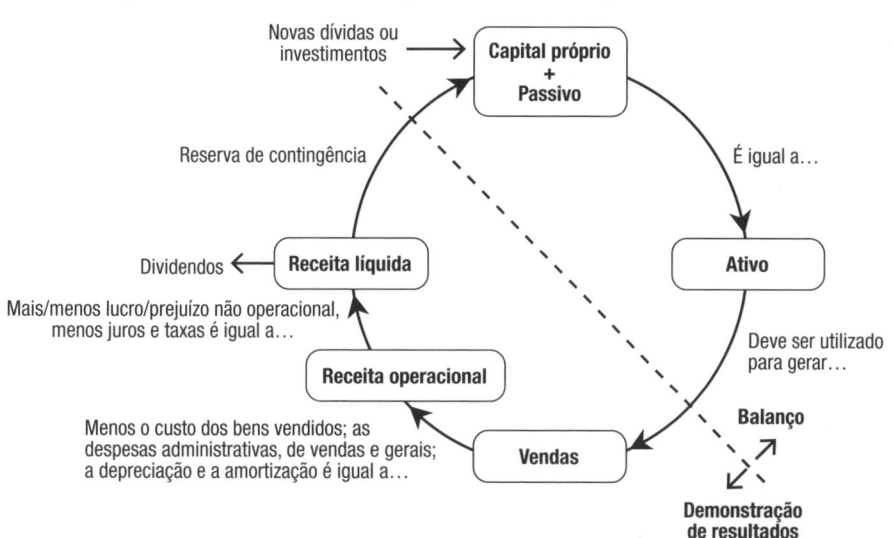

Figura 13.3 O ciclo do balanço e da demonstração de resultados[8]

Na Figura 13.3, vemos claramente a relação cíclica entre o balanço (na metade à direita) e a demonstração de resultados (na metade à esquerda). Fica claro também por que usamos uma seta de duas pontas entre o balanço financeiro e a demonstração de resultados no modelo omnihouse.

▶ Razões financeiras: o "método anti-horário"

Examinamos o ciclo começando pelo capital próprio e pelo passivo e terminando na receita líquida, em sentido horário. Para facilitar a vida do profissional de marketing, podemos usar esse ciclo para entender o conceito de retorno. Vamos inverter o sentido para analisar as "razões financeiras", que mostram a lucratividade da empresa. Vamos começar pela receita operacional e seguir no sentido anti-horário para calcular o retorno sobre vendas (ROS, em inglês *return on sales*) e a margem de lucro líquido.

Figura 13.4 Componentes do cálculo do retorno sobre vendas e a margem de lucro líquido

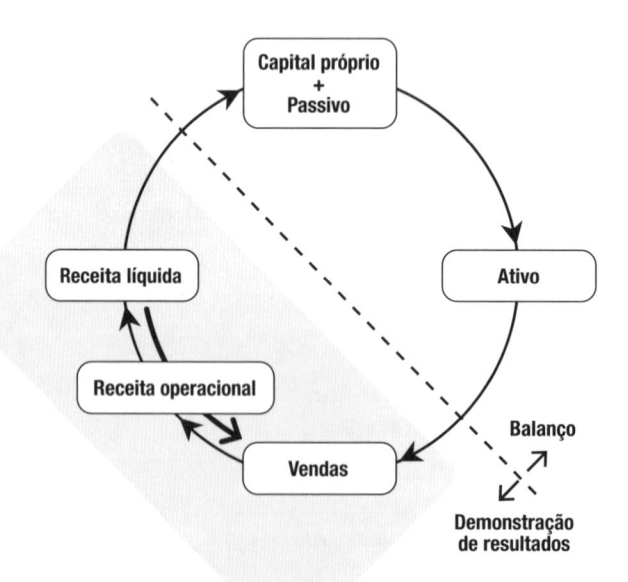

Os tão desprezados retorno sobre vendas e margem de lucro líquido

Se dividirmos a receita operacional pelas vendas, produziremos uma razão financeira chamada ROS.*

$$ROS = \frac{Receita\ operacional}{Vendas}$$

O ROS reflete a lucratividade, ou seja, quanta receita operacional o resultado de vendas gera (Figura 13.4). Quando essa razão é um número relativamente pequeno, isso indica que as operações da empresa não estão transcorrendo com eficiência e, portanto, ocorreram custos desnecessários.

É preciso aprofundar a análise para saber se esses custos se devem ou não ao marketing e à operação de vendas. O resultado de vendas pode atingir ou superar a meta, mas, quando isso se dá por meio de um esforço de "vender a qualquer custo", pode haver um problema subjacente. Por exemplo, quando propomos a alguém comprar um produto e levar três de graça, as vendas podem ser ótimas. Um desconto no preço que causa uma queda de 1% no resultado de vendas reduzirá a margem de lucro em 12%, porque não dá para reduzir automaticamente todos os custos na proporção da taxa de desconto. É quase impossível solicitar a todos na cadeia de valor que cobrem menos quando a empresa lança um programa de descontos para o cliente.

Caso se decida dar um desconto no preço, será preciso vender mais unidades do produto para manter o mesmo lucro bruto. Com uma margem bruta de 40% e um desconto de 20% nas vendas, precisaríamos vender 100% mais unidades que de costume para a mesma margem de lucro. Quanto maior a margem bruta que buscamos e maior o desconto oferecido, maior o aumento nas vendas unitárias que precisaremos atingir, como explicado pela GrowthForce na Tabela 13.1.

---

* A receita operacional (também chamada de lucro operacional) é o faturamento (ou "renda", quando agregada a outras receitas diversas) menos todas as despesas operacionais que representam o custo dos bens vendidos (COGS, em inglês *cost of goods sold*); as despesas administrativas, de vendas e gerais (SGA, em inglês *selling, general, and administrative expenses*); e a depreciação e a amortização.

Tabela 13.1 Aumento unitário das vendas necessário
para manter a margem bruta ao reduzir preços[9]

Margem bruta	Redução do preço			
	-5%	-10%	-15%	-20%
30%	+20%	+50%	+100%	+200%
35%	+17%	+40%	+75%	+133%
40%	+14%	+33%	+60%	+100%
45%	+13%	+29%	+50%	+80%
50%	+11%	+25%	+43%	+67%

Segundo uma pesquisa da McKinsey & Company com as demonstrações de resultado de 1.500 empresas da bolsa de Londres, nota-se que o preço tem um forte impacto na receita operacional. Um aumento de 1% no preço resulta num aumento de cerca de 8% na receita operacional. Isso é quase 50% a mais que a redução de 1% nos custos variáveis e três vezes mais que o aumento de 1% no volume de vendas.[10]

O desperdício pode surgir rapidamente em outras áreas. O redirecionamento de mercadorias despachadas para o endereço errado pode custar caro. Estoques grandes que não são vendidos aumentam as despesas de manutenção. Quando são financiados por dívidas, as taxas de juros representarão um encargo a mais. Catálogos impressos, quando ninguém os lê, sugam o orçamento, assim como ferramentas de vendas que não são devidamente utilizadas. A publicidade digital também pode gerar desperdício. Segundo a *Marketing Week*, mais de 90% dos anúncios digitais são vistos por um segundo ou menos.[11]

Na demonstração de resultados, pode haver custos ocultos que reduzem a lucratividade. Entre eles está o desperdício relacionado ao marketing e às vendas. Quando os custos são altos, podem afetar a receita operacional, que fica entre o faturamento e a receita líquida. Quando a receita operacional melhora, a receita líquida melhora também.

Para medir a performance, podemos calcular o que é gerado pelas vendas. Ao dividir a receita líquida pelas vendas, obtemos a proporção da margem de lucro líquido. Ela é um indicador essencial da saúde financeira da empresa.[12]

$$\text{Margem de lucro líquido} = \frac{\text{Receita líquida}}{\text{Vendas}}$$

Além dos fatores internos, as vendas também dependem de fatores externos, como já vimos na nossa discussão sobre o modelo 4C. Esses fatores externos representam inúmeros riscos para a empresa, conhecidos como *riscos econômicos*. Sua combinação com os riscos operacionais resulta nos chamados *riscos do negócio* (Figura 13.5).

Existem outros riscos (não operacionais) que afetam o valor dos lucros e prejuízos não operacionais. São provenientes do câmbio internacional, de perdas e ganhos dos investimentos e da liquidação do estoque. Entre eles também podem estar danos aos ativos e outros custos inesperados.[13]

Figura 13.5 Diversos tipos de riscos que afetam a lucratividade[14]

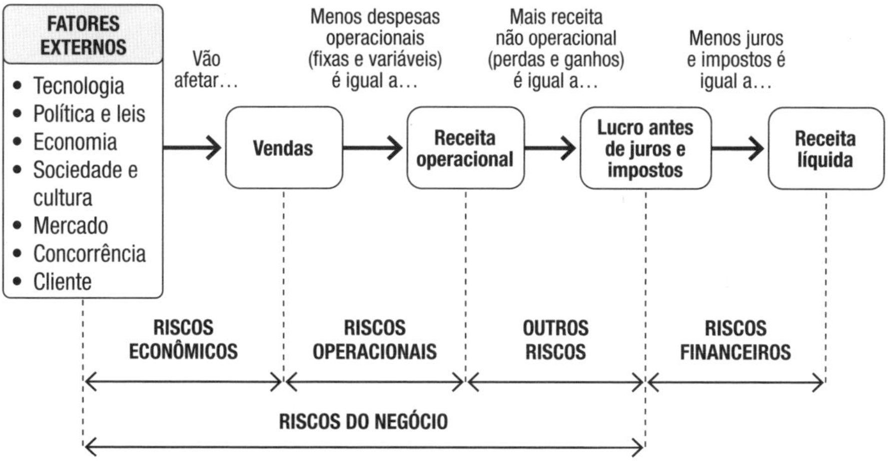

O tão esquecido giro do ativo

Continuando a rodar o círculo, chegamos aos itens vendas e ativos (Figura 13.6).

Ao dividir as vendas pelos ativos, obtemos um índice denominado "giro do ativo". Ele pode ser usado para medir com que eficiência os ativos da empresa estão sendo usados para gerar vendas.

$$\text{Giro do ativo} = \frac{\text{Vendas}}{\text{Ativos}}$$

Aqui, o profissional de marketing precisa calcular o valor real dos ativos que utiliza na obtenção de um resultado de vendas específico. Quando os ativos diretamente relacionados ao marketing são grandes e as vendas são pequenas, é possível supor que os ativos não são eficientes. Isso pode ocorrer por causa de ativos inadequados ou de um erro na estratégia e execução pela equipe de vendas.

No marketing, os ativos tendem a ser intangíveis, como a marca, o logo, a base de dados de clientes, a percepção ou associação positiva do público em relação a uma marca, a fidelidade do cliente, o conteúdo no site e nas redes sociais, os infográficos, as diretrizes da marca e os modelos de serviço. No entanto, também há ativos tangíveis a serem levados em conta. Entre eles estão a infraestrutura física de marketing e vendas, as instalações, os equipamentos e insumos de treinamento, os armazéns e o estoque.[15]

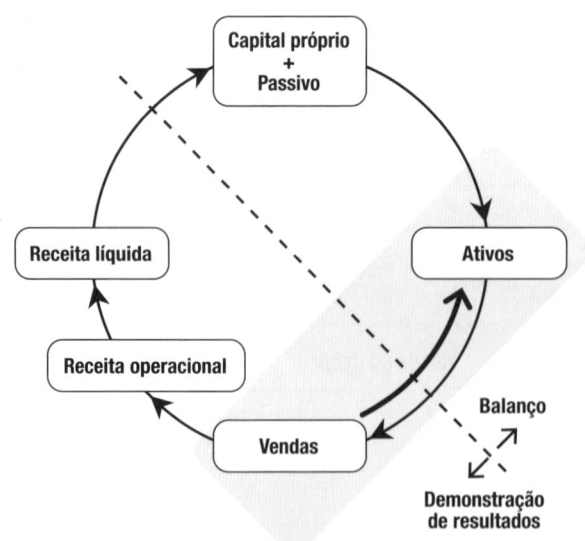

Figura 13.6 Fatores para calcular o giro do ativo

Além de alavancar os ativos intangíveis, é preciso prestar atenção em nosso nível de produtividade, utilizando esses ativos tangíveis para gerar vendas. Quando a equipe de vendas promete alcançar um resultado acima das próprias metas, verifique primeiro quantos ativos ou recursos ela vai utilizar para atingir o nível prometido. Vamos supor que ela queira vender certo número de unidades de um produto específico por mês, a um valor acima da média do setor. Verifique o valor dos ativos fixos (por exemplo, veículos, maquinário de produção, terreno, imóveis e muitos outros) diretamente relacionados ao marketing e às vendas. E se houver um concorrente com o produto certo, mas um modelo de negócio diferente, de modo que os ativos fixos se revelem insuficientes? Como poderemos competir?

O "mercado de dois lados" é um dos conceitos mais básicos dos negócios on-line, exigindo poucos ativos tangíveis. Esse modelo conecta um grupo de compradores e vendedores por um intermediário tecnológico, como um site ou um aplicativo de celular, e cobra uma taxa por transação. O eBay foi o primeiro mercado de dois lados a fazer sucesso. Hoje esse modelo é mais popular do que nunca, graças a startups como Airbnb e Uber. Cada empresa nesses espaços melhorou a experiência e a economia do sistema "à moda antiga": o eBay, ao permitir que as pessoas comprassem e vendessem quase tudo para quase todos; o Airbnb, ao disponibilizar quartos para reserva ao público do mundo inteiro; e o Uber, ao permitir que passageiros e motoristas se encontrassem sem ter que depender do acaso nas ruas.[16]

O tão menosprezado retorno sobre ativos

A partir dessas três proporções (o ROS, a margem de lucro líquido e o giro do ativo), conseguimos medir a eficiência. Para analisar a eficácia, precisamos levar em conta a relação entre as vendas, na demonstração de resultados, e os ativos, no balanço. Para medir a produtividade, podemos usar a receita líquida e os ativos (Figura 13.7).

Agora vamos alinhar a margem de receita líquida (isto é, a receita líquida dividida pelas vendas) com a razão do giro do ativo (vendas divididas pelos ativos) e multiplicar uma pela outra. Nessa conta, riscamos as vendas, na margem de receita líquida, e o giro do ativo. Assim, o resultado é a receita líquida dividida pelos ativos. Damos a isso o nome de *retorno sobre ativos* (ROA, em inglês *return on assets*).

$$\text{Retorno sobre ativos} = \frac{\text{Receita líquida}}{\text{Vendas}} \times \frac{\text{Vendas}}{\text{Ativos}} = \frac{\text{Receita líquida}}{\text{Ativos}}$$

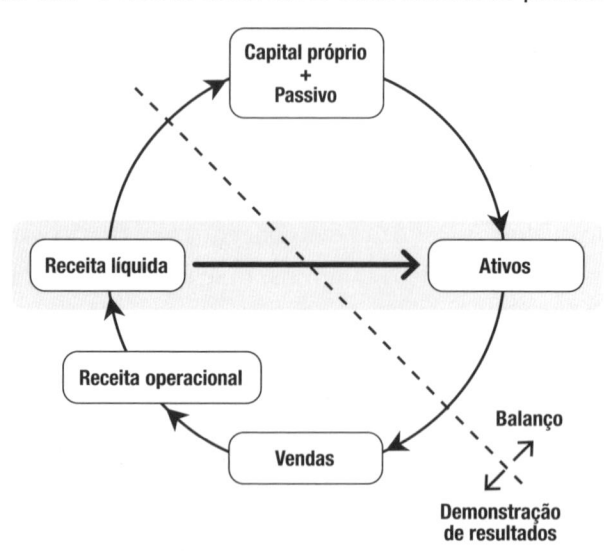

Figura 13.7 O retorno sobre ativos como métrica de produtividade

[Diagrama circular mostrando: Capital próprio + Passivo → Ativos → Vendas → Receita operacional → Receita líquida. Indicações de "Balanço" e "Demonstração de resultados".]

O que gera um ROA forte? Em geral, quanto maior o ROA, maior a eficiência na geração de lucros. No entanto, é preciso comparar o ROA da empresa com o dos concorrentes no mesmo setor. Numa empresa rica em ativos, como uma indústria, o ROA pode ser de 6%. Já numa empresa pobre em ativos, como um aplicativo de telemedicina, pode ser de 15%.

Se comparássemos ambas as organizações com base no retorno sobre investimento, provavelmente optaríamos pelo aplicativo. No entanto, se compararmos essa indústria com seus concorrentes mais próximos, todos eles com ROAs abaixo de 4%, poderemos concluir que ela está sobrepujando seus pares. Em compensação, se compararmos esse aplicativo de telemedicina com empresas de tecnologia semelhantes, concluiremos que a maioria delas tem ROAs próximos de 20%. Isso daria a entender que a empresa está abaixo da expectativa em relação às similares.[17]

O tão incompreendido multiplicador de capital

Vamos prosseguir em nossa jornada no sentido anti-horário, analisando os ativos e o capital próprio (Figura 13.8).

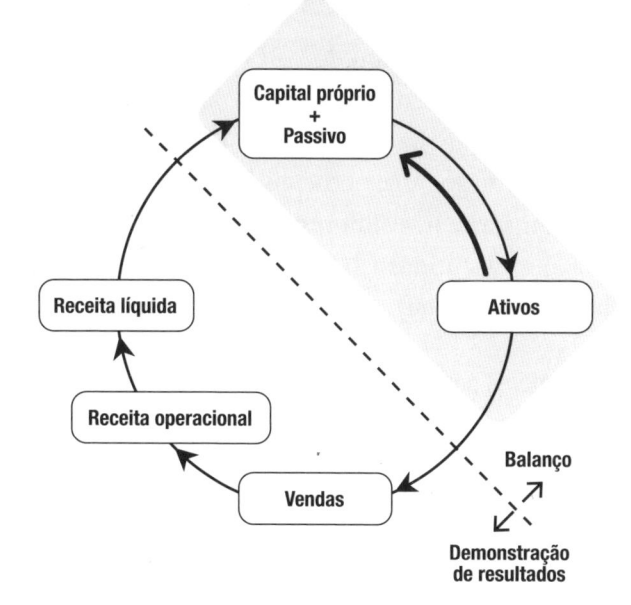

Figura 13.8 Fatores para calcular o multiplicador de capital

```
         Capital próprio
              +
            Passivo
                                    
  Receita líquida           Ativos
                                    
  Receita operacional               Balanço
                                    
            Vendas          Demonstração
                            de resultados
```

A divisão dos ativos pelo capital resulta no multiplicador de capital, razão entre a parte dos ativos financiada por capital próprio e o endividamento. Essa proporção mostra a "alavancagem", ou seja, a capacidade da empresa de obter financiamento de terceiros.

$$Alavancagem\ financeira = \frac{Ativos}{Capital\ próprio}$$

Quando essa proporção é um número alto, os ativos da empresa são financiados, sobretudo, pelo endividamento. Isso pode indicar um risco financeiro mais elevado. Os ativos podem ser tangíveis e não tangíveis, relacionados a vendas e marketing.*

A Maersk Line, empresa de logística, é uma das principais artérias da cadeia de suprimento do planeta, desempenhando um papel crucial no apoio ao comércio mundial. Entre seus ativos intangíveis está uma força de trabalho competente, capaz de entregar um serviço de alto nível.[18] Os ativos tangíveis consistem em recursos como a frota de navios.

---

* Entre os ativos intangíveis que figuram com certa frequência nos balanços estão as patentes, os copyrights, as franquias, as licenças e o goodwill.

O tão impensável retorno sobre o patrimônio líquido

O "retorno sobre o patrimônio líquido" (ROE, em inglês *return on equity*) é o último índice em nossa jornada em torno do círculo que conecta a demonstração de resultados do balanço (Figura 13.9).

Essa proporção é um dos mais cruciais indicadores de produtividade, sobretudo para acionistas e investidores em potencial. O cálculo tem a ver com as outras razões discutidas (ROS, margem de lucro líquido, giro do ativo e multiplicador de capital). A fórmula inclui um fator de vendas.

Figura 13.9 Fatores para calcular o retorno sobre o patrimônio líquido

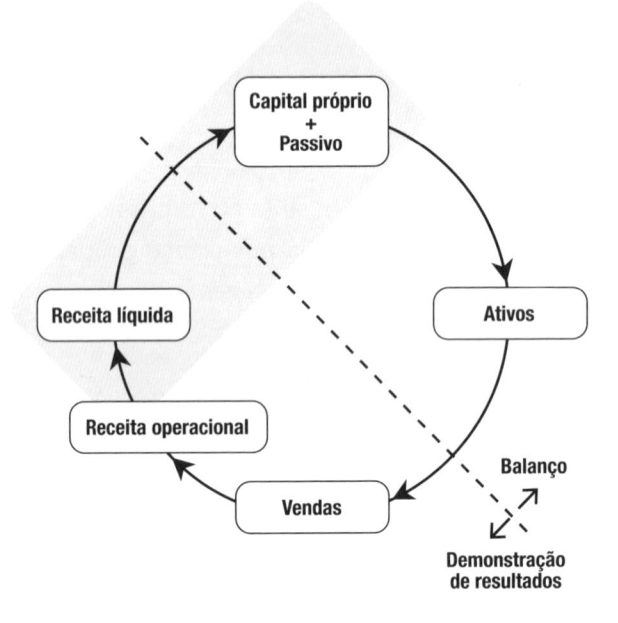

Quando a proporção da margem de lucro líquido percentual, multiplicada pelo giro do ativo percentual (depois de riscar os dois fatores de vendas e produzir a proporção do ROA), é alinhada e multiplicada pela proporção do multiplicador de capital, e se eliminam os dois fatores de ativos, o resultado é a proporção do ROE (Figura 13.10).

A demonstração de resultados é mais do que um simples indicador principal de vendas. Ela apresenta detalhes das despesas, inclusive as relacionadas a vendas e marketing. A alta direção presta bastante atenção nos gastos com marketing, em especial quando está elaborando a demonstração de resultados e compara a remuneração da equipe de vendas com o nível de receita. A empresa tem que arcar com esses custos para oferecer seus bens e serviços. As despesas de marketing são incluídas nas despesas operacionais da empresa, e a contabilidade as registra separadamente na parte de "despesas administrativas, gerais e de vendas" da demonstração de resultados.[19]

Figura 13.10 Como calcular o retorno sobre o patrimônio líquido

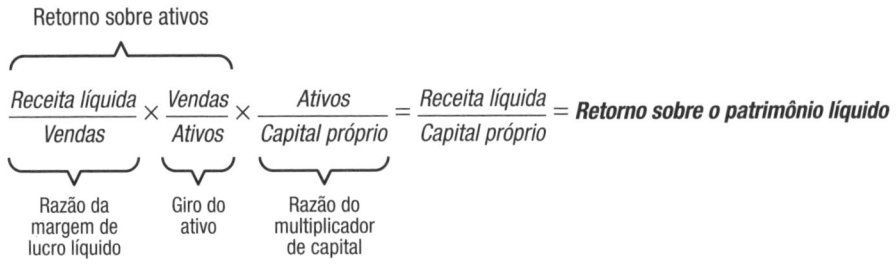

$$\underbrace{\underbrace{\frac{Receita\ líquida}{Vendas}}_{\text{Razão da margem de lucro líquido}} \times \underbrace{\frac{Vendas}{Ativos}}_{\text{Giro do ativo}} \times \underbrace{\frac{Ativos}{Capital\ próprio}}_{\text{Razão do multiplicador de capital}}}_{\text{Retorno sobre ativos}} = \frac{Receita\ líquida}{Capital\ próprio} = \textbf{Retorno sobre o patrimônio líquido}$$

A empresa pode utilizar os demonstrativos financeiros, em especial o de resultado, para aprimorar a operação diária do marketing e descobrir que tipos de produto tendem a gerar crescimento no futuro. O gestor pode usá-los para planejar orçamentos, medir eficiência, analisar a performance do produto e elaborar objetivos de curto e longo prazos.[20] Entre as melhores práticas para o profissional de marketing estão: entender o balanço e saber associá-lo à demonstração de resultados; conhecer o significado dos índices; e utilizá-los para tomar decisões de marketing e vendas.

Como entender o fluxo de caixa e o valor de mercado

Como vimos anteriormente, o caixa é um elemento essencial para a empresa. Sem fluxo de caixa, a companhia não consegue financiar suas atividades operacionais ou realizar investimentos e financiamentos. O investidor decide se vai investir numa empresa com base em métodos de avaliação qualitativos e quantitativos. Em geral, o potencial investidor observa fatores externos e internos, semelhantes à análise do modelo 4C, antes de passar à análise dos aspectos financeiros (Figura 13.11).

Pode ser útil para o profissional de marketing conhecer as etapas pelas quais um investidor avalia uma empresa. Nas seções seguintes, apresentaremos algumas orientações gerais para o processo de avaliação.

Figura 13.11 Etapas gerais da avaliação de uma empresa

Etapa 1	Etapa 2	Etapa 3	Etapa 4	Etapa 5
Potencial do setor e análise dos riscos econômicos	Análise aprofundada da empresa	Avaliação do histórico de desempenho financeiro	Elaboração de projeções financeiras	Tomada de decisão de investimento

Etapa 1: Potencial do setor e análise dos riscos econômicos

O investidor leva em conta fatores macroeconômicos. Entre eles estão tecnologia, política e leis, economia e sociedade e cultura. Também observa indicadores microeconômicos, como condições futuras do mercado, crescimento do setor, concorrência entre players, comportamento do consumidor e possíveis desdobramentos.

Por exemplo, no setor bancário, tendências macro (como o surgimento da tecnologia blockchain, novas normas, retração da economia e mudanças de estilo de vida) criam oportunidades e ameaças para as empresas. No nível micro, há o uso cada vez menor de dinheiro físico pelo consumidor, que passou para o digital banking. A identificação dessas transformações, logo de início, torna-se subsídio para determinar a intenção estratégica da empresa. Do ponto de vista do investidor, ele quer saber como a empresa vai reagir a essas dinâmicas.

Etapa 2: Análise aprofundada da empresa

O possível investidor descobre mais sobre a situação da empresa fazendo uma revisão do seu modelo de negócio. Analisa se é coerente com sua competência central (ou até com sua competência distintiva) e se é capaz de garantir um fluxo de renda constante a longo prazo. Em outras palavras, a empresa precisa ter uma vantagem competitiva montada em recursos suficientes, apoiada por competências e gerida sob uma governança corporativa. O investidor quer saber se a empresa tem uma estratégia clara e constância em sua aplicação no nível operacional. Analisa os riscos operacionais de curto e longo prazos.

O investidor também avalia até que ponto a tecnologia influencia a criação de uma vantagem competitiva; até que ponto a orientação digital da empresa é forte; até que ponto as equipes de marketing e de vendas estão integradas; e até que ponto a empresa é orientada para o mercado e centrada no cliente. Também se interessa pela implementação da gestão de talentos e de uma cultura empresarial. Além disso, leva em conta as competências de criatividade e inovação.

Etapa 3: Avaliação do histórico de desempenho financeiro

O investidor estuda a demonstração financeira da empresa para conhecer seu desempenho nos últimos anos:

- Margem operacional atingível
- Produtos e serviços que contribuem consideravelmente para o lucro
- Receita líquida, dividendos e reserva de contingência
- Índices de lucratividade ou retorno gerado
- Capital próprio e passivos
- Ativos tangíveis e intangíveis
- Fluxo de caixa, inclusive alocação de caixa em atividades de financiamento, de investimento e operacionais
- Atual valor de mercado da empresa (índice P/L e índice P/VP)

O investidor presta muita atenção no fluxo de caixa operacional para saber se ele está sendo alocado em investimentos que criam valor. Analisa a jornada da empresa e procura saber se ela é recém-formada ou uma startup. Pode ser uma empresa que cresce com uma expansão agressiva ou que tenha chegado a seu período de ocaso. O investidor compara os indicadores de desempenho da empresa com os de empresas parecidas ou concorrentes e com as médias do setor.

Etapa 4: Elaboração de projeções financeiras

Como o caixa é o rei para o investidor, é necessário fazer uma projeção realista do fluxo de caixa operacional dos próximos anos. Essa projeção tem que se basear num modelo de negócio robusto, capaz de mostrar a capacidade da empresa de competir num ambiente de negócios dinâmico. O modelo de negócio precisa apresentar de forma clara o fluxo de receita da empresa, que, por sua vez, é projetado para os anos seguintes. O investidor estuda o fluxo de caixa operacional (deduzido de todas as despesas operacionais) e as despesas de capital (que fazem parte da atividade de investimento da empresa) previstas para os próximos anos.

É possível obter uma projeção do fluxo de caixa livre a partir da entrada de caixa operacional, deduzida das despesas operacionais e das despesas de capital (CAPEX, em inglês *capital expenditures*). Esse fluxo de caixa livre é, por sua vez, deduzido, o que recebe o nome de fluxo de caixa descontado (DCF, em inglês *discounted cash flow*). O investidor utiliza esse indicador para determinar o atual valor de mercado da empresa, com base no preço de mercado equitativo, e estimar o potencial de aumento do valor de mercado no futuro.

Etapa 5: Tomada de decisão de investimento

O investidor resolve se o cálculo do DCF, menos seu investimento total inicial, apresenta uma diferença positiva relevante. O valor do investimento inicial também vai determinar quanto da propriedade da empresa pertencerá aos investidores. Caso ocorra uma receita líquida positiva ao final do ano fiscal, e se decida distribuí-la (parcial ou integralmente) sob a forma de dividendos, cada investidor receberá uma fatia desse dividendo conforme a quantidade de ações que detém. O investidor avalia se o índice preço/lucro é satisfatório. Além disso, se o valor de mercado aumentar de forma significativa de tempos em tempos, e esse valor estiver acima do valor contábil (o que significa que o índice P/VP é favorável), o investidor pode vender para obter um ganho de capital. Por isso, ele examina os atuais valores de mercado e contábil da empresa, o valor de mercado previsto e o valor de mercado efetivo.

Como se preparar para os investidores

Conhecer as etapas do processo de avaliação ajuda a organização a se preparar para os investidores. Uma empresa pode buscar investidores porque precisa, por exemplo, arrecadar fundos ou aumentar seu valor para objetivos futuros. Nas empresas familiares, pode ser fruto de um desejo de estar "pronta para a venda", mesmo que o objetivo principal não seja esse,[21] e sim parecer mais profissional em seu setor. A Tabela 13.2 apresenta diretrizes que devem ser consideradas antes de uma avaliação.

Tabela 13.2 Resumo: como se preparar para os investidores

	Checklist de preparação da empresa
ETAPA 1 Potencial do setor e análise dos riscos econômicos	• Gestores que conhecem bem o ambiente macro • Boa flexibilidade estratégica • Atualização ou até avanço em relação ao setor • Conjunto claro de concorrentes • Posição de mercado clara, apoiada pela diferenciação • Parte do ecossistema do negócio • Minimização (mitigação) dos riscos
ETAPA 2 Análise aprofundada da empresa	• Visão, missão, valores e cultura corporativos • Modelo de negócio robusto • Estratégias e táticas coerentes até a execução/implementação • Conhecimento da competência central (ou até da competência distintiva) • Governança corporativa de qualidade • Identificação dos diversos recursos da empresa que são de fato valiosos • Disponibilidade de competências (tecnologias, talentos criativos e inovadores, etc.)
ETAPA 3 Avaliação do histórico de desempenho financeiro	• Garantia de produtividade elevada (eficiência e eficácia) • Boa gestão do cliente (da aquisição à fidelidade) • Portfólio sólido e bem administrado • Gestão financeira séria; nenhum problema de fluxo de caixa • Documentação completa e de fácil acesso dos diversos relatórios financeiros • Identificação dos diversos recursos tangíveis que são únicos e valiosos • Identificação do estágio da empresa (startup, em expansão/crescimento ou madura)

Checklist de preparação da empresa	
ETAPA 4 Elaboração de projeções financeiras	• Plano de crescimento a médio e longo prazos • Plano de desenvolvimento de produto • Plano de desenvolvimento do mercado • Plano de diversificação
ETAPA 5 Tomada de decisão de investimento	• Preparação do processo de negociação • Seleção de investidores compatíveis • Revisão de todos os termos legais

O ciclo entre fluxo de caixa e valor de mercado

Existe uma relação recíproca entre fluxo de caixa e valor de mercado, que podemos ilustrar como um círculo virtuoso. No entanto, pode-se tratar também de um círculo vicioso quando as condições internas e externas da empresa não são tão boas quanto se esperava. Esse ciclo divide-se em três fases: monetização, fluxo de caixa e valor de mercado (Figura 13.12).

Na fase da monetização, aprimoramentos e inovações podem ajudar de maneira significativa os processos de criação de valor, levando ao aumento das vendas. Em seguida, chega-se à fase do fluxo de caixa, quando as vendas, deduzidas das despesas operacionais (entre elas a depreciação e a amortização), geram receita operacional. Após combiná-las com os ganhos ou perdas não operacionais e deduzir juros e impostos, tem-se a receita líquida. Esta, por sua vez, é distribuída sob a forma de dividendos ou reserva de contingência.

Chega-se então à fase do valor de mercado, em que o aumento dos dividendos melhora o índice P/L. Este, por sua vez, aumenta a cotação das ações, levando o índice P/VP a crescer ainda mais. A partir daí voltamos à fase do fluxo de caixa, em que a empresa, com um valor de mercado mais alto, torna-se mais atraente aos investidores. Quando isso acontece, a entrada de caixa da empresa aumenta, devido à atividade financeira. A empresa aloca uma parcela desse caixa em atividades de investimento (despesas de capital) e em investimentos em ativos intangíveis (como marcas, processos e pessoal). O que se espera é que esse investimento aumente a capacidade da organização de realizar aprimoramentos e inovações. E então o ciclo continua.

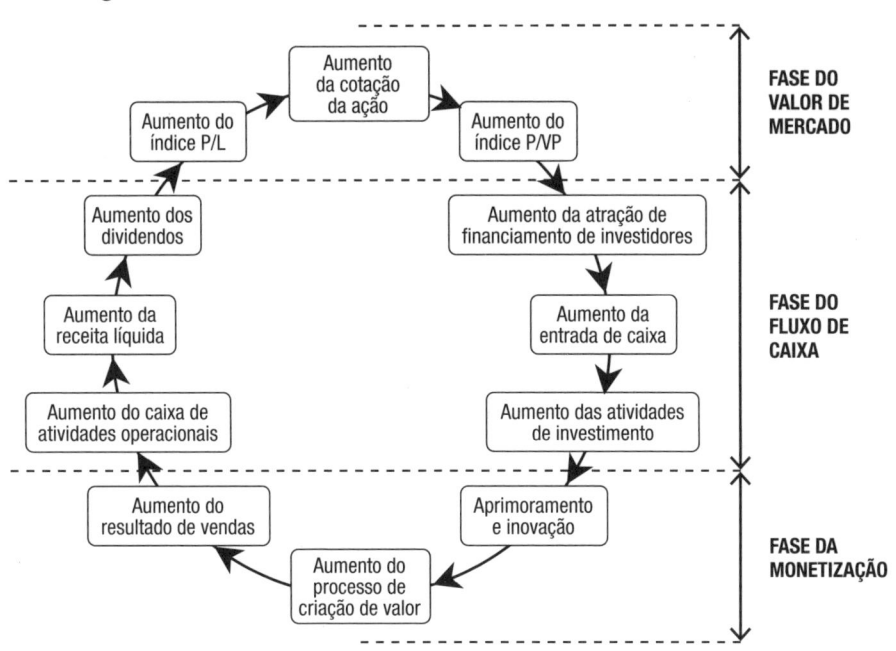

Figura 13.12 Círculo virtuoso entre fluxo de caixa e valor de mercado

```
                    Aumento
                    da cotação
                    da ação
  Aumento do  ───►            ───►  Aumento do         │ FASE DO
  índice P/L                        índice P/VP        │ VALOR DE
     ▲                                                 │ MERCADO
     │                                  ▼
  Aumento dos                     Aumento da atração de
  dividendos                      financiamento de investidores
     ▲                                  │
     │                                  ▼
  Aumento da                       Aumento da          │ FASE DO
  receita líquida                  entrada de caixa    │ FLUXO DE
     ▲                                  │              │ CAIXA
     │                                  ▼
  Aumento do caixa de              Aumento das atividades
  atividades operacionais          de investimento
     ▲                                  │
     │                                  ▼
  Aumento do                       Aprimoramento
  resultado de vendas              e inovação          │ FASE DA
     ▲                                  │              │ MONETIZAÇÃO
     │                                  ▼
             ◄──── Aumento do
                   processo de
                   criação de valor
```

Compreender esse ciclo permite que o profissional de marketing com uma perspectiva empreendedora enxergue o papel significativo que o marketing e as vendas desempenham nas fases de monetização, fluxo de caixa e valor de mercado. Também mostra como o marketing e as vendas são cruciais para garantir a trajetória de longo prazo da empresa.

Vale a pena notar que o balanço não inclui ativos intangíveis além das patentes, copyrights, franquias, licenças e goodwill. Vamos supor que a marca seja um ativo importante, que geraria um preço de venda elevado. Caso a empresa não tenha passado por uma aquisição, não há como registrar o valor da marca como seu ativo no balanço. O valor desse precioso ativo intangível pode levar a uma diferença importante entre o valor contábil e o valor de mercado da empresa. Quanto mais valioso um ativo intangível, maior o preço de mercado da empresa, comparado ao valor escritural.

A empresa também precisa identificar cuidadosamente e adquirir outros ativos intangíveis (afora marcas, copyrights, franquias, patentes, etc.). Entre esses ativos estão: capacidade de inovar, uma rede corporativa robusta, uma cultura corporativa singular, sólidas competências de gestão e uma base de dados de clientes. A variação entre o valor contábil e o valor de mercado, que é um indicador do valor de um ativo intangível, pode ser registrada como goodwill em momento posterior, mas apenas se a empresa for adquirida por terceiros. Além disso, o valor dos ativos intangíveis tem que ser amortizado periodicamente, mesmo que o mercado considere que esses ativos intangíveis vêm aumentando de valor.

No âmbito da gestão estratégica, nem os ativos tangíveis nem os intangíveis trarão benefícios se não puderem ser usados e convertidos em capacidades relevantes, que sirvam de base para a criação de competências. Um exemplo são as vendas, que são a aplicação dos ativos existentes em nome de um resultado para uma meta específica. O processo de criação de valor só pode ocorrer quando a empresa usa seus ativos de forma eficiente e efetiva (em outras palavras, de forma produtiva), o que cria competências. Quando a empresa consegue manter essa condição, ela cria uma vantagem competitiva sustentável.

Além do aumento da conscientização dos profissionais de marketing em relação à terminologia financeira, convém que o pessoal de finanças e contabilidade reconheça a importância cada vez maior dos ativos intangíveis. Eles vêm se tornando fatores predominantes do processo de criação de valor, determinando em última instância a vantagem competitiva da empresa. Exemplos desse fenômeno são as empresas criadas na era digital com modelos de negócio inteiramente diferentes das versões tradicionais. Em alguns casos, as performances das startups digitais são superiores, o que é uma oportunidade para que as empresas tradicionais reavaliem seus modelos e aprendam novas abordagens para aumentar seu valor.

PRINCIPAIS CONCLUSÕES

- O caixa é o sangue que corre nas veias da organização. É usado para cobrir as despesas operacionais, os investimentos e as atividades financeiras.
- Quando compreende os principais termos de finanças, o profissional de marketing torna-se capaz de se comunicar em nível estratégico com os demais executivos e de avaliar melhor como alocar verbas e financiar e monitorar projetos. O profissional de marketing com conhecimento de finanças impacta positivamente a produtividade da empresa.
- Para avaliar uma empresa, o investidor realiza análises que determinam os riscos econômicos e o potencial do setor, faz um exame aprofundado da companhia, revisa seu histórico de desempenho, elabora projeções financeiras e toma uma decisão.
- Conhecer as prioridades do investidor deixa a empresa mais bem preparada para uma avaliação.

14
Como unir marketing e finanças
Da separação à integração

Em 2013, Raja Rajamannar, diretor de marketing da Mastercard, queria promover o departamento de marketing e lhe conferir um papel mais estratégico. Naquela época, a Mastercard já era uma marca bastante conhecida. Rajamannar percebeu que as iniciativas de marketing renderam frutos e aumentaram a notoriedade da marca, mas isso não levou a um aumento de receita.

Rajamannar também percebeu que o diretor financeiro não trabalhava diretamente com ele, embora as despesas de marketing estivessem entre as três principais da demonstração de resultados. Para mudar esse cenário, Rajamannar pediu ao diretor financeiro que o ajudasse a integrar os departamentos.

Para que essa integração desse certo, Rajamannar colocou um integrante da equipe do financeiro em sua equipe de marketing. Pediu a esse grupo recém-formado que usasse uma fórmula para medir o ROI (retorno sobre investimento) das atividades de marketing. O objetivo era chegar a um parâmetro que medisse o impacto do marketing sobre as metas mais amplas da empresa.

Sendo uma marca B2B2C, o planejamento estratégico da Mastercard incluía um contato direto com o cliente final. A intenção da empresa era que cada dono de cartão reconhecesse a marca. Para conseguir isso, Rajamannar realizou ações de marketing experimental, executadas pela Mastercard em seus escritórios regionais. Ele queria que cada região encontrasse o jeito certo de se comunicar diretamente com cada cliente. Em seguida, pediu aos escritórios regionais que medissem o impacto da campanha, usando a métrica do ROI. Resultado: o valor da marca Mastercard subiu de 69 bilhões de dólares em 2013 para 112 bilhões em 2021.[1]

Figura 14.1 Fatores de marketing e finanças no modelo omnihouse

MARKETING

Núcleo do EMPREENDEDORISMO
Criatividade, inovação, empreendedorismo e liderança

Núcleo do PROFISSIONALISMO
Produtividade, aprimoramento, profissionalismo e gestão

FINANÇAS

O exemplo da Mastercard mostra que uma relação integrada entre marketing e finanças pode influenciar significativamente a competitividade e a sustentabilidade. Apesar disso, esses dois departamentos costumam estar em desarmonia. É por isso que chamamos essa relação de "ponto cego" em capítulos anteriores.

Neste capítulo, vamos analisar como superar esses antigos obstáculos, explorando os benefícios mútuos que podem vir da integração dos departamentos. Também vamos estudar o passo a passo para aproximar marketing e finanças (Figura 14.1).

Pilares historicamente importantes, porém separados

Apesar de estarem no mesmo ecossistema de gestão, por tradição os departamentos de marketing e finanças costumam ficar desconectados. A prática corrente entre os chefes de marketing é tomar decisões relativas ao orçamento com base, antes de tudo, na estratégia atual do negócio. Esses chefes são muito menos propensos a determinar o cálculo da verba com base nas métricas de retorno financeiro. É uma prática que tende a causar mal-entendidos tanto na equipe de marketing quanto na de finanças, porque, embora ambas pareçam ter o mesmo objetivo – apoiar a estratégia de negócios da empresa –, elas pensam de jeitos diferentes.[2]

Em geral, a equipe de finanças mede o custo e o retorno da atividade de marketing. No entanto, na visão dos diretores de marketing, fórmulas numéricas para avaliar campanhas nem sempre serão a abordagem certa. A maior parte da estratégia de marketing visa a um impacto de longo prazo. É verdade que, a curto prazo, as atividades de marketing podem trazer um retorno quantitativo, mas obtêm resultados mais qualitativos a longo prazo – por exemplo, relacionados à imagem da marca.[3]

Unir os dois departamentos melhora o desempenho. Sarah Allred e Timothy Murphy, num artigo publicado pela Deloitte, concluem que, para o crescimento, é necessária uma parceria entre marketing e finanças. A pesquisa de ambos mostrou que os executivos nas empresas de maior crescimento têm um forte alinhamento na medição do impacto do marketing.

Esse alinhamento proporciona uma base essencial para tirar proveito dos pontos fortes dos diretores de marketing e de finanças. O estudo da Deloitte também concluiu que as tendências estão mudando: há sinais de que alguns CMOs e CFOs vêm encontrando formas de colaborar com mais eficiência. Uma relação próxima e harmoniosa entre ambos pode alavancar bastante a performance da empresa.[4]

As divisões de marketing e finanças podem e devem criar valor mutuamente. O financeiro atribui um orçamento que alimenta as atividades de marketing, as quais, por sua vez, podem aumentar receitas ou valorizar a marca. Tanto o departamento de marketing quanto o de finanças precisam de uma linguagem comum e de uma forma amistosa de prestação de contas recíproca. Sendo dois departamentos extremamente decisivos, ambos precisam trabalhar em conjunto, alinhados à missão da empresa, para concretizar sua visão.[5]

▶ Eficiência, eficácia e produtividade revisitados

No Capítulo 13, discutimos a eficiência, a eficácia e a produtividade usando o ciclo do balanço e da demonstração de resultados (Figura 14.2). Em geral, quando quer saber o nível de eficiência, o profissional de marketing pode analisar a demonstração de resultados e calcular o retorno sobre vendas (ROS) e a proporção da margem de lucro líquido. Ambos refletem a lucratividade.

Em termos gerais, uma abordagem "zero margem de erro" é de fato importante para evitar prejuízos provocados por ineficiência. Ao entender a demonstração de resultados até a receita operacional, percebemos a necessidade de evitar qualquer ineficiência que possa ocorrer. Isso inclui custos desnecessários, relacionados a atividades que não criam valor, e erros que poderiam ser prevenidos.

Figura 14.2 Matriz de produtividade

		Ineficazes	Eficazes
OPERAÇÕES DE MARKETING E VENDAS	Eficientes	Menos produtivas, devido aos ativos ineficazes. O giro do ativo é baixo e o retorno sobre vendas é alto. Por isso, o retorno sobre ativos é moderado.	Produtivas. Tanto o giro do ativo quanto o retorno sobre vendas são altos. Por isso, o retorno sobre ativos é alto.
	Ineficientes	Improdutivas. Tanto o giro do ativo quanto o retorno sobre vendas são baixos. Por isso, o retorno sobre ativos é baixo.	Menos produtivas, devido à ineficiência das operações. O giro do ativo é alto e o retorno sobre vendas é baixo. Por isso, o retorno sobre ativos é moderado.

ATIVOS

Também vimos no Capítulo 13 que o profissional de marketing pode calcular a proporção do giro do ativo para descobrir até que ponto vêm sendo eficientes como equipe e como empresa. Quando o crescimento do ativo da empresa não é acompanhado de um aumento das vendas, isso pode se dever ao uso dos ativos errados. Ou vice-versa: talvez a empresa tenha os ativos certos, mas o problema esteja no esforço de vendas. Também podem estar ocorrendo outros erros básicos, como foco nos segmentos errados, posicionamento inadequado, comoditização das propostas de valor (que se manifesta nos produtos e nos preços), comunicação de marketing fraca ou estratégia de vendas desalinhada.

Combinar eficiência e eficácia é um jeito de medir a produtividade tal como ela se reflete na proporção do retorno sobre ativos (ROA). Caso ocorra algum problema com a produtividade, é possível investigar sua fonte. A baixa produtividade pode ser causada pelos seguintes fatores:

- Operações de marketing e vendas ineficientes mesmo quando se dispõe de ativos adequados
- Operações de marketing e vendas eficientes, porém sem dispor dos ativos corretos
- Operações de marketing e vendas ineficientes, assim como ativos ineficazes

As métricas financeiras convencionais não bastam

Existe um punhado de métricas de marketing que são relevantes para os cálculos financeiros. Entre elas estão o ROI de marketing, o custo por ação (CPA), o custo de aquisição de clientes (CAC), o valor de tempo de vida do cliente (CLV, em inglês *customer lifetime value*) e a atribuição de receita. Embora sejam cruciais, nem todo profissional de marketing ou empresa usa esses indicadores-chave de performance (KPIs, em inglês *key performance indicators*). Vamos repassar cada um deles:

- **ROI.** É uma forma de calcular a eficácia de qualquer iniciativa de marketing. O ROI é calculado subtraindo o gasto com marketing do crescimento das vendas e dividindo o resultado pelo gasto com marketing. O resultado é o percentual do retorno sobre o investimento. Por exemplo, se o ROI de alguma iniciativa de marketing é de 20%, isso significa que o investimento na iniciativa de marketing gerou 20% do lucro.[6]
- **CPA.** Por ser o custo total da campanha dividido pelo número de clientes convertidos, essa métrica descreve quanto dinheiro temos que gastar para obter um cliente novo proveniente de uma cam-

panha de marketing. Quanto menor o CPA, mais eficiente é uma campanha.[7]
- **CAC.** Refere-se a quanto custa convencer um consumidor a adquirir um produto ou serviço. É obtido dividindo-se os gastos com marketing e vendas pelo número de clientes novos.
- **CLV.** Calcula a receita total que a empresa pode esperar receber de um cliente típico enquanto ele continuar comprando com sua empresa. É uma métrica do valor do cliente e da fidelidade ao longo do relacionamento com ele.
- **Atribuição de receita.** Significa a correlação entre as vendas ao consumidor e um anúncio específico, permitindo saber de onde veio a receita. Costuma ser usada na hora de calcular e decidir orçamentos futuros de publicidade.

Algumas dessas métricas são vitais para a mensuração do desempenho de marketing. No entanto, por padrão, não se costuma incluí-las nas demonstrações financeiras obrigatórias.

Também existem métricas não financeiras específicas para avaliar o desempenho do marketing. Elas oferecem insights sobre os processos de tomada de decisões táticas e estratégicas. A Tabela 14.1 lista as mais comuns.

Essas métricas nem sempre são compartilhadas com os setores fora do marketing, porque, embora às vezes a performance pareça ideal com base nessas métricas, infelizmente, diante da falta ou da escassez de resultados financeiros, elas acabam sendo consideradas insignificantes. A dificuldade para converter esses resultados não financeiros em financeiros gera ceticismo nos outros departamentos, sobretudo no de finanças. Métricas sem um significado associado, por mais sólidas que sejam, acabam ganhando o apelido de "métricas da vaidade".

Tabela 14.1 Métricas não financeiras específicas para o marketing

Métricas de marketing em geral	Métricas de marketing digital
• Atribuição de vários pontos de contato • Lead qualificado de marketing (MQL) • Lead qualificado de vendas (SQL) • Taxa de conversão do MQL para o SQL • Taxa de conversão de leads em clientes • Tempo de reação da equipe de vendas • Proporção de aquisição por ação • Unidades vendidas • Participação de mercado • Participação na carteira • Top-of-mind • Ativo da marca • Notoriedade da marca • Associação com a marca • Fidelidade à marca • Percepção de qualidade • Experiência da marca • Preferência pela marca • Taxa de retenção do cliente • Índice de satisfação do cliente • Compra repetida • Número de novos clientes • Número de clientes • Taxa de cross-sell e up-sell • Número de reclamações • Número de "advogados" da marca (positivos/negativos) • Proporção de "advogados" da marca • Escore líquido de promotores • Rotatividade dos clientes	• Likes • Assinantes • Compartilhamentos/encaminhamentos • Engajamento nas redes sociais • Visualizações • Visualizações únicas • Taxas de retenção • Tempo de engajamento • Páginas por sessão • Taxa de rejeição • Tráfego do site • Taxa de conversão do site • Performance (geral) do marketing por e-mail • Taxa de abertura de e-mails • Taxa de rejeição de e-mails • Taxa de cliques de e-mails • Taxa de cancelamento de assinatura • Novos assinantes • Assinantes não engajados • Taxa de cliques • Leads automatizados com chatbots • Aquisição de leads via chat em tempo real • Taxa de conversão de lead em cliente • Taxa de conversão da página de destino • Taxa de captura *versus* conversão • Atribuição de vários pontos de contato • Número de reclamações • Número de "advogados" da marca (positivos/negativos) • Métricas de engajamento • Alcance • Impressões • Número de seguidores • Novos seguidores e taxa de crescimento de seguidores • Tráfego (dados móveis e redes sociais) • Leads (dados móveis e redes sociais) • Taxas de conversão (dados móveis e redes sociais) • Menções à marca • Taxa de abandono

Por sua vez, as métricas financeiras específicas para o marketing (Tabela 14.2) são essenciais e têm que ser apresentadas nas reuniões, sobretudo nas da alta cúpula. No entanto, apesar de úteis, muitas não são usadas. Quando a empresa dispõe delas, é comum que não sejam parte da demonstração financeira obrigatória (à exceção das mais comuns, como vendas e custo das mercadorias vendidas).

Tabela 14.2 Métricas financeiras específicas para o marketing

Métricas de marketing em geral		
Baseadas no marketing	Baseadas em finanças convencionais	Métricas de marketing digital
• Vendas • Custo das mercadorias vendidas • Crescimento das vendas • Descontos • Retorno sobre vendas (ROS) • Margem líquida (segmento, categoria, produto, marca, região, etc.) • Gastos com marketing e vendas • Retorno sobre investimentos (ROI) de marketing • Custo por lead • Custo por aquisição • Custo do serviço por cliente • Receita média por conta/usuário/cliente • Taxa de crescimento da receita dos clientes atuais • *Churn* (perda) de receita • Receita recorrente mensal • Valor de tempo de vida do cliente • Valor da marca	• Receita • Depreciação e amortização • Despesas operacionais • Margem operacional • Fluxo de caixa • Conta de recebíveis • Giro • Estoque • Baixa de estoque • Margem de lucro líquido • Giro do ativo • Retorno sobre ativos (ROA) • Alavancagem financeira • Retorno sobre o patrimônio líquido (ROE) • Índice preço/valor patrimonial (P/VP) • Índice preço/lucro (P/L)	• Custo por clique • Custo por ação (CPA) • Custo por lead • Custo de aquisição de clientes (CAC) • Gasto com publicidade digital • Retorno sobre gasto com publicidade digital

O ideal, para as organizações com marketing empreendedor, é integrar as equipes de finanças e marketing e estabelecer métricas de comum acordo, que interpretem as iniciativas de marketing sob o ponto de vista financeiro. Sem uma boa análise e interpretação dessas métricas, as decisões de marketing podem dar a impressão de se basear em palpites, estimativas ou suposições. Se recorrermos apenas às demonstrações financeiras obrigatórias que, por padrão, não são específicas para o marketing, nossas decisões serão equivocadas e ineficazes.

Ao usar métricas específicas para o marketing (financeiras e não financeiras) aprovadas pelo departamento de finanças, conseguimos medir com mais precisão a eficiência, a eficácia e a produtividade das nossas iniciativas. As equipes precisam medir as atividades de marketing em todas as etapas, da geração de notoriedade à manutenção da fidelidade do cliente. E é importante selecionar as métricas apropriadas, com base no objetivo específico de marketing.

Os estágios da unificação

Existem cinco estágios que podem ser usados para definir o grau de relacionamento entre marketing e finanças. Eles vão de grupos totalmente separados a plenamente integrados (Figura 14.3). Vamos analisar cada um deles.

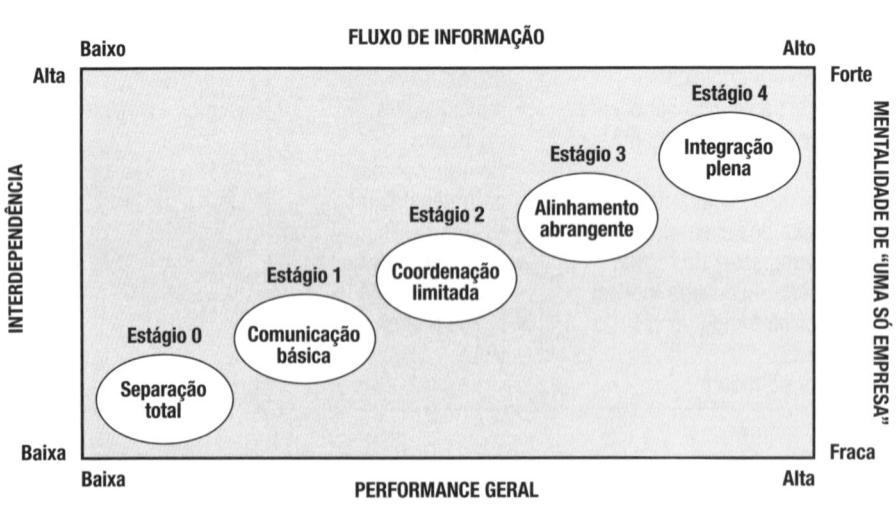

Figura 14.3 Da separação à integração dos departamentos de marketing e finanças

Estágio 0: separação total

Os departamentos de marketing e finanças operam e progridem de forma independente. Não compartilham entre si quase nenhuma informação relevante. A comunicação, mesmo no nível informal, é rara. Os dois só se conectam em assuntos, problemas e situações urgentes.

Os integrantes de cada um dos dois departamentos se concentram apenas em suas metas respectivas, baseadas nos KPIs do próprio setor. Executam rotinas e agendas separadas e não estão interessados em colaborar na solução de problemas. Não parecem inclinados a coexistir.

Neste estágio ocorrem atritos ocasionais, sobretudo em relação à alocação do orçamento. É uma relação cheia de "cabos de guerra". Os profissionais de marketing consideram que a equipe de finanças dificulta propositalmente o desembolso das verbas. O financeiro, por sua vez, acredita que a equipe de marketing desperdiça dinheiro com objetivos vagos, sem um direcionamento claro.

Estágio 1: comunicação básica

Nesta fase, os departamentos continuam separados, mas foram abertas linhas de comunicação relevantes e essenciais. A interação de informações também começou. De modo geral, as informações compartilhadas não são consideradas valiosas. Cada departamento opera estrategicamente por conta própria.

Assim como no estágio anterior, as equipes dos dois departamentos continuam focadas em suas respectivas metas, com base nos KPIs de seu setor específico. Mas, sem abandonar a própria rotina, já começam a prestar alguma atenção na agenda alheia e reconhecem que podem influenciar outras funções. Ambos os departamentos apresentam sinais de coexistência, mas não colaboram entre si para a solução dos problemas internos.

Diferenças de ponto de vista são evidentes, sobretudo em relação à alocação de verbas, como usá-las e com que objetivos. No entanto, ambos os departamentos têm a intenção de se adaptar para melhorar a adequação nas questões operacionais. O setor financeiro não crê plenamente na maioria das premissas utilizadas pelo marketing ao apresentar seu orçamento. Porém já começa a compartilhar informações quanto às expectativas de alocação de verba. Os profissionais de marketing, por sua vez, começam a levar em conta as preocupações do financeiro quanto ao uso desse orçamento.

Estágio 2: coordenação limitada

Neste estágio, a relação entre os departamentos apresenta avanços significativos, resultantes de um esforço mais coordenado. Ambos os departamentos possuem linhas de comunicação mais formais para o intercâmbio de informações mais úteis. Além da comunicação formal e agendada, a comunicação informal se torna mais fluida. Cada departamento enxerga os problemas do outro de forma mais abrangente. O intercâmbio de informações se torna mais relevante, chegando a ser usado para metas estratégicas.

O departamento de marketing começa a usar termos financeiros genéricos (além do faturamento), como margem por produto ou marca, ponto de equilíbrio contábil, custo de aquisição do cliente e assim por diante, para fazer a ponte dessa comunicação. No entanto, a maioria dos indicadores-chave de performance usados pela equipe de marketing ainda tendem a ser não financeiros. Por sua vez, a equipe de finanças começa a usar um pouco do jargão do marketing nas reuniões de discussão. Entre eles estão os segmentos de mercado que proporcionam a contribuição mais significativa para as vendas, os produtos ou marcas que são mais lucrativos e o valor de tempo de vida do cliente. A coexistência começa a se alinhar com a interdependência cada vez maior entre os departamentos.

Embora ainda possam existir, as diferenças de ponto de vista tendem a ser resolvidas com mais facilidade. A equipe de finanças começa a acreditar em algumas das premissas utilizadas pelo marketing ao apresentar sua proposta de orçamento.

A equipe de marketing, por sua vez, passa a se dedicar mais a atender algumas expectativas do financeiro. A relação começa a se tornar harmoniosa, graças a uma comunicação mais aberta e a um intercâmbio melhor de informações. Fisicamente, o espaço de trabalho dos departamentos é adjacente ou, pelo menos, próximo. Reuniões ocorrem mensalmente para repassar o crescimento do negócio, o uso do orçamento e os resultados, tanto não financeiros quanto financeiros. Diferenças de expectativas e outras questões são resolvidas em reuniões formais e informais. Cada departamento nomeia um responsável para facilitar a coordenação. Juntos, os dois setores estabelecem políticas e normas para evitar disputas ou conflitos improdutivos.

Estágio 3: alinhamento abrangente

No estágio 3, o relacionamento entre os departamentos progride para além da coordenação limitada, alinhando-se de forma mais abrangente rumo às metas em comum. Além de reforçarem as linhas de comunicação estabelecidas, os dois departamentos começam a usar uma plataforma de informação compartilhada, que pode ser atualizada por ambos em tempo real. As duas partes alinham cada vez mais suas atividades com base nos objetivos a serem alcançados. Além disso, uma equipe conjunta dos dois setores chega a um acordo sobre os indicadores-chave de performance, a divisão de tarefas e os processos de tomada de decisões, de implementação e de monitoramento. Há mais colaboração em quase todos os processos, o que resulta numa interdependência crescente.

Não existem mais obstáculos à comunicação informal. Até mesmo a comunicação formal pode se dar de forma diária. Cada departamento enxerga de modo mais abrangente os problemas do outro, e ambos começam a discutir e resolver os problemas juntos. A informação compartilhada não só é mais relevante, como também sempre atualizada, bem divulgada, gerando rápida reação dos dois departamentos, tanto em questões táticas quanto estratégicas.

A informação se torna um fundamento vital, porque os departamentos já entraram numa fase de alinhamento com base em dados, que são usados para fazer previsões precisas. Ainda ocorrem conflitos, mas apenas em grau moderado. Ambos os departamentos estão mais focados em encarar juntos os desafios para assegurar os resultados ideais para a empresa.

O setor de marketing começa a usar as informações financeiras com fluência ao tomar decisões relacionadas aos orçamentos. Busca utilizar de forma eficiente os ativos da empresa para aumentar o faturamento. Emprega diversos indicadores-chave de performance para complementar e justificar os resultados medidos pelos KPIs não financeiros.

O setor financeiro também passa a compreender cada vez mais os processos de marketing, até o nível operacional. Fornece insumos para aumentar a eficiência e melhorar a margem de lucro. Passa a valorizar diversos aspectos do marketing, como a base de dados de clientes, a competência de inovação de produtos e o ativo da marca. Acredita que esses ativos intangíveis possam afetar os resultados financeiros e o valor de mercado da empresa.

A coexistência ideal vai se tornando uma realidade e há uma forte interdependência. Os profissionais de finanças começam a acreditar nas premissas usadas pela equipe de marketing e até a participar de sua elaboração. Uma abordagem com base em fatos torna-se parte do cotidiano, aumentando a objetividade no processo de decisão orçamentária para o departamento de marketing.

O pessoal do marketing passa a se envolver mais na definição de metas financeiras que sejam objetivas e viáveis. Os dois departamentos têm as mesmas expectativas. O relacionamento é harmonioso porque ambos se comunicam numa linguagem compreensível, fazendo referência à mesma plataforma de informações, que pode ser acessada em tempo real. As informações são precisas e atualizadas. A equipe de finanças é fluente no uso do jargão do marketing e vice-versa.

Os dois departamentos realizam reuniões semanais para repassar a produtividade geral. Buscam oportunidades disponíveis de expansão do negócio e se esforçam para evitar problemas que poderiam tolher o desempenho de ambos.

Estágio 4: integração plena

No último estágio ocorre a plena integração dos departamentos de marketing e finanças. Embora as fronteiras sejam claras, todos os processos colaborativos são flexíveis e negociados. A comunicação é realizada tanto por plataformas on-line quanto off-line, o que enseja uma relação sem arestas.

Com a ajuda da inteligência artificial (IA), o gestor pode usar informações dinâmicas para fazer previsões e chegar a soluções adequadas ao contexto, entre elas a customização e a personalização. Os indicadores-chave de performance, tanto para o marketing quanto para o financeiro, são monitorados minuto a minuto num painel que ambos os departamentos podem acessar. Esse processo de tomada de decisões também fica mais rápido e alinhado com o ritmo das transformações no ambiente de negócios.

A interdependência chega ao auge e, com isso, os gestores podem reduzir a margem de erro ao seu menor nível.

A comunicação formal e informal ocorre sem esforço. A burocracia desnecessária, que muitas vezes desacelera o processo de gestão da empresa, deixa de existir. Cada departamento amplia ainda mais seus horizontes ao discutir questões operacionais e táticas relacionadas a questões estratégicas. Com isso, os dois sempre levam em conta a correlação entre os resultados dos KPIs. Por exemplo, discutem a relação entre a participação de mercado e a lucratividade; a escolha correta dos segmentos de mercado conforme a margem de lucro; a relação entre o uso de uma plataforma de dados de clientes (CDP) para aumentar a fidelidade do cliente e as vendas; e a possível influência da aquisição de uma marca sobre o valor de mercado da empresa. Esse relacionamento estratégico tem como objetivo final a sustentabilidade da empresa, acima dos KPIs de cada departamento.

A integração se caracteriza por processos de tomada de decisões com base em dados e tecnologia. A análise informatizada de dados, inclusive de big data, ou de estatísticas aprofundadas, torna-se algo comum. Essa análise sistemática (também conhecida como análise de dados) produz informações e insights relevantes, que servem de base para decisões tomadas em conjunto. Ao mesmo tempo, fortalece a integração tanto no nível estratégico quanto no tático.

O uso de recursos da empresa, sob o controle do marketing e do financeiro, torna-se ideal por sua eficácia e eficiência, com foco nas economias de escala e na otimização das economias de escopo. A plena integração, com a ajuda da tecnologia, serve para eliminar conflitos e reforçar a mentalidade de "uma só empresa". Não há mais problemas de comunicação, porque um departamento já conhece a linguagem do outro.

A equipe de finanças enxerga o setor de marketing como uma unidade estratégica do negócio, que precisa de verba para as necessidades operacionais e de investimento. As diferenças de ponto de vista são mínimas, porque os processos tendem a ser baseados em fatos e em dados. Quando é necessário partir de alguma premissa, ela é elaborada em conjunto por ambos os setores. Essa interdependência total também faz com que os dois departamentos adotem uma mentalidade de "juntos no sucesso ou no fracasso", que demonstra uma forte coexistência e coesão.

O setor financeiro canaliza o orçamento operacional e os investimentos para o setor de marketing. Este, por sua vez, dá retorno ao financeiro. Sempre se sabe claramente que valor se busca com cada centavo gasto, e essa clareza é a mesma em relação aos resultados. Os dois departamentos têm a mesma visão, elaboram estratégias conjuntas coerentes com a estratégia corporativa e usam o mesmo sistema ou plataforma. A coordenação com a alta cúpula – sobretudo com o CEO, o diretor financeiro e o diretor de marketing – vai se tornando mais harmoniosa, e já não se vê o fenômeno do "cabo de guerra".

Para vermos essa integração na prática, basta examinar o caso do Grupo ABB, que adotou uma dupla diretoria financeira. Esse cargo supervisiona a equipe de marketing global juntamente com a de finanças. Isso garantiu a conectividade necessária para a gestão da operação do negócio.[8]

▌ Ciclo marketing-financeiro

O ciclo marketing-financeiro avança sem dificuldades quando há condições plenas de integração. Com a ajuda da tecnologia, ele fortalece a plataforma de integração entre os dois departamentos. A Figura 14.4 ilustra essa relação.

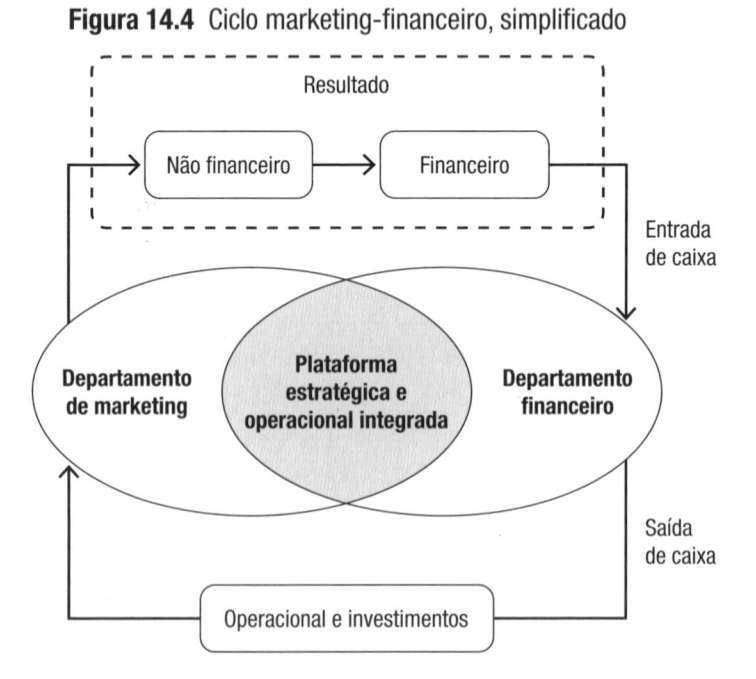

Figura 14.4 Ciclo marketing-financeiro, simplificado

O ciclo começa quando os dois setores definem as metas e as estratégias para atingi-las antes da alocação das verbas. Além disso, ambos se entendem em relação a questões técnicas ou operacionais para garantir que o estágio de execução ocorra tranquilamente. E fazem todo o trabalho por meio de uma plataforma integrada, on-line e off-line.

O setor de marketing aloca o orçamento para os investimentos e suas ações operacionais em relação a pelo menos três fatores: cliente, produto e marca (Tabela 14.3).

Tabela 14.3 Exemplos de ações financeiras relacionadas a cliente, produto e marca

	Operacional (curto prazo)	Investimento (longo prazo)
Cliente	• Operação da loja física (recrutamento de pessoal, promoção, administração, auditoria, etc.) • Manutenção da loja (energia elétrica, instalações, mobília, etc.) • Gestão da loja on-line (gestão de pedidos, experiência do usuário ou gestão da interface, etc.)	• Criação da plataforma e experiência omnichannel • Construção de novas lojas físicas • Instalação de novas tecnologias nas lojas off-line (IA, reconhecimento facial, realidade aumentada, etc.)
	• Pesquisa de mercado (levantamentos, discussão em grupos focais, entrevistas aprofundadas, pesquisas etnográficas)	• Desenvolvimento do mercado • Nova segmentação e definição do público-alvo
	• Programa de aquisição de clientes	• Criação de plataforma de dados de clientes (CDP)
	• Programa de fidelização de clientes	• Criação de uma plataforma de fidelização de clientes
	• Operação da assistência ao cliente • Serviço de pós-venda	• Criação de um centro de assistência ao cliente (com chatbot)
	• Construção de uma base de dados de clientes • Lançamento de programas/sites de comunidade de clientes	• Plataforma de personalização e customização • Criação de processo de estatísticas de clientes (software de big data, etc.)

	Operacional (curto prazo)	Investimento (longo prazo)
Produto	• Custo do produto (aquisição de matéria-prima e custo de produção) • Embalagem do produto • Pesquisa e desenvolvimento de produtos[9]	• Criação de novos sistemas e instalações para desenvolvimento de produtos • Construção de novas instalações de produção • Produtos inovadores (que criam diferenciação) • Novas patentes e direitos de produtos
	• Ações de vendas • Produção de catálogos/ferramentas promocionais • Remuneração da equipe de vendas • Amostras e cortesias de produtos • Gastos com viagens para as atividades da equipe de vendas • Ações de televendas	• Instalação de um software de gestão da força de vendas (por exemplo, salesforce.com) • Servidor e site novos para lojas on-line
	• Treinamento em vendas	• Construção de um novo centro de formação
	• Atividades de distribuição/logística • Armazenamento • Estocagem e transporte • Gestão e controle de estoque • Gestão da relação com os membros do canal (aquisição, desenvolvimento, avaliação e encerramento do canal)	• Rede de distribuição (ou seja, novos pontos de venda, novo hub de distribuição, plataforma on-line, armazéns, etc.) • Desenvolvimento de um novo sistema de canais (por exemplo, criação de um sistema de franquia)
Marca	• Co-branding • Acordos de marca com embaixadores de marca	• Aquisição de novas marcas
	• Desenvolvimento de uma nova linha de produtos (complementares/suplementares)	• Desenvolvimento de novas marcas

	• Ativação da marca off-line:
	  – Publicidade
	  – Gestão de eventos
	  – Promoção de vendas
	  – Marketing direto
	  – Ações de marketing comunitário
	  – Relações públicas
	• Ativação da marca on-line:
	  – Marketing em redes sociais (Facebook, Instagram, YouTube, etc.)
	  – Marketing em motores de busca
	  – Marketing de conteúdo
	  – Marketing por e-mail
		• Reforço do ativo da marca
		• Extensão da marca
		• Rejuvenescimento da marca
		• Reposicionamento da marca

A equipe de marketing precisa entregar ao departamento de finanças um resultado palpável dessas ações operacionais e de investimento. Primeiro, o setor de marketing cumprirá diversas metas não financeiras, criando notoriedade do produto ou da marca perante os possíveis clientes ou público-alvo específico. Quando o mercado enxerga uma proposição de valor clara, um posicionamento que não exagera em suas promessas, uma forte diferenciação e a oportunidade de obter soluções concretas, isso cria um apelo forte para o produto ou a marca, o que acaba fidelizando o cliente.

Depois disso, a equipe de vendas converte essas realizações não financeiras em resultados financeiros, progredindo passo a passo, da preferência ao interesse e, por fim, à compra. Compras em espécie geram imediatamente entrada de caixa para o departamento financeiro, enquanto as demais geram uma conta de recebíveis que se transformará em caixa e será recebida pelo departamento financeiro. Caso os indicadores-chave de performance não financeiros sejam bons o suficiente, mas os resultados financeiros não sejam satisfatórios, a conclusão será que algo deu errado. Ambos os departamentos tentarão descobrir a causa e encontrar uma solução rápida.

Com resultados tangíveis, sob a forma de retornos, a confiança vai aumentando entre os departamentos. Isso acelera o ciclo marketing-financeiro. Essencialmente, o setor de marketing precisa fazer o tempo todo a correlação entre suas iniciativas e a criação concreta de valor, refletida tanto nas métricas não financeiras quanto nas financeiras.

Não há como registrar no balanço certos investimentos em marketing, geralmente em ativos intangíveis, como marcas, redes de vendas, clientes fiéis e diferenciação de produto. Porém, esses ativos intangíveis possuem valor em certa faixa de preços, como indica a variação entre o valor contábil e o valor de mercado. Quando se considera que o valor de mercado é mais alto que o valor contábil, é porque os ativos intangíveis, inclusive aqueles criados pelos investimentos em marketing, terão um valor mais alto. Isso pode ser usado como indicador de que a performance financeira futura da empresa é promissora.[10]

A equipe de marketing, portanto, não deve se deixar levar pela ideia de que só o marketing é tarefa de todo mundo. Hoje em dia, o financeiro também é tarefa de todo mundo, sobretudo para a própria equipe de marketing. Por isso o profissional de marketing tem que compreender e dominar o jargão financeiro. Dispondo desse instrumental, o setor pode se comunicar melhor com os demais, chegando às reuniões de diretoria pronto para fazer valer seu peso nas discussões estratégicas.

É preciso que se criem cursos de finanças voltados para os profissionais de marketing. Eles podem ser oferecidos em instituições educacionais e em programas de treinamento interno das empresas. As aulas devem apresentar os indicadores-chave mais relevantes, explicar como se comunicar com o departamento financeiro e detalhar o processo de integração dos dois setores.

PRINCIPAIS CONCLUSÕES

- A parceria entre marketing e finanças pode reduzir os atritos, levar à integração e impulsionar a empresa rumo ao crescimento.
- A relação entre marketing e finanças pode ser classificada num espectro de cinco estágios: separação total (estágio 0), comunicação básica (estágio 1), coordenação limitada (estágio 2), alinhamento abrangente (estágio 3) e integração plena (estágio 4).
- Quando a integração é total, ocorre um ciclo que flui sem dificuldades entre o financeiro e o marketing. Ele pode ser reforçado e ampliado constantemente.
- Tanto o marketing quanto o financeiro são necessários em toda a organização. Para aumentar a conscientização sobre isso, as empresas podem realizar treinamentos internos para ensinar o básico.

15
A humanização da tecnologia

*High-tech, higher-touch**

Hoje em dia, o consumidor que quiser agendar um corte de cabelo no salão pode fazer isso por meio do Google Duplex, tecnologia que utiliza inteligência artificial. Trata-se de um simulador, anunciado em 2018, que imita o ser humano. Usa o tom, o jeito de falar e até pausas com "arrã", a ponto de o cliente nem sequer perceber que está falando com um robô.[1]

O serviço, já disponível em diversos países, libera o usuário de ter que interagir diretamente com terceiros. Permite ao consumidor realizar uma série de transações, inclusive reservas de restaurante e compras de ingresso de cinema. Espera-se que nos próximos anos o escopo de serviços aumente ainda mais.[2]

O Google Duplex simboliza quão longe a IA já chegou. Foi-se o tempo das vozes robotizadas e do vocabulário limitado. Esse progresso também marca a passagem do mundo do celular para o mundo da IA. A inteligência artificial torna a tecnologia mais acessível, amigável e voltada para soluções.[3] Não mais vista como "fria", a IA pode servir como ferramenta para a interação humana.

À medida que a IA e outras tecnologias continuam evoluindo, é essencial levar em conta o contexto humano (Figura 15.1). As partes interessadas

---

* O subtítulo toma emprestada a expressão *high-tech, high-touch*, cunhada por John Naisbitt, Nana Naisbitt e Douglas Philips em seu livro de mesmo nome.

continuarão em busca da garantia de que esses avanços serão utilizados de maneira humanizada. Além disso, vão querer que a tecnologia proporcione vantagens tangíveis, como melhora da qualidade de vida.

Figura 15.1 Fatores de tecnologia e humanização no modelo omnihouse

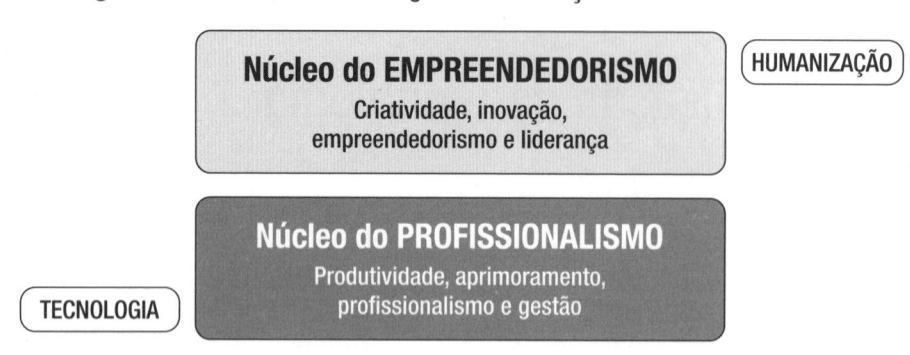

```
┌─────────────────────────────────┐  ┌──────────────┐
│  Núcleo do EMPREENDEDORISMO     │  │ HUMANIZAÇÃO  │
│     Criatividade, inovação,     │  └──────────────┘
│   empreendedorismo e liderança  │
└─────────────────────────────────┘

                ┌─────────────────────────────────┐
┌──────────────┐│  Núcleo do PROFISSIONALISMO     │
│  TECNOLOGIA  ││    Produtividade, aprimoramento,│
└──────────────┘│    profissionalismo e gestão    │
                └─────────────────────────────────┘
```

No Capítulo 6, vimos que a tecnologia e a humanização representam lados opostos. Neste capítulo, vamos analisar como fazer a convergência entre ambas para aumentar a receita, a notoriedade da marca e a satisfação do cliente. E, no capítulo seguinte, vamos examinar os benefícios que isso pode trazer para funcionários, sociedade, demais interessados e a empresa em si.

▌ Um novo nível de contato humano

O debate sobre high-tech e high-touch vem ocorrendo desde que John Naisbitt lançou o conceito, no começo dos anos 1980. O assunto costumava se limitar ao cliente, como meta mais crucial. No entanto, é preciso levar em conta outros fatores, inclusive o bem-estar da sociedade. Nem sempre a aplicação da Responsabilidade Social Empresarial (RSE) está embutida no modelo ou nos processos da organização.

Além disso, o marketing empresarial tende a menosprezar o pessoal interno como um elemento vital. Se quisermos levar benefícios à humanidade como um todo, o ponto de partida tem que ser o tratamento dedicado a nossos funcionários. Só então poderemos pensar no cliente como fonte de lucratividade e, por fim, na sociedade, que é fundamental para a sustentabilidade de longo prazo.

Um dos pontos cegos do marketing é ignorar o aspecto humano. Quando isso acontece, o marketing se torna uma mera ferramenta para os interesses da empresa, voltados exclusivamente para o lucro. A empresa "convence" a comunidade como um todo a comprar seu produto, sem prestar atenção nos funcionários, no meio ambiente ou nas outras partes envolvidas.

Apesar de sua enorme e rápida ascensão, a Amazon deparou com problemas relacionados ao bem-estar de seus trabalhadores. No Natal de 2019, a campanha "Faster Shipping" (entrega mais rápida) gerou mais de 87 bilhões de dólares em receita. Esse feito pode ter sido uma excelente notícia para os acionistas, mas para os colaboradores, que tinham direito a apenas dois intervalos de 15 minutos por dia, mais pareceu um desastre. Relatos de alta nos acidentes de trabalho numa das sedes ganharam destaque, levando a um abaixo-assinado de 600 funcionários de um depósito, pedindo que a empresa melhorasse as condições de trabalho e concedesse mais intervalos.[4]

A Amazon também enfrentou problemas relacionados ao meio ambiente. Um ex-funcionário revelou ter sido demitido ao tentar fazer a empresa melhorar sua política em relação às mudanças climáticas, no encontro anual da diretoria.[5] A Amazon estava fazendo publicidade de comodidades para o cliente, como entrega mais rápida, entrega em um dia e entrega de compras de supermercado em duas horas, sobretudo na alta estação ou em dias específicos, como o Natal. Era uma campanha que, de modo geral, não se preocupou em medir a sobrecarga dos funcionários e o impacto ambiental de tantos pedidos e entregas ligeiras. Entre as consequências, estavam desperdício e poluição significativos por conta da velocidade das entregas.[6]

Como resposta, a Amazon anunciou que passaria a promover o uso de energias renováveis em seus processos.[7] Essa atitude pode inspirar outras empresas a fazerem o mesmo e dar início a programas focados no meio ambiente. Isso estaria alinhado com os Objetivos de Desenvolvimento Sustentável (ODS) da ONU para os próximos anos.[8]

Em situações com poucos concorrentes, às vezes o consumidor não tem muita voz em relação ao comportamento da empresa. Nos últimos anos, como já dissemos, essas condições mudaram. O poder de barganha passou do produtor para o consumidor, e por esse motivo as companhias precisam ser mais centradas no cliente. O consumidor atual é mais sofisticado, conectado, instruído, informado, difícil de agradar e infiel. Assim, as empresas de hoje tentam inserir fatores sociais em seus modelos de negócio, em vez de simplesmente tomar iniciativas de ESG (critérios ambientais, sociais e de governança) sem muita convicção.

Uma empresa bem-sucedida nesse aspecto é a Cassava Bags Australia, que criou uma bolsa natural 100% biodegradável. Ela se dissolve inteiramente na água, degrada-se em aterros sanitários e se decompõe em outros ambientes. É uma bolsa segura para o meio ambiente, porque não é tóxica, não contém óleo de palma e não é nociva à vida marinha. A Cassava Bags foi criada acreditando que as empresas podem ser uma força do bem e que as ações individuais, coletivamente, têm o poder de transformar o mundo.[9] São bolsas que geram lucro, protegem o meio ambiente e cumprem o ODS número 13, ação climática.

É importante sublinhar que toda empresa tem responsabilidade social, e as companhias precisam basear suas iniciativas de marketing nos valores estabelecidos pelos líderes. Portanto, o objetivo do marketing com base em tecnologia deve ser criar valor através de valores.

A Bitwise Industries, empresa de tecnologia, criou programas digitais que ajudam a atender as necessidades básicas de populações desassistidas. A empresa elaborou um aplicativo que gera pedidos de supermercado e rastreia entregas de alimentos. Também lançou uma rede para conectar trabalhadores a vagas de empregos.[10] São iniciativas que ilustram uma estratégia de integração e alinhamento da empresa com as questões sociais.

▶ Consequências do marketing com base em tecnologia

Na verdade, não há como separar esse novo tipo de marketing empreendedor do suporte tecnológico que influencia o marketing da empresa, tanto no B2B quanto no B2C. A implementação do marketing numa empresa não pode mais se basear apenas na dimensão de marketing em si. Precisa ser transcendente e colaborativa, abandonando os silos que existem entre os departamentos, e fazer a convergência entre as funções existentes. Para isso, a tecnologia desempenha um papel fundamental como facilitadora.[11]

Para fortalecer essa abordagem de marketing com base em tecnologia, o profissional precisa sair da zona de conforto para conhecer as inovações tecnológicas. Se não o fizer, pode em pouco tempo se tornar desqualificado e, por fim, irrelevante. Por exemplo, a Borders foi, no passado, uma grande rede varejista de livros e música nos Estados Unidos. Outrora uma loja popular, acabou se endividando enormemente, investindo em lojas físicas sem perceber que os hábitos do consumidor estavam em rápida transformação. Quando veio a era digital, a Borders demorou para se adaptar às tecnologias que oferecem e-books e streaming de música. Tendo gastado de mais com imóveis e de menos com inovação tecnológica, a Borders não conseguiu sustentar seu negócio.[12]

Ao encarar o futuro, precisamos combinar a tecnologia com um marketing disciplinado. Para ser desbravadora, em vez de apenas correr atrás, a empresa precisa contratar um profissional de marketing especializado em tecnologia, um novo tipo de profissional, capaz de projetar e operar as tecnologias necessárias. Essa nova estirpe é capaz de enxergar e concretizar a aplicação do marketing num mundo que já é digital.[13]

Em 2020, o número de usuários da internet em todo o planeta atingiu 4,83 bilhões, ou seja, mais de 60% da população mundial estava conectada. Esse número continua crescendo e estima-se que, em 2030, 90% da população esteja conectada.[14] A publicidade no celular vem crescendo, o que coincide com essa tendência.[15]

É uma oportunidade em compasso com os rumos da tecnologia no marketing. O marketing se tornou mais digitalizado e avançado. Por exemplo, o big data, o blockchain e as ferramentas de publicidade em redes sociais, como os anúncios no Facebook e os chatbots, permitem que o profissional ofereça ao cliente mais customização e personalização.[16] Embora a eficácia varie de um setor para outro, muitas empresas, tanto B2C quanto B2B, vêm usando plataformas de redes sociais, como Instagram, TikTok e LinkedIn. Essas ferramentas, associadas à tecnologia, ajudam o profissional de marketing a conhecer os clientes, suas preferências de consumo e as palavras-chave específicas que usam em suas buscas.

Para a aplicação ideal de uma nova tecnologia a uma marca ou produto, o profissional de marketing precisa do apoio de outros setores da empresa, como TI e jurídico. Quanto mais insights as empresas forem capazes de angariar, mais estratégias serão capazes de elaborar. O desafio não é coletar dados, e sim saber utilizá-los.[17]

Uma abordagem adequada de marketing vai além da simples instalação de novas tecnologias. Ela influencia a empresa como um todo, integrando setores e consolidando uma nova mentalidade. Uma pesquisa da McKinsey & Company mostrou que, entre as chaves do sucesso na era digital, estão a contratação de executivos especializados em tecnologia, o desenvolvimento de competências na futura força de trabalho, o empoderamento dos funcionários para que atuem de novas formas, a oferta de ferramentas do dia a dia como um incentivo digital, e a comunicação constante via métodos tradicionais e digitais.[18]

De modo geral, a aplicação tecnológica do marketing terá consequências sobre a gestão do cliente, do produto e da marca.

Gestão do cliente

As empresas têm como gerir melhor os clientes com a ajuda da tecnologia, que permite concentrar a atenção em diversos fatores, como veremos a seguir.

Maior atenção à comunidade

Na era da conectividade, percebe-se que a comunidade tem se tornado cada vez mais importante para que as empresas compreendam melhor o mercado, construam relacionamentos, entendam o consumidor e realizem um intercâmbio de valor. Estar próximo da comunidade – tanto off-line quanto on-line – permite que as empresas ofereçam uma assistência melhor. Os clientes passam a se conhecer e interagir entre si, assim como com a marca.[19]

Abordagem mais contextualizada

Com a ajuda da tecnologia, a empresa pode e deve gerir o cliente numa base individual. Deve permitir ao cliente interagir a qualquer momento e em qualquer lugar, bastando estar on-line. Pode oferecer personalização, inclusive deixando o cliente customizar produtos e serviços a seu gosto.

As interações com base na IA proporcionam uma experiência melhor e um engajamento robusto, inclusive em plataformas digitais, como os chatbots. Por exemplo, a Mastercard, líder global em pagamentos, lançou um chatbot voltado principalmente para responder às demandas dos consumidores. Esses bots são capazes de responder a perguntas relacionadas ao saldo de uma conta, a ferramentas de gestão financeira e ao histórico de transações.[20]

O marketing de conteúdo – sobretudo em redes sociais que divertem, inspiram, educam e convencem – desempenha um papel mais significativo. São iniciativas capazes de criar notoriedade, gerar interesse e aumentar a apologia feita pelo cliente. Podem levar o consumidor a descobrir informações, realizar compras ou continuar usando produtos e serviços.

Depoimentos, estudos de caso e conteúdos que mostrem consumidores de verdade são elementos fundamentais para conquistar confiança. Costuma-se dar a isso o nome de "prova social". Podemos usar conteúdos gerados pelo cliente, publicá-los nas redes sociais e deixar a comunidade debater e compartilhar opiniões francas sobre os produtos. Assim, fica mais fácil para todo mundo encontrar informações úteis e dividi-las com os amigos. Essa plataforma também permite que o profissional de marketing receba feedback sobre seus produtos e verifique se as estratégias estão funcionando.[21]

Os conteúdos gerados por cliente proporcionam contato direto e ajudam no reconhecimento da marca em meio à comunidade de consumidores. Uma experiência positiva acaba repercutindo na credibilidade da marca. Pode levar à recompra, resultando no aumento da retenção de clientes. Quanto mais o conteúdo tiver a ver com a experiência do consumidor na vida real, mais fácil será obter sua satisfação.[22]

Posicionamento mais realista

O cliente, e o público em geral, tem mais acesso a informações que permitem determinar se uma empresa cumpre suas promessas. Ele é mais motivado por valor e propósitos e mais disposto a mudar seu padrão de consumo para apoiar uma causa. Aplica uma abordagem de "confiar desconfiando" e checa mais que a informação da embalagem. Como mostrou uma pesquisa de 2020 da IBM, 75% dos consumidores, mesmo confiando numa marca, realizam uma pesquisa aprofundada antes de fechar uma compra.[23]

Como o consumidor está ficando mais esperto e conhece as empresas de cabo a rabo, não é raro que surja um "consenso" entre os consumidores, aceitando o posicionamento de uma organização. Por isso, as empresas precisam se certificar de que as promessas condizem com a realidade. O consumidor e o público em geral saberão quando a mensagem for autêntica, o que é a base para o aumento da confiança.

Marcas de fast fashion, como Zara, H&M e M&S, estão lançando linhas de roupas sustentáveis. A H&M tornou-se um dos maiores nomes dessa tendência ao implementar, em 2019, uma nova linha "verde" de roupas chamada Conscious.[24] A empresa anunciou estar usando materiais mais sustentáveis, como algodão orgânico e poliéster reciclado, ajudando a reduzir o desperdício ambiental. No entanto, consumidores começaram a investigar essas alegações e descobriram que elas eram duvidosas, carecendo de evidências que as sustentassem. Esse fenômeno é geralmente chamado de *greenwashing*, a criação de uma falsa impressão ou a apresentação de informações incorretas sobre como os produtos da empresa são mais ecológicos.[25]

Em agosto de 2021, militantes do clima protestaram sentando-se dentro da vitrine de uma loja da H&M no Reino Unido que havia sido decorada com pôsteres afirmando que a empresa era uma "ecoguerreira na cruzada pelo clima". O objetivo era mostrar que discordavam das técnicas de publicidade, quando comparadas ao verdadeiro produto vendido. Essa reação ao *greenwashing* mostra que o consumidor está mais crítico do que nunca ao receber das marcas esse tipo de mensagem.[26]

▶ Gestão do produto

Em compasso com a customização e a personalização cada vez mais comuns, a gestão de produtos e de questões relacionadas a eles se tornou mais complicada. Para as empresas, convém executar as ações a seguir.

Identificar uma diferenciação autêntica

Uma plataforma de soluções é crucial para reforçar a diferenciação, que pode se tornar a base de um mecanismo de retenção. Por exemplo, a marca Ritz-Carlton é conhecida pelo seu "padrão-ouro", que fundamenta sua cultura e seus serviços. A filosofia da empresa, "Somos damas e cavalheiros servindo damas e cavalheiros", tem a ver com a forma como são tratados tanto os hóspedes quanto os funcionários.[27] O serviço, que tem o apoio de um programa de fidelidade, levou o Ritz-Carlton a se tornar um dos maiores destinos do mundo para clientes em busca de luxo e uma experiência de alta qualidade.

A empresa também pode identificar elementos do seu DNA corporativo e criar uma diferenciação autêntica. É preciso comunicar essas características de destaque ao consumidor, e esses elementos devem ser relevantes, para que o cliente os valorize e esteja disposto a pagar por eles. A plataforma de soluções precisa, então, ser um reflexo dessa autenticidade.

Reinventar o mix de marketing

A empresa pode expandir as oportunidades para usar o input dos clientes no desenvolvimento de produtos. Envolver o cliente nesse processo de cocriação, mediante diferentes plataformas tecnológicas, viabiliza a customização, reduz o custo de P&D e o risco de fracasso do produto.[28] Por exemplo, a Starbucks lançou o My Starbucks Ideas para priorizar aquilo que o cliente quer e coletar ideias em relação a produtos, experiências nas lojas físicas e envolvimento da empresa em questões sociais.[29] A plataforma representa um espaço para os clientes compartilharem ideias e discutirem quais aprimoramentos querem ver. Essas informações ajudaram a empresa a criar novos sabores, colocar Wi-Fi em todas as lojas e até mesmo desenvolver um aplicativo para celular.[30]

Os preços ao consumidor são dinâmicos, assim como as taxas de câmbio. As organizações não conseguem mais determinar e fixar os preços unilateralmente. Em vez disso, o consumidor e a empresa podem trabalhar juntos para determinar o valor. A tarifa de base do Uber costuma ser inferior a uma corrida de táxi, mas o valor pode flutuar de acordo com variáveis como hora, distância, tráfego e demanda entre passageiros e motoristas. São informações que permitem ao cliente avaliar a tarifa e decidir se ela é aceitável para ele.[31]

As promoções têm que ser de mão dupla para se transformar numa conversa, de acordo com o posicionamento cada vez mais horizontal das empresas com seus clientes. Por exemplo, a Paradigm Life, empresa americana que fornece soluções e serviços bancários, criou um "teste de alfabetização financeira" interativo. Essa iniciativa permitiu ao consumidor identificar seu grau de conhecimento sobre finanças. Quando não conseguiam uma nota alta, as pessoas percebiam, em nível subconsciente, que precisavam dos serviços da Paradigm.[32]

Redesenhar o canal de vendas

As vendas devem ser centradas em soluções, alavancando as competências omnichannel. As empresas com lojas físicas também precisam existir on-line, e vice-versa (Figura 15.2).

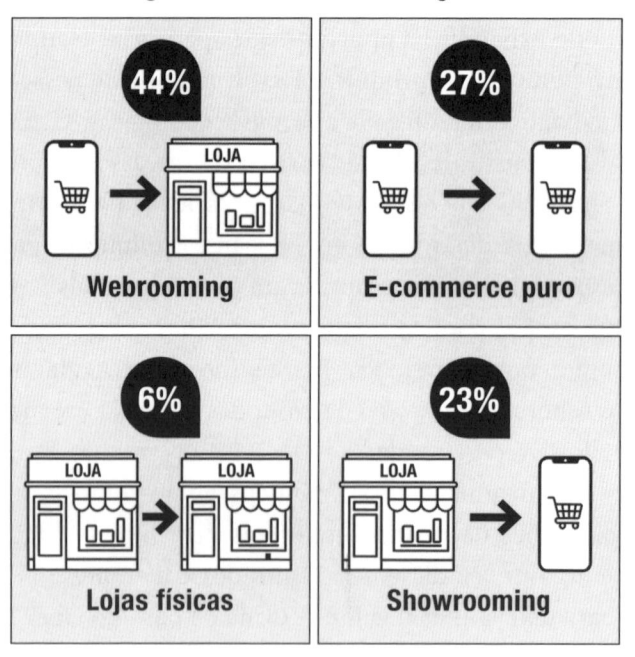

Figura 15.2 Estilo de vida "figital"[33]

44% Webrooming	**27%** E-commerce puro
6% Lojas físicas	**23%** Showrooming

Na imagem, webrooming se refere ao consumidor que primeiro busca produtos on-line e depois os adquire na loja física. Showrooming é quando o consumidor experimenta o produto na loja física antes de comprá-lo on-line.[34] O processo de venda omnichannel mantém o esforço para atender às preferências do cliente, cercando-as de forma ativa. Com a ajuda da tecnologia, o vendedor pode obter um ponto de vista mais próximo e mais preciso das necessidades de cada cliente, propor soluções e fechar a venda por meio de uma transação transparente.

Gestão da marca

Visando ao tratamento mais humanizado do cliente, a empresa precisa refletir essa humanização na identidade e na mensagem da marca. Para isso, pode tomar as seguintes atitudes.

Criar uma personalidade forte

O uso de tecnologias capazes de imitar características humanas vem se tornando crucial. O gestor precisa construir uma personalidade forte para que a marca ganhe vida, como um ser humano. Há mais de vinte anos, o slogan "Just Do It" aparece nos produtos da Nike. É simples, porém direto, poderoso e competitivo. A Nike também o utiliza para inspirar o empoderamento feminino no esporte. A empresa considera que a frase é mais que um simples slogan; é uma filosofia.[35]

Incutir um espírito de cuidado

A tecnologia ajuda a criar uma abordagem mais criativa de assistência ao cliente. A análise de dados pode revelar "pontos de dor" e desejos comuns dos consumidores. Com base nas conclusões, podem ser feitos ajustes na forma de lidar com cada situação.

Em 2018, o Spotify patenteou uma tecnologia de reconhecimento de voz, capaz de observar padrões. Essa iniciativa permitiu à empresa combinar o reconhecimento de voz a outras informações, como as músicas tocadas anteriormente. Com isso, pôde recomendar novas canções aos ouvintes.[36]

Favorecer a colaboração

Alguns processos interativos podem ser feitos por meio da colaboração com os clientes, permitindo que eles o façam por conta própria, como numa terceirização. Atribuir papéis nesses processos torna o cliente parte inseparável da empresa. Além disso, ao tomar essa atitude, a companhia consegue colaborar com diversos parceiros num ecossistema específico de negócio digital.

Figura 15.3 Consequências do marketing com base em tecnologia sobre a gestão de marketing

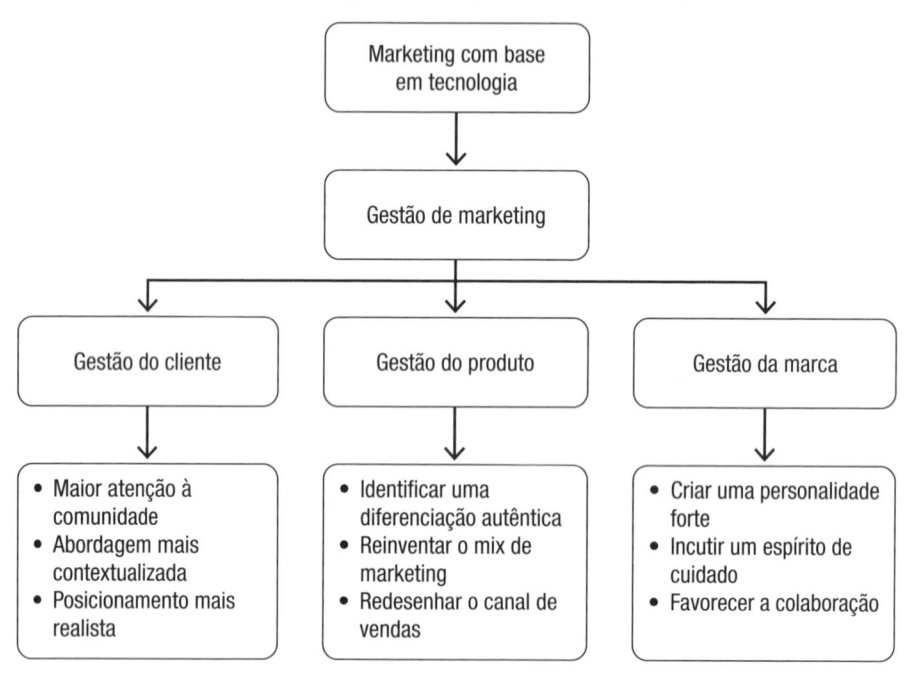

```
                    Marketing com base
                      em tecnologia
                             │
                             ▼
                    Gestão de marketing
                             │
        ┌────────────────────┼────────────────────┐
        ▼                    ▼                    ▼
  Gestão do cliente    Gestão do produto    Gestão da marca
        │                    │                    │
        ▼                    ▼                    ▼
• Maior atenção à     • Identificar uma      • Criar uma personalidade
  comunidade            diferenciação          forte
• Abordagem mais        autêntica            • Incutir um espírito de
  contextualizada     • Reinventar o mix de    cuidado
• Posicionamento mais   marketing            • Favorecer a colaboração
  realista            • Redesenhar o canal de
                        vendas
```

A Singapore Airlines colabora com seus passageiros, oferecendo várias opções de check-in on-line através do site oficial, do aplicativo, do quiosque de serviço e do balcão. Além disso, em terminais específicos do Aeroporto Internacional de Changi, o viajante pode tirar proveito do despacho automático de bagagem, sendo possível imprimir as etiquetas das malas no quiosque self-service, etiquetar e colocar a bagagem na esteira, tudo isso obedecendo às instruções na tela.[37] É um método que libera os passageiros da fila e, ao mesmo tempo, diminui a sobrecarga dos funcionários da Singapore Airlines.

Por meio da colaboração, a empresa convida o cliente a participar do processo de criação de valor. Ele pode monitorar todos os estágios da entrega do produto ou serviço de que necessita. Enquanto espera pela entrega da comida, por exemplo, é comum que o cliente queira saber onde está sua refeição. Com um sistema de rastreamento, ele pode acompanhar o progresso e se preparar para a chegada.

Juntas, a tecnologia e as estratégias de marketing corretas podem impactar positivamente todos os envolvidos (Figura 15.3). O marketing com base em tecnologia aprimora a gestão do cliente, do produto e da marca. No próximo capítulo, vamos analisar outros benefícios da combinação da tecnologia com o lado humano.

▶ PRINCIPAIS CONCLUSÕES

- A tecnologia pode ser usada no marketing para aumentar o contato com os funcionários e melhorar questões sociais, criando sustentabilidade de longo prazo.
- O marketing com base em tecnologia traz consequências positivas para a gestão do cliente: maior atenção à comunidade, abordagem mais contextualizada e posicionamento mais realista.
- Quanto aos produtos, a tecnologia pode ser usada pelo marketing para identificar uma diferenciação autêntica, reinventar o mix de marketing e redesenhar o canal de vendas.
- Juntos marketing e tecnologia podem dar vida à personalidade da marca, incutir um espírito de cuidado e favorecer a colaboração.

16
Tecnologia e stakeholders
Como aumentar o valor alavancando ferramentas

Quando usamos uma tecnologia em nome do bem comum, do cliente e da sociedade, damos a ela o nome de "tecnologia para humanização real". Não se trata apenas de high-touch, e sim de um higher-touch, um toque humano a mais, porque abarca os pontos de vista de todos os envolvidos (os stakeholders) e acarreta consequências mais amplas. Portanto, a discussão sobre tecnologia neste livro não abrange os detalhes técnicos dessas tecnologias, e sim como as empresas as utilizam e quais são suas consequências. Neste capítulo, vamos analisar como a tecnologia pode atuar a favor do pessoal, do cliente e da sociedade. Em seguida, vamos ver que efeito ela tem sobre a empresa.

▶ Tecnologias a favor do pessoal

A empresa pode alavancar a tecnologia para otimizar a eficiência de seus talentos. Qual tecnologia deve ser usada é algo que depende de cada setor. Nas seções a seguir, vamos analisar várias delas, que podem tornar a força de trabalho mais produtiva e mais humanizada.

Softwares de gestão remuneratória

Há ferramentas digitais que ajudam a empresa a gerir os salários. A folha de pagamento pode ser vista integralmente num painel, e é possível fazer correções com base nas performances. A empresa pode adotar políticas para otimizar o orçamento atual, sendo ao mesmo tempo justa com seus funcionários.[1]

A Capterra, empresa de soluções de comércio on-line, usa o Paycom para gerir a força de trabalho. É um método que permite capacitar novos funcionários, lidar com pedidos de folga e manter em dia as tarefas do RH. Isso permite, inclusive, implantar horários flexíveis, que aumentam a produtividade.[2]

Computação em nuvem

Essa tecnologia permite que o funcionário se conecte, via nuvem, a um servidor central para acessar arquivos, dados e outras funções. Dessa forma, é possível realizar o trabalho remotamente.[3] A computação em nuvem também aumenta a transparência e, ao mesmo tempo, reforça a colaboração entre os setores da empresa.[4]

Numa pesquisa, 55% dos entrevistados concordaram que a computação em nuvem pode revolucionar a colaboração no trabalho, e 64% afirmaram que as ferramentas de colaboração em nuvem ajudam a executar mais rapidamente as tarefas. Além disso, 58% (dos quais 90% eram líderes) concordaram que a computação em nuvem pode aprimorar os processos da empresa.[5]

Plataformas colaborativas

As plataformas colaborativas podem facilitar a comunicação virtual entre as pessoas enquanto elas realizam o trabalho, permitindo que compartilhem facilmente documentos e troquem informações. Com cada vez mais trabalhadores conectando-se remotamente, as ferramentas colaborativas se tornaram mais cruciais do que nunca.

Análise de dados

A análise de dados nos permite processar informações com base em algoritmos específicos para entender o que está acontecendo (descrição) e por quê (diagnóstico). Permite fazer previsões com base em históricos de dados. Por exemplo, a Amazon coleta dados dos clientes que navegam por suas páginas para oferecer recomendações específicas. Quanto mais buscas os consumidores fazem, melhor a Amazon pode prever o que eles querem comprar e mais adequadas são suas recomendações. A análise de dados também monta perfis com base nas informações do usuário em comparação com outros perfis semelhantes. Com isso, a Amazon oferece ao usuário os mesmos produtos que clientes parecidos adquiriram.[6]

Realidade aumentada e realidade virtual

A realidade aumentada (RA) e a realidade virtual (RV) – chamadas conjuntamente de realidade mista – são tecnologias emergentes, usadas para facilitar o trabalho das pessoas.[7] A RA pode ser usada diretamente em tablets ou smartphones e não exige óculos especiais ou consoles, como a RV. É uma tecnologia que pode ser usada para o ensino. Por exemplo, a CAE Healthcare usa aparelhos compatíveis com o HoloLens, da Microsoft, para treinar seus médicos em procedimentos complexos num ambiente tridimensional.[8]

Impressão 3D

Essa tecnologia – também chamada de "fabricação aditiva" – permite produzir objetos sólidos tridimensionais mediante um processo camada a camada. É usada, por exemplo, no setor automotivo e em muitos outros, como construção civil, moda e medicina. Permite fazer próteses ósseas, articulações e placas cranianas – muitas vezes sob medida. Mais de cem tipos de implantes e aparelhos clínicos são impressos em 3D e têm autorização da agência de vigilância sanitária americana.[9]

No método tradicional, a empresa que quisesse desenvolver um produto fazia um projeto básico e o enviava a outro desenvolvedor de protótipos profissionais. Esse processo de envio do projeto e do protótipo para lá e para cá leva tempo, mas tornou-se mais eficiente com a impressão 3D. Os robôs da ABB, por exemplo, usam a impressão 3D para reduzir o tempo de elaboração dos protótipos de cinco semanas para apenas uma hora.[10]

Robótica e automação

Certos setores, como a indústria, tiram proveito do uso da robótica em seus processos há vários anos. Acredita-se que ela permite que os trabalhadores realizem suas tarefas de maneira mais ergonômica, garantindo mais segurança e produtividade. Pode-se deixar o robô completar automaticamente tarefas repetitivas.[11]

Essa tecnologia torna possível o desafio de aumentar a produtividade aumentando também a qualidade dos produtos. No entanto, não podemos descartar o risco de excessos que levam a más condições de trabalho. Nos depósitos da Amazon, um sistema de gestão automatizado monitora os funcionários para verificar a velocidade com que trabalham, atribuindo-lhes uma nota de acordo com o número de itens que processam por hora. Há relatos de funcionários forçados a trabalhar sem parar ou ameaçados de demissão por não serem rápidos o suficiente. Essa situação agravou-se a tal ponto que quase 10% dos trabalhadores em tempo integral teriam sofrido acidentes de trabalho em 2018.[12]

Internet das Coisas

A Internet das Coisas (IoT, em inglês) é a essência da revolução industrial que ficou conhecida como Indústria 4.0. Sua aplicação permite a comunicação máquina a máquina (M2M), a automação e o controle sem fio. Entre os setores que utilizam essa tecnologia estão o automotivo, o de saúde, a indústria, os transportes, a logística e o comércio varejista. Todos podem se beneficiar da IoT.[13]

Nesses setores, os trabalhadores têm os seguintes benefícios:

- **Qualidade de vida no trabalho.** O funcionário pode concentrar sua atenção no processo de criação de valor, que a tecnologia não consegue resolver. Numa pesquisa da Intel, mais de um terço dos entrevistados afirmou que soluções de IoT para segurança pública, saúde e transportes já foram implantadas ou estão sendo implantadas em suas comunidades.[14]
- **Eficiência nos gastos.** A tecnologia pode ajudar as empresas a redu-

zir os custos operacionais e aumentar os lucros. No setor industrial, a IoT monitora os equipamentos e usa aplicativos de previsão para reduzir os custos de manutenção.[15] Calcula-se que a General Electric vá gerar 19 trilhões de dólares em lucros e economias até 2026, graças à adoção da IoT.[16]

- **Mais flexibilidade.** A tecnologia permite que os trabalhadores tenham mais voz em relação ao método de trabalho, aumentando simultaneamente a produtividade. A Airbus, empresa do setor aeroespacial, implantou a IoT em todas as suas fábricas na Espanha, enxugando o processo de produção. A maioria das peças das aeronaves agora possui um sensor capaz de monitorar em tempo real o comportamento do avião. Isso permite que os funcionários verifiquem defeitos e façam solicitações de reparo a distância e com eficiência.[17]

Tecnologias a favor do cliente

O objetivo principal do uso da tecnologia é tratar de forma humanizada os funcionários, que, por sua vez, tratarão da mesma forma os clientes. A empresa também pode usar essas tecnologias para favorecer o cliente, em vez de explorá-lo. A seguir, algumas tecnologias que podem tornar a qualidade de vida do cliente ainda melhor.

Plataformas de dados de clientes (CDPs)

Bases de dados integradas, que possam ser acessadas por diversos sistemas, permitem que a empresa entenda melhor o cliente em diversos pontos de contato. Produtos e serviços personalizados podem ser oferecidos de forma relevante ao consumidor. Por exemplo, a Next Big Sound descobriu maneiras de usar informações de streamings do Spotify, compras no iTunes, acessos no SoundCloud, likes no Facebook, visitas à Wikipedia, visualizações no YouTube e menções no Twitter para antecipar as próximas grandes tendências musicais. Essa investigação feita pela empresa gera informações exclusivas sobre o que faz sucesso nas redes sociais, o impacto de aparições na TV e outros dados de valor inestimável para a indústria da música.[18]

Sistemas de pagamento on-line

Os pagamentos eletrônicos substituem cada vez mais os métodos de pagamento tradicionais, em espécie. Na verdade, caminhamos para uma sociedade *cashless* e hoje dependemos cada vez mais de transações financeiras eletrônicas, que usam tecnologias digitais com base na internet. O crescimento dos pagamentos on-line ocorre em paralelo às tendências das lojas on-line e do internet banking.

Chatbots e assistentes virtuais

Já discutimos como a IA pode ser utilizada como assistente virtual. Robôs dotados de IA podem atender a pedidos dos usuários e realizar uma série de tarefas, desde responder a perguntas com rapidez e precisão até indicar o caminho para algum lugar específico e fazer reservas num restaurante ou cabeleireiro.

Por exemplo, a Sephora, líder do comércio de produtos de beleza, emprega chatbots para aprimorar a experiência do cliente. O Sephora Reservation Assistant faz reservas com profissionais de beleza enviando uma mensagem para o chatbot. A Sephora também possui tecnologia de aprendizado inteligente para compreender a fala do cliente e ter uma comunicação mais interativa.[19]

Internet das Coisas

A IoT conecta à internet objetos do cotidiano para que a vida seja vivida de forma mais inteligente. Ela nos permite controlar aparelhos domésticos com o celular e por comandos de voz, como no caso da Alexa e da Siri.

A Tata Consultancy Services é líder mundial em serviços, consultoria e soluções empresariais de TI. Com a IoT, ela monitora piscinas, permitindo que o proprietário controle a distância as condições da água e mude a temperatura e a iluminação. O consumidor também pode usar esse sistema para contatar a assistência técnica. Quando ocorre um problema, o profissional é capaz de resolvê-lo remotamente.[20]

Plataformas comunitárias

Essa ferramenta pode atuar como central de informações para muita gente, sobretudo para os consumidores. Por exemplo, o BabyCenter, da Johnson & Johnson, é uma plataforma comunitária criada para atender mães de primeira viagem, que querem conversar sobre a gravidez e a criação dos filhos. Muitas informações e serviços são oferecidos de acordo com essas necessidades, como uma lista de nomes de bebês e um tutorial sobre como trocar fraldas. O BabyCenter possui sites em diversos países, adaptados a cada idioma.[21]

As marcas também podem reforçar o engajamento do cliente usando plataformas comunitárias on-line para criar interações mais abertas e horizontais, inclusive com vídeos e jogos. Através desse engajamento, a empresa consegue conhecer melhor seu cliente e receber informações para aprimorar seus produtos e serviços.

Realidade aumentada e realidade virtual

O uso da RA e da RV beneficia consumidores de vários segmentos. Por exemplo, no setor da moda, com a ajuda da RA, o consumidor pode enxergar o produto no "mundo real", o que aumenta sua confiança no processo de compra. No setor de hotelaria e turismo, os hotéis podem oferecer uma visita virtual por seus quartos. As agências de viagens podem demonstrar com antecedência aquilo que o viajante verá em determina excursão.[22]

Reconhecimento facial

A tecnologia de reconhecimento facial ajuda a confirmar a identidade de uma pessoa com base em sua biometria, seja em tempo real ou por meio de fotos ou vídeos.[23] A Apple utiliza o reconhecimento facial para checar pagamentos conectados ao Apple ID. É uma funcionalidade que ajuda a garantir a segurança de qualquer pagamento feito no ambiente Apple. O sistema também oferece o preenchimento automático de senhas por reconhecimento facial, o que aumenta a eficiência.[24]

Essa tecnologia é amplamente utilizada em transações digitais no setor bancário. Cerca de 11 mil instituições financeiras nos Estados Unidos usam o reconhecimento facial para conferir a identidade de seus clientes. É um recurso muito aplicado em transações individuais, como no acesso de contas. Sistemas assim, fáceis de usar, podem aumentar a fidelidade do cliente.[25]

Graças a essas tecnologias, o consumidor terá experiências mais positivas, como as descritas a seguir.

- **Maior contato da empresa.** Quem recebe mais atenção pessoal (como uma assistência técnica ao vivo, em vez de uma página de "perguntas mais frequentes") se sente mais valorizado. Todo consumidor necessita de uma solução rápida, e é possível cuidar disso priorizando a assistência ao cliente. Sistemas automatizados, como os chatbots, podem ajudar analisando as dúvidas mais recorrentes.[26]
- **Ofertas mais relevantes.** Por entender melhor os clientes, o profissional de marketing e a empresa podem oferecer o que eles querem no momento oportuno. A companhia que conseguir sustentar essa atitude vai aumentar o tempo de vida do cliente.
- **Experiência *seamless* (sem arestas).** Conectar o cliente a informações e interações digitais e físicas, em diferentes pontos de contato, sempre que ele quiser, pode conquistar sua preferência. Segundo um estudo, 73% dos consumidores consideram que uma boa experiência é crucial para influenciar sua fidelidade à marca.[27]

▏▶ Tecnologias a favor da sociedade

As empresas não podem ignorar as boas atitudes, que ajudam a manter o bem-estar das comunidades ao redor. Por isso precisam alocar investimentos em tecnologia tendo em vista os interesses da sociedade. Em geral, devem lançar mão de "tecnologias verdes", que englobam as duas categorias a seguir.

Materiais verdes

Tem se tornado cada vez mais comum o uso empresarial de matérias-primas naturais ou artificiais que não agridem o meio ambiente. O objetivo é evitar desperdícios nocivos ao ecossistema, que podem causar danos à sociedade e problemas de saúde. Por exemplo, a Seventh Generation oferece há mais de trinta anos produtos ecológicos de higiene pessoal, inclusive para bebês. A empresa valoriza a formação de uma geração mais saudável, sustentável e igualitária. Acredita que temos uma responsabilidade para com a atual geração e as próximas sete, como diz o nome da empresa. Por esse motivo, usa produtos de origem vegetal e embalagens recicláveis.[28]

Além de beneficiar a comunidade, as empresas podem reduzir custos relacionados à gestão de resíduos que agridem o ambiente e substituir resíduos nocivos por materiais biodegradáveis. A cidade dinamarquesa de Kalundborg realizou uma "simbiose industrial" para avaliar os resíduos de cada empresa instalada no município. A simbiose industrial tende a reduzir a praticamente zero o desperdício, o que ajuda o meio ambiente e as organizações, reduzindo o custo da gestão dos resíduos.[29]

Produção verde

O uso de materiais recicláveis em processos industriais leva em conta a preocupação cada vez maior do público com o meio ambiente. Isso reduz as pilhas de entulho e transforma o lixo em produtos de valor. A política de reciclagem das empresas traz como benefício a redução da poluição do solo, da água e do ar.

A Estée Lauder conta com uma equipe global de meio ambiente e segurança, que tem um histórico de redução de desperdício. Desde 2003, segundo a empresa, mais de vinte instalações de produção e distribuição deixaram de enviar resíduos para aterros sanitários. Todo resíduo não reutilizável é incinerado e, assim, transformado em energia.[30]

Além de serem benéficos para a sociedade, os materiais reciclados podem representar uma economia importante para a empresa. É uma política que diminui a demanda por matérias-primas, o que reduz o uso de energia. Por exemplo, a Unilever lançou a campanha "Reutilizar, Refil, Repensar" com o objetivo de reduzir o desperdício de plástico, incentivando o consumidor a comprar refis, em vez de embalagens novas. Com essa campanha, a Unilever reduziu a necessidade de produzir novas garrafas de plástico, o que diminuiu o custo de produção.[31]

Implementar as atuais políticas de reciclagem já não basta. As empresas estão subindo de patamar, usando fontes de energia renovável. Esse é o caso, sobretudo, nos processos industriais. É uma política que também pode reduzir os poluentes gerados a partir de fontes de energia "suja".

Nos sistemas industriais, quase todos os setores utilizam eletricidade. Nos Estados Unidos, pelo menos 29% da pegada de carbono vêm do setor elétrico, tendo combustíveis fósseis como geradores de energia. É possível notar a diferença entre as emissões geradas por cada fonte. O gás natural, para gerar eletricidade, libera aproximadamente 270 a 900 gramas de gás carbônico por quilowatt-hora. Energias renováveis, como a eólica e a hidrelétrica, emitem apenas 9 a 225 gramas.[32]

Com a implementação das tecnologias verdes, mesmo que nem toda a comunidade compre produtos de empresas que as adotam, o consumidor pode se beneficiar da existência da empresa. Ele obtém as seguintes vantagens:

- **Meio ambiente de melhor qualidade.** A tecnologia enseja a formação de um ambiente comunitário mais habitável, com ar, terra e água mais limpos, o que ajuda a prevenir problemas de saúde.
- **Menor custo social.** Uma sociedade cada vez mais saudável reduz a carga sobre os gastos sociais do governo. Usinas movidas a carvão ou gás natural liberam gases nocivos de efeito estufa. Esse custo vai se acumulando, levando o governo a gastar bilhões de dólares de impostos todos os anos para lidar com os efeitos nocivos de incêndios florestais, enchentes e indenizações das seguradoras. Quando as empresas começam a utilizar tecnologias verdes e reduzem os efeitos nocivos ao meio ambiente, o governo pode alocar essas verbas em outras prioridades.[33]
- **ESG incorporada.** Iniciativas de ESG (critérios ambientais, sociais e de governança) não podem mais ser vistas como algo à parte nos processos da empresa. Precisam integrar os diversos processos de criação de valor. A Royal Dutch Shell, mais conhecida como Shell, é uma empresa do setor de petróleo e gás que incorporou esses critérios. Na Shell, a ESG dá apoio à juventude, ensinando competências empreendedoras que promovam ideias que levem a um negócio sustentável. A empresa oferece formações, oficinas e mentoria a esses jovens.[34]

▎ Impacto sobre a empresa

As discussões relacionadas à tecnologia tratam de seus inúmeros impactos sobre os três principais interessados: funcionários, consumidores e sociedade. A pergunta seguinte é: qual é o efeito sobre a empresa propriamente dita? Qual é o impacto sobre os acionistas?

Vamos responder a essa pergunta usando o modelo de tecnologia para humanização, apresentado na Figura 16.1, que ilustra o papel da tecnologia como catalisador essencial.

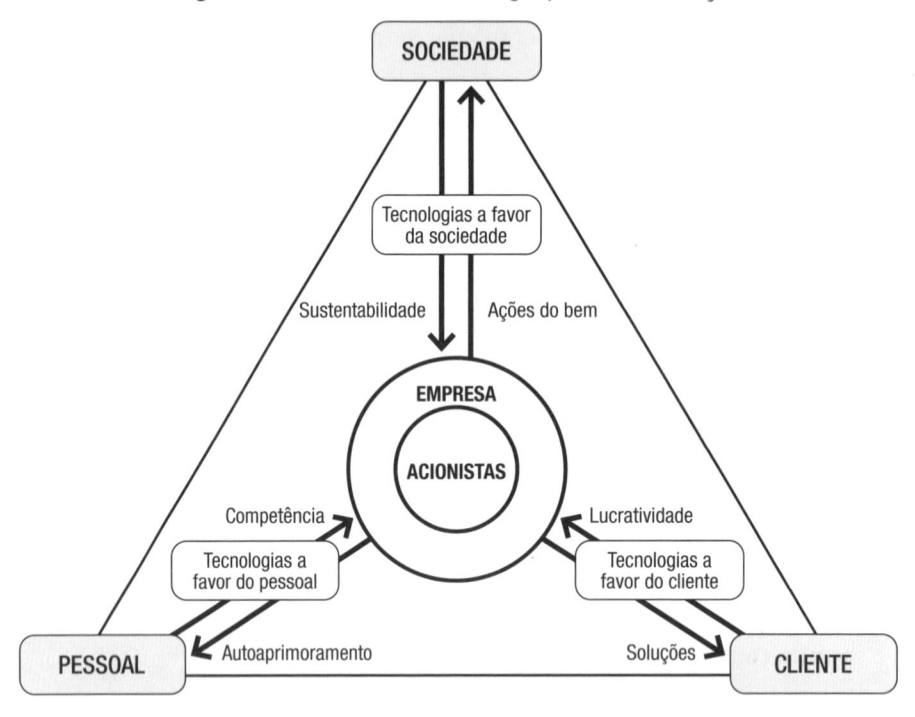

Figura 16.1 Modelo da tecnologia para humanização

```
                    SOCIEDADE
                        ↑↓
              Tecnologias a favor
                  da sociedade
                        ↓
      Sustentabilidade      Ações do bem

                    EMPRESA
                   ACIONISTAS

         Competência        Lucratividade
      Tecnologias a         Tecnologias a
      favor do pessoal      favor do cliente

  PESSOAL  ← Autoaprimoramento   Soluções →  CLIENTE
```

- **Autoaprimoramento e competência.** Usando a tecnologia a favor de seu pessoal, a empresa pode ajudar os funcionários a se atualizar, e não apenas a aumentar a remuneração. Tecnologias que melhoram a qualidade de vida no trabalho aumentam a produtividade, pois as pessoas passam a ter vontade de dedicar suas competências relevantes à empresa.

- **Soluções e lucratividade.** A empresa pode oferecer soluções que vão além dos produtos e serviços, usando a tecnologia a favor do cliente. A tecnologia permite que o consumidor obtenha o máximo da empresa, graças a uma excelente experiência. Por sua vez, o comprador fará da empresa a sua preferida, o que gera lucratividade.
- **Ações do bem e sustentabilidade.** O público enxergará a empresa como uma organização admirável. Com base em tecnologias que não agridam o meio ambiente, a empresa demonstrará preocupação com o bem-estar da comunidade. Quando as boas ações são bem comunicadas, a comunidade valoriza a empresa e lhe dá apoio, o que ajuda a garantir a sustentabilidade do negócio.

Além de ser o lugar mais inovador para trabalhar, o Google adquiriu a reputação de ser ambientalmente consciente. A empresa usa em seus centros de dados mundo afora 50% a menos de energia que as outras. O Google também disponibilizou mais de 1 bilhão de dólares para projetos relacionados a energias renováveis, e seus serviços (como o Gmail) contribuem para reduzir a quantidade de papel gasta.[35]

Quando uma empresa é compatível com pessoas talentosas, favorita aos olhos do consumidor e respeitada pela sociedade, ela angaria respeito e apoio de todas as partes interessadas. O que pode ser melhor que isso? Esses três stakeholders atuam como um propulsor que empurra a empresa para a frente. No fim das contas, as metas da empresa em suas iniciativas de marketing levarão o bem à sociedade.

Existe um ciclo curioso entre três fatores do modelo de tecnologia para humanização (competência, lucratividade e sustentabilidade – CLS), como mostra a Figura 16.2.

As competências relevantes (ou mesmo as competências distintivas) viabilizam que a empresa compita e tenha uma performance superior à dos concorrentes. Essa performance superior permite que a empresa atinja um grau suficiente e esperado de lucratividade. Quando a empresa trata seus clientes de maneira apropriada (assim como, é claro, outras partes interessadas relevantes), ela mantém ou até amplia sua lucratividade ao longo do tempo. Quando a empresa consegue manter a lucratividade de forma constante, ela assegura sua sustentabilidade, o que, por sua vez, propicia a oportunidade de desenvolver o grau seguinte de competência. A pergunta é: como manter uma empresa lucrativa e sustentável?

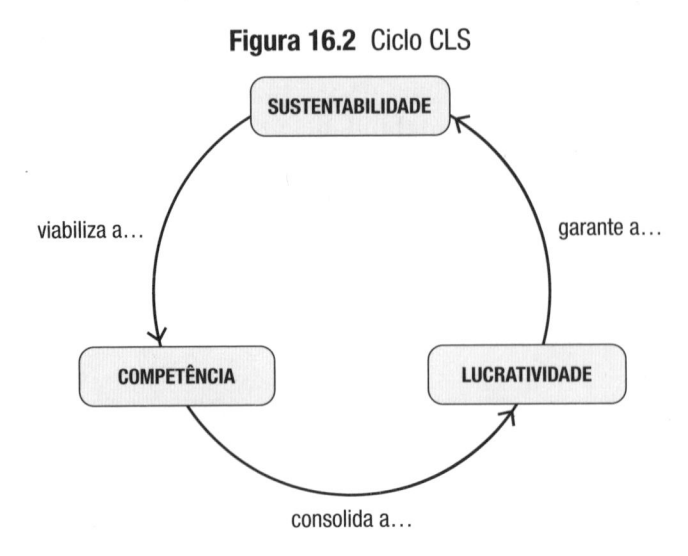

Figura 16.2 Ciclo CLS

```
                    SUSTENTABILIDADE
                   ↗              ↖
          viabiliza a...        garante a...
                  ↙                  ↘
          COMPETÊNCIA  →  →  →   LUCRATIVIDADE
                         consolida a...
```

Vamos analisar uma empresa "clássica", de 60 anos de idade, como o Walmart. O CEO, Doug McMillon, declarou que o Walmart continua ampliando suas competências e se transformando de maneira rápida e agressiva. A empresa tem uma gestão robusta da cadeia de suprimento, o que sustenta sua proposição de preços mais baixos. Além disso, o Walmart utiliza a tecnologia e a automação em quase todos os setores, inclusive nos centros de distribuição e na interação com os clientes. Também foi bem-sucedido na obtenção de economias de escala e diversificou-se, por acreditar que o varejo, sozinho, não basta para garantir sua existência no futuro.[36]

Além disso, o Walmart tem um planejamento sólido para o meio ambiente. Seu objetivo é utilizar 100% de energias renováveis até 2035 e fazer emissões zero até 2040. A empresa tem a meta de fazer até 2040 a transição para substâncias refrigeradoras de baixo impacto em seus equipamentos elétricos e de refrigeração.[37]

O Walmart continua inovando para se tornar mais ágil. Certificou-se de adotar a estratégia correta para criar vantagens competitivas, a fim de manter a lucratividade e tornar-se uma empresa sustentável. Por isso ilustra bem o ciclo CLS.

As empresas precisam prestar atenção o tempo todo nos fatores CLS para que o círculo seja virtuoso. Quando há algo errado com um desses fatores, a empresa cai na armadilha do círculo vicioso. Para ter sucesso, a empresa precisa conquistar o coração de todos os interessados, por meio de interações e integrações facilitadas pela tecnologia. Precisa demonstrar que a tecnologia foi genuinamente projetada a favor da humanização.

O ideal é que, ao progredir, as empresas reflitam sobre as tecnologias e as apliquem em nome do bem-estar de todos os envolvidos. Acima de tudo, os funcionários se sentirão valorizados e empoderados para produzir mais. A sociedade, como um todo, se beneficiará de tecnologias bem aplicadas. Todos os stakeholders valorizarão uma empresa que retribui ao seu entorno. Quando a empresa monitora suas iniciativas e mantém seu olhar no futuro, ela consegue prosseguir nesse círculo virtuoso.

▶ PRINCIPAIS CONCLUSÕES

- As empresas podem usar a tecnologia para otimizar a gestão de talentos mediante softwares de remuneração, computação em nuvem, análise de dados, realidade virtual e aumentada, impressão 3D, robótica, automação e Internet das Coisas.
- Entre as tecnologias que melhoram a qualidade de vida do consumidor estão plataformas de dados de clientes, sistemas de pagamento on-line, chatbots e assistentes virtuais, Internet das Coisas, plataformas comunitárias, realidade virtual e aumentada e reconhecimento facial.
- No que diz respeito à sociedade, a tecnologia permite que as empresas melhorem o bem-estar das pessoas e do planeta, com materiais verdes e iniciativas de produção verde.

17
Excelência pós-operacional
Como equilibrar rigidez e flexibilidade

A Taiwan Semiconductor Manufacturing Company (TSMC), empresa focada na produção industrial de semicondutores sob medida para seus clientes, possui um método operacional conhecido como "jeito TSMC". Ele consiste em dois aspectos. O primeiro é que a TSMC atribui a cada uma das suas fábricas um determinado volume de encomendas, dentre seus mil clientes, para atingir um nível específico de eficiência (uso da escala). O segundo é que a TSMC usa um design modular sem igual para produzir essas encomendas. Isso permite que, para atendê-las, a empresa empregue sua capacidade de produção de forma dinâmica.[1]

Além disso, a TSMC conta com o CyberShuttle (serviço de compartilhamento que reduz o custo dos protótipos), uma verificação de design e uma ferramenta de teste de chips, para quebrar o galho de uma necessidade repentina de um cliente. Com o jeito TSMC, a empresa pode atender a pedidos urgentes sem desobedecer a seus rígidos princípios operacionais de fabricação. Ela atua de acordo com o princípio da "produção inteligente". Trata-se de um processo de fabricação assistido por aprendizado de máquina, usado para otimizar a qualidade, a produtividade, a eficiência e a flexibilidade operacional, maximizar o custo-benefício e acelerar a inovação de modo geral.[2] Em consequência, a TSMC é capaz de atender a uma ampla variedade de demandas do mercado e às mais diversas exigências relacionadas a produtos, para consumidores do mundo inteiro.[3]

Graças à capacidade de equilibrar processos rígidos com a flexibilidade exigida pelo consumidor, e sua necessidade cada vez maior, a TSMC tornou-se o maior fabricante mundial de semicondutores. Ela desempenha um papel vital na cadeia de suprimento global. Entre seus clientes mais importantes estão a Apple e a AMD.[4]

Figura 17.1 Fator de operações no modelo omnihouse

Núcleo do EMPREENDEDORISMO
Criatividade, inovação, empreendedorismo e liderança

Preparação — OPERAÇÕES — Execução

Núcleo do PROFISSIONALISMO
Produtividade, aprimoramento, profissionalismo e gestão

Neste capítulo, vamos discutir o fator do modelo omnihouse que fica bem no meio, isto é, as *operações*, que são extremamente estratégicas no negócio (Figura 17.1). Por um lado, é preciso que as operações transcorram sem obstáculos significativos. Por outro, é necessário que elas sejam capazes de se adaptar a um ambiente dinâmico.

O fator de operações é uma das influências diretas sobre a margem de lucro da empresa. Melhorar o aspecto operacional é essencial para aumentar a eficiência da empresa, reduzir custos e afetar diretamente a margem operacional na demonstração de resultados. A robustez desses processos operacionais – de produção, distribuição, vendas e serviços – dependerá das competências operacionais da empresa.

As operações também podem afetar a produtividade – em termos de insumos e produtos –, já que uma competência operacional poderosa pode converter insumos provenientes do mesmo número de fontes num número maior de produtos, em comparação com empresas de produto similar. A parte operacional tem que ser montada de modo que tudo transcorra impecavelmente, da preparação à execução. O foco de operações deve se apoiar na capacidade de utilizar os atuais recursos da empresa da forma mais eficiente possível, viabilizando produtos e serviços da mais alta qualidade ao mesmo tempo que preserva certo grau de flexibilidade. O fator de operações também é um intermediário entre o marketing, que geralmente se preocupa com as linhas de cima, e o financeiro, que prioriza a última linha da demonstração de resultados.

A rigidez é natural

Pode-se encontrar rigidez por toda parte, mas geralmente ela ocorre quando uma startup se torna mais consolidada na operação do negócio. A essa altura, a empresa pode se acomodar em suas rotinas e sistemas. Manter o *status quo* pode ser confortável (ver Capítulo 6). Dentre os vários fatores que costumam levar à rigidez destacam-se os seguintes:

Mentalidade empreendedora fraca

O espírito empreendedor se destaca graças à flexibilidade ao lidar com os diferentes obstáculos e o processo de tomada de decisões. Quando isso não acontece, a empresa pode ficar cada vez mais rígida e quebrar.

Por exemplo, a HMV, empresa de venda de CDs e DVDs, fechou as portas em 2018. Antes de falir, a empresa teve a oportunidade de agir em relação a três tendências que se transformaram em ameaças: supermercados de preços baixos, lojas on-line e download de músicas. A empresa ignorou as previsões e continuou fazendo negócios como antes. Só começou a investir em atividades na internet no final dos anos 1990. Porém, àquela altura, já era tarde demais.[5]

Estagnação da criatividade e da inovação

Muitas empresas nascem extremamente apaixonadas, ricas em ideias, e sempre prontas a inovar nos estágios iniciais de operação. Depois de algum tempo, as rotinas se assentam e a criatividade se esvai. Os membros da equipe se esquivam de palavras como *agilidade* e *adaptação*. A essa altura, a rigidez se instala.

Ignorar a concorrência

O sucesso pode cegar uma empresa, embora tanto concorrentes antigos quanto novos continuem lutando para alcançar a melhor posição no mercado. Uma atitude complacente costuma levar a empresa à estagnação. Infelizmente, às vezes isso só é percebido quando a companhia começa a passar por uma crise e mergulha na armadilha da espiral da morte.

Não cuidar dos clientes

É comum que empresas que conquistaram muitos clientes esqueçam que nem sempre essas pessoas são fiéis. Além disso, muitos gestores supõem que será fácil encontrar novos clientes quando perderem os atuais. Essa visão e essa atitude são, em geral, sinal de uma rigidez iminente.

Não transformar o modelo de negócio

A dinâmica do ambiente de negócios afeta a forma de a empresa conduzir seu negócio. Depois de muito tempo operando, é comum que a organização tenha necessidade de verificar se seu modelo de negócio ainda é viável. Infelizmente, muitas empresas se encerram em sistemas ultrapassados e relutam em se reinventar.

Ignorar transformações no ambiente macro

Os fatores do ambiente macro se transformam rapidamente, muitas vezes de forma imprevisível. Caso a empresa não preste atenção a essas tendências, pode desperdiçar novas oportunidades. Também pode deixar passar sinais de alertas, indicativos de que ela precisa seguir em outra direção.

Falta de direcionamento digital

Algumas empresas são lentas na adoção de modelos e ferramentas digitais. Outras investem pesado, mas não conseguem dar conta da estratégia empresarial e de metas abrangentes demais. Algumas implementam ferramentas digitais, mas não avaliam o futuro para identificar transformações iminentes que podem ser essenciais. Nesses casos, a rigidez faz com que a empresa despreze ferramentas digitais que poderiam impulsionar os lucros.

▌ A cadeia de valor não morreu

Às vezes se diz que o conceito de "cadeia de valor", lançado por Michael Porter em meados dos anos 1980, já não se aplica ao cenário atual. Esse conceito surgiu numa época em que a digitalização ainda não conectava o mundo como hoje. Assim, o conceito de cadeia de valor não valeria mais, pois tudo está cada vez mais conectado digitalmente.

No entanto, o surgimento das tecnologias digitais nos permite simplificar, aglutinar ou até eliminar diversos subfatores desnecessários, que podem ser evitados ou terceirizados com parcerias. Portanto, as empresas podem evitar a realização de algumas atividades que não agregam valor significativo. Isso vai acelerar o caminho do estágio da idealização à comercialização, reduzir custos e aumentar a utilização de ativos tangíveis e intangíveis.

O WhatsApp, por exemplo, terceirizou seus engenheiros, contratando uma equipe russa de TI. Essa decisão foi tomada porque o capital inicial da empresa era muito limitado nos primeiros anos e ela não tinha como pagar engenheiros americanos. Resolveram buscar engenheiros talentosos em outro lugar para pagar um valor mais competitivo pelos talentos.[6] O esquema deu certo, mantendo o WhatsApp vivo até sua aquisição pelo Facebook, em 2014. Foi um método que simplificou a gestão operacional do WhatsApp, sustentando sua vantagem competitiva.

▌ Ajustes constantes na cadeia de valor

A partir da explicação e dos exemplos anteriores, pode-se afirmar que o conceito de cadeia de valor não morreu e que continua relevante, desde que a empresa permaneça fazendo ajustes a certos aspectos de sua própria cadeia. Todos os fatores básicos precisam estar integrados digitalmente, mas isso não os impede de funcionar de forma modular. A organização precisa ter a coragem de determinar quais atividades, no fim das contas, ela realizará por conta própria – as chamadas atividades-chave – e quais serão delegadas a parceiros.

Tanto grandes quanto pequenas empresas às vezes precisam terceirizar. Um motivo constante é a redução de custos. Outra razão é que isso pode ser benéfico para empresas de pequena escala. No caso das startups, um plano de terceirização pode ajudar a empresa a operar normalmente quando a equipe própria atingir sua capacidade máxima.[7]

Com uma cadeia de valor mais enxuta, a empresa pode aumentar a qualidade de seus produtos, priorizando áreas como criatividade e inovação e, ao mesmo tempo, reduzindo custos desnecessários. Ao criar uma cadeia de valor mais eficiente, a empresa acelera seus processos de entrega, até mesmo de produtos customizados. O serviço de assistência se torna a base para a diferenciação na cadeia de valor.

▶ A cadeia de suprimento é ainda mais relevante

O papel de uma cadeia de suprimento robusta, tanto cadeia acima (lado da oferta) quanto cadeia abaixo (lado da demanda), torna-se ainda mais relevante na atual era digitalizada. Com a conectividade cada vez maior dos fatores da cadeia de suprimento, as empresas podem compartilhar informações com o lado da oferta, reforçando a própria flexibilidade. Uma boa coordenação com os parceiros cadeia acima e cadeia abaixo ajuda a companhia a alcançar um alto grau de eficiência, podendo atender a transformações na demanda dos clientes – tanto B2B quanto B2C.[8] Uma integração robusta da cadeia de suprimento provoca rigidez e dá à empresa flexibilidade para reagir à dinâmica do mercado. Também concede aos fornecedores espaço para se adaptarem rapidamente e atender à demanda.

▶ Integração e flexibilidade estratégica

Integrar-se à cadeia de suprimento permite à empresa ter flexibilidade estratégica. Ela consegue detectar melhor as transformações externas e decidir o que fazer com seus recursos e suas atividades operacionais. No entanto, a organização não precisa ser dona de todos os recursos; pode terceirizar parte da operação.

A empresa pode se concentrar em suas competências centrais enquanto terceiriza o restante. Também pode priorizar atividades relacionadas a essas competências centrais e até criar uma competência distintiva. Isso combina com o conceito de economia compartilhada, cada vez mais popular na era digital. Permite que as diferentes partes se conectem num ambiente de negócios específico.

Algumas empresas com sede nos Estados Unidos, como Microsoft, American Express, Dell e General Electric, atendem milhões, quiçá bilhões de consumidores no mundo inteiro. Essas companhias terceirizam os serviços de help desk na Índia. O país é um destino essencial na terceirização da assistência ao cliente por causa do baixo custo da mão de obra, dos talentos em TI, da fluência em inglês e de uma diferença de doze horas de fuso horário, o que ajuda as empresas a oferecer serviços de call center 24 horas por dia.[9]

▶ Integração, poder de barganha e QCD

Se associarmos essas questões ao conceito de "qualidade, custo e entrega" (QCD, em inglês), constatamos que, em condições fora do ideal, não há como otimizar o QCD. A robustez de uma integração e do poder de barganha entre fornecedores e compradores é o que vai determinar o grau de vulnerabilidade do QCD (Figura 17.2).

Figura 17.2 Impacto da integração e do poder de barganha sobre o QCD

INTEGRAÇÃO		Fraco (PODER DE BARGANHA)	Forte (PODER DE BARGANHA)
	Forte	Maior qualidade e entrega excelente, porém a um custo elevado. A flexibilidade estratégica só pode ser parcialmente alcançada.	Maior qualidade, custo mais baixo e excelente entrega. A flexibilidade estratégica pode ser alcançada.
	Fraca	Qualidade mais baixa, custo mais alto e entrega ruim. A flexibilidade estratégica não pode ser alcançada.	Custo mais baixo e qualidade e entrega comprometidas. A flexibilidade estratégica só pode ser parcialmente alcançada.

Por melhor que seja a cadeia de valor da empresa, será um desafio oferecer produtos e serviços de alta qualidade se o acesso aos fatores de produção for limitado. No caso das B2Bs, por exemplo, se o poder de barganha e a integração da empresa, enquanto compradora, forem fracos, então todos os fatores do QCD serão muito vulneráveis. A organização também sentirá dificuldade em reduzir uma série de custos, porque o fornecedor é quem determinará os preços dos fatores de produção. Quando o suprimento de fatores de produção à empresa também não flui com facilidade, isso pode provocar falhas na entrega.

Quando o poder de barganha da empresa, como compradora, é forte o suficiente, mas a integração é fraca, a empresa só consegue se concentrar no fator custo, enquanto a qualidade e a entrega continuam vulneráveis. Por outro lado, caso a posição de barganha da empresa, como compradora, seja fraca, mas a integração seja forte, a empresa terá uma possibilidade maior de oferecer produtos e serviços de qualidade e uma entrega excelente ao consumidor. No entanto, a vulnerabilidade continuará alta no fator custo. Essas duas situações levam a uma flexibilidade menor para a empresa, porém há um espaço maior para criar uma vantagem competitiva.

Por exemplo, a Apple – importante cliente da TSMC (citada no início do capítulo) – possui um amplo ecossistema e exige um chip de alta qualidade para todos os seus aparelhos. Sendo uma das marcas líderes em eletrônicos inovadores, a Apple solicitou da TSMC um chip específico, de 3 nanômetros. Essa demanda particular ajudou a TSMC a aprimorar sua experiência operacional. Em contrapartida, apenas a TSMC seria capaz de completar o processo de fabricação do chip. Esse tipo de relação cria uma interdependência saudável entre as duas empresas.[10]

Vamos supor que o poder de barganha da empresa, enquanto compradora, seja forte e sua integração com a cadeia de suprimento seja forte também. Nesse caso, a empresa dependerá apenas da própria cadeia de valor para garantir produtos e serviços de qualidade, manter os custos o mais baixos possível e garantir que a entrega esteja de acordo com as expectativas do cliente – deixando-o satisfeito – ou até exceder essas expectativas – deixando-o encantado.

Essa integração e esse poder de barganha forte reforçam a flexibilidade estratégica da empresa, ou seja, a capacidade de reagir rapidamente a um ambiente de negócios em rápida transformação – sobretudo em relação à demanda do mercado. A organização pode ajustar seus recursos e suas decisões estratégicas rapidamente, conforme essas transformações.[11] A empresa terá uma forte vantagem competitiva enquanto tiver fortes competências de gestão operacional, integrando todas as suas atividades a fatores da cadeia de suprimento.[12]

▶ A insuficiência da relação linear

Ainda que a cadeia de valor da empresa esteja firmemente integrada à cadeia de suprimento acima – ou seja, com os fornecedores (F1 a F5) – e abaixo – com os distribuidores (D1 a D3) –, essa não é necessariamente a condição ideal (Figura 17.3). Esse é o caso quando a empresa ainda não é parte integrada do ecossistema de negócios. Além disso, quando essa relação permanece linear, a dinâmica não combina necessariamente com a velocidade das transformações no ambiente de negócios como um todo, sobretudo no lado do consumidor.

Figura 17.3 Relação linear entre a cadeia de valor e a cadeia de suprimento de uma empresa

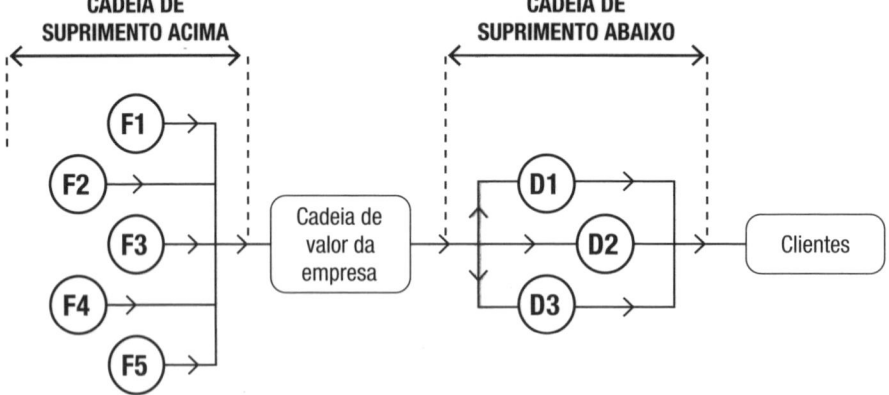

Para acompanhar uma situação dinâmica e muitas vezes caótica, uma cadeia de suprimento linear deixou de ser uma abordagem apropriada, ainda mais quando ela é independente ou não integrada. Em razão dessa insuficiência, torna-se urgente que a cadeia de valor evolua e se torne um

ecossistema extremamente dinâmico. Esse ecossistema funcionará como uma teia de valor que otimiza todos os fatores envolvidos.[13]

Quando a empresa depende de um único aspecto na cadeia de suprimento (como abastecimento, produção, vendas ou distribuição), isso pode prejudicar acidentalmente o negócio. A empresa pode ficar refém de um pagamento que não foi feito ou de uma alta repentina de preço. Por exemplo, quando uma companhia não consegue receber uma matéria-prima, uma máquina dá defeito, um site cai ou falta estoque nos armazéns, toda a operação pode ter que parar, para evitar gargalos.[14]

▌ O ecossistema de negócios é o "território final"

Segundo o Boston Consulting Group, um ecossistema de negócios precisa resolver um problema da empresa e ser organizado de modo a chegar a uma proposição de valor específica. Acesso a uma ampla gama de competências; capacidade de ganhar escala rapidamente; flexibilidade e resiliência; tudo isso são vantagens dos ecossistemas de negócios. Por exemplo, Steve Jobs liberou o iPhone para desenvolvedores independentes, dando início a uma explosão de aplicativos novos e inventivos.[15]

No fim das contas, a empresa precisa se tornar parte atuante do ecossistema de negócios, seja o convencional ou o digital. Conectando todos os elementos do ecossistema, todas as partes – que consistem em fornecedores (F), produtores (P), distribuidores (D) e clientes (C) – terão amplo acesso e flexibilidade para colaborar e cocriar, o que levará a uma performance superior de todos os envolvidos.[16] Ao fazer parte de um ecossistema de negócios robusto, existe uma grande probabilidade de a empresa conseguir aprimorar suas competências dinâmicas, o que é essencial para criar vantagem competitiva (Figura 17.4).

A empresa e suas parceiras tirarão proveito desse ecossistema, que lhes trará algumas vantagens. Quanto maior a interdependência num ecossistema, maior a rigidez. No entanto, ela também propicia flexibilidade a todas as partes envolvidas, ao lidar com rápidas transformações do ambiente. É uma situação que combina com o princípio da flexibilidade estratégica.

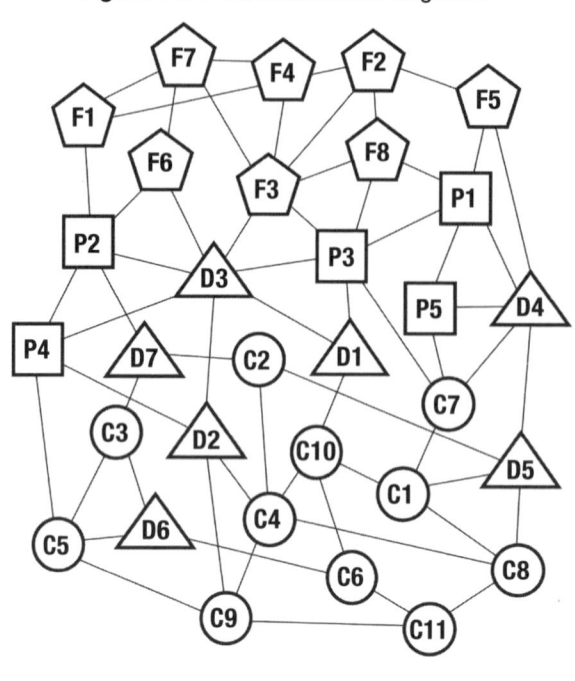

Figura 17.4 Ecossistema de negócios[17]

Vantagens de um ecossistema de negócios

Os ecossistemas de negócios propiciam as seguintes vantagens às partes que os integram:

- **Representam uma importante barreira de entrada.** Um ecossistema de negócios pode atuar como uma poderosa barreira a recém-chegados. Para os novos concorrentes, não bastará simplesmente confiar na força da própria cadeia de valor para ganhar a competição. Eles terão que encarar um ecossistema como um todo, que, é claro, possui a força coletiva de todos os seus integrantes.
- **Viabilizam soluções para problemas de grande porte.** Um ecossistema otimizado torna mais fácil para a empresa inovar e oferecer soluções. Isso pode ocorrer tanto para resolver problemas de uma empresa específica quanto para tratar coletivamente questões sociais e ambientais, em escala global.[18] Um ecossistema dinâmico, que consiste em recursos, habilidades e competências compartilhados, com fronteiras

cada vez mais borradas, permite que se descubram novos valores. Esse ecossistema será fundamental para ajudar as empresas a encarar de forma autônoma esse mundo competitivo.[19]

- **Proporcionam plataformas versáteis.** O ecossistema de negócios é uma plataforma para acelerar o processo de aprendizado, gerar ideias, compartilhar conhecimento e produzir técnicas e tecnologias para o uso coletivo. É um catalisador de inovações, que permite a todos os interessados colaborar e cocriar numa rede interdisciplinar que auxilia os processos de comercialização. Essa plataforma pode aumentar a eficiência e a eficácia, tanto para a empresa quanto para o coletivo, graças à possibilidade de distribuir os custos operacionais e os investimentos entre os diversos participantes do ecossistema.[20]

▶ O protagonismo do setor de operações

À medida que as empresas se integram cada vez mais num ecossistema de negócios, o papel de operações se torna mais central, como visto no modelo omnihouse. Por um lado, o setor de marketing da empresa precisa, antes de tudo, entender o mercado e oferecer soluções por meio de seus produtos e serviços. Por outro, o setor financeiro busca determinar se as inovações de marketing vão propiciar boas margens e fazer um uso produtivo do capital da empresa. O papel do setor de operações é permitir a execução da criação de valor, que possibilita cumprir os objetivos dos outros dois departamentos.

Diversas tecnologias ajudam o setor operacional, principalmente aquelas que combinam com um mundo cada vez mais digitalizado. Também permitem que a empresa faça parte de um ecossistema de negócios onde papéis e encargos são compartilhados, o que auxilia as atividades operacionais dentro da empresa. Esta pode tirar proveito das várias vantagens do ecossistema para oferecer o melhor a clientes, acionistas e à comunidade como um todo. O setor operacional também é parte essencial da concretização da ideia da tecnologia para humanização.

▌ A nova cara da excelência operacional

Em consonância com a importância cada vez maior da participação da empresa num ecossistema de negócios, a excelência operacional não pode depender exclusivamente das competências da gestão interna da empresa, da disciplina interna ou dos valores da organização. Na verdade, elas continuam tendo que prestar muita atenção aos processos internos. Ao mesmo tempo, devem buscar formas de alinhar esses processos e interações aos demais participantes do ecossistema.

Além de manter a excelência operacional que já existe, é crucial compreender aquilo que pode aprimorar essa excelência depois que a empresa passa a integrar um ecossistema de negócios. O objetivo é atingir a maior flexibilidade possível, qualquer que seja a rigidez da interdependência. Eis algumas características da nova excelência operacional:

- **Interdependência sem arestas.** O quanto a empresa coopera com os demais integrantes do mesmo ecossistema de negócios? Qual é o grau de interdependência entre a empresa e os demais, e esse relacionamento é sem arestas (*seamless*)? Quanto mais as partes cooperam com a empresa, quanto maior a interdependência e quanto mais livre de arestas é o relacionamento ou a conexão, mais alto o grau de integração necessário.
- **Compatibilidade impecável.** É preciso analisar até que ponto as tecnologias utilizadas nas atividades operacionais da empresa são compatíveis com as demais organizações de um ecossistema. Isso significa que é necessário verificar se essas organizações utilizam processos e metodologias semelhantes; se a empresa usa o mesmo protocolo que as demais; se todas se referem à governança universal desse ecossistema; e se a cultura do pessoal é coerente com a das outras organizações. Esses fatores precisam ser impecavelmente compatíveis ao se interagir dentro do ecossistema. Quanto mais perfeita for a compatibilidade, mais a empresa apresentará as características da nova excelência operacional.
- **Reatividade imediata.** Fazer parte de um ecossistema de negócios permite que a empresa mantenha sua relevância num ambiente em

constante transformação. Ela pode tirar proveito do ecossistema para reagir rapidamente às transformações, mesmo apresentando uma trajetória irregular. Quanto mais rápida a reatividade operacional apoiada pelo ecossistema, mais a empresa demonstra a nova excelência operacional.

É o que chamamos de *excelência pós-operacional*. Combinar esses três aspectos é o que vai determinar um grau de flexibilidade elevado, porque a empresa será capaz de executar processos operacionais de forma modular, fazendo ajustes com facilidade sempre que necessário. O ápice desses três aspectos representa a *fronteira de flexibilidade* (Figura 17.5).

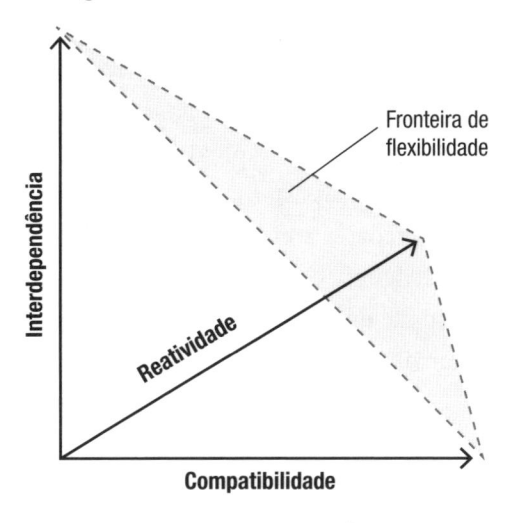

Figura 17.5 Fronteira de flexibilidade

Vamos supor que o ambiente de negócios apresente dinâmicas que excedam essa fronteira de flexibilidade imaginária. Nesse caso, todas as partes do ecossistema precisam se esforçar ao máximo para, conjuntamente, tirar partido de sua interdependência como uma potência coletiva, aprimorar a compatibilidade entre si e aumentar a capacidade de resposta. Essas três iniciativas conseguem levar a fronteira de flexibilidade para além da dinâmica do ambiente de negócios, fazendo com que todas as partes do ecossistema mantenham sua relevância. No entanto, como a fronteira de flexibilidade já está à frente da dinâmica do negócio, cabe a cada empresa, com suas iniciativas dentro do ecossistema, maximizar as oportunidades e possibilidades à sua disposição.

Com essa flexibilidade, os gestores podem acelerar os ganhos de escala. O mercado fica totalmente aberto. Enquanto o sistema de logística existente é capaz de dar conta, a empresa tem a certeza de que consegue atender ao mercado. Além disso, a companhia também pode enxugar o processo de desenvolvimento de produtos e os serviços de suporte. As possibilidades de diversificação também aumentam. Por fim, a empresa tem uma vez mais que responder a uma questão fundamental: qual é sua competência central e até que ponto ela continua relevante, podendo até se tornar uma competência distintiva.

▐ Como esticar o QCD

A empresa pode aprimorar suas realizações nos três fatores QCD (qualidade, custo e entrega) que dependem não apenas de seus processos internos relacionados à colaboração interdisciplinar, mas também dos processos que os diversos parceiros do ecossistema podem tratar. A organização consegue reduzir custos se recorrer à eficiência, da fase do design à venda do produto, e confiar na eficiência coletiva do ecossistema de negócios. Também aumenta a capacidade de entregar mais rapidamente esses produtos e serviços de acordo com as exigências do cliente.[21]

No começo, o QCD depende apenas da flexibilidade limitada da cadeia de valor da empresa ou, num nível superior, das relações cadeia de valor abaixo e acima, que são lineares por natureza. Agora, porém, as empresas dispõem de uma flexibilidade muito maior, caso tenham reorganizado todos os seus processos operacionais, tornando-os mais compatíveis com o ecossistema do qual fazem parte, sobretudo quando conseguem se posicionar mais próximas da fronteira de flexibilidade. Resumindo, as empresas podem esticar o limite do seu QCD (Figura 17.6).

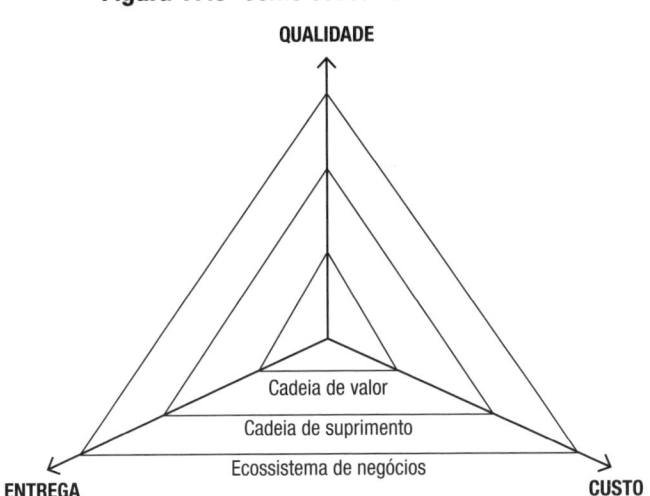

Figura 17.6 Como esticar o limite do QCD

```
            QUALIDADE
                △
               /|\
              / | \
             /  |  \
            /   |   \
           / Cadeia  \
          /  de valor \
         / Cadeia de    \
        /  suprimento    \
       / Ecossistema de    \
      /    negócios         \
     ◁————————————————————▷
  ENTREGA                  CUSTO
```

I▶ Como gerir a rigidez e a flexibilidade

O fato é que entramos numa era totalmente nova, com uma nova paisagem de negócios. Em muitos setores, ela é cheia de trajetórias irregulares. Todas afetam a forma de atuação da empresa. A excelência pós-operacional baseia-se num ecossistema de negócios mais avançado, que lida com três aspectos: interdependência, compatibilidade e reatividade.

Embora seja importante, a integração entre departamentos não basta para lidar com a dinâmica do ambiente de negócios, seja ele atual ou futuro. O consagrado conceito de "cadeia de valor", criado por Michael Porter, será ainda mais importante se não for visto como um processo de mão única, e sim como um processo que tem espaço para evolução gradual e flexibilidade em cada ponto dessa cadeia de valor. O processo gradual e a flexibilidade permitem que a empresa entregue valor ao cliente de forma mais rápida e contínua, ao mesmo tempo que se adapta às transformações externas.

A companhia consegue usar seus recursos, habilidades e competências internas, num setor isolado ou entre setores, para criar competitividade. No entanto, além disso, ela precisa recorrer a redes externas, com parceiros indispensáveis, para assegurar um processo flexível de criação de valor. Formar redes com parceiros estratégicos é a razão pela qual a integração com a cadeia de valor desempenha um papel vital no aumento da vantagem competitiva. Essa integração também influencia a gestão operacional da empresa no processo de criação de valor.

As tecnologias que viabilizam a conectividade dentro do ecossistema de negócios permitem que as empresas tirem proveito desse ecossistema.[22] As organizações precisam se transformar, adotando a excelência pós-operacional como novo valor ou característica. Não há mais lugar para estruturas organizacionais com forte inércia. É preciso livrar-se o quanto antes de uma cultura corporativa que não seja aberta ao novo. A conectividade com os ecossistemas – sobretudo com aqueles que têm o apoio das tecnologias digitais – permite que as empresas descubram e percebam valores novos, o que antes seria impossível se dependessem apenas das cadeias de valor tradicionais.[23]

No fim das contas, a empresa precisa ter a capacidade de lidar ao mesmo tempo com a rigidez e com a flexibilidade. Essa capacidade – que inclui a coordenação – abre oportunidades ainda mais importantes de obter economias de escopo.[24] Resumindo, as empresas da atualidade devem ser capazes de aumentar a flexibilidade estratégica caso queiram progredir com êxito rumo a 2030, um marco importante nas próximas décadas.[25]

> ## PRINCIPAIS CONCLUSÕES
>
> - Nas empresas, a rigidez pode ser provocada por uma mentalidade empreendedora fraca; pela estagnação da criatividade e da inovação; e pelo fato de a empresa ignorar a concorrência; não cuidar dos clientes; não transformar o modelo de negócio; ignorar transformações no ambiente macro; e não ter direcionamento digital.
> - Uma forte integração da cadeia de suprimento cria rigidez, mas também confere flexibilidade à empresa para reagir à dinâmica do mercado.
> - Um ecossistema de negócios proporciona uma barreira de entrada, oferece solução para problemas de grande porte e serve de plataforma versátil.

EPÍLOGO
Um vislumbre da próxima curva

O cerne do modelo omnihouse – CI-EL e PA-PG, que também são inspirados por contos e lendas da mitologia javanesa (ver Apêndice) – é necessário para que as empresas assegurem-se de sua jornada rumo ao futuro. No entanto, além de compreender a situação do presente, também precisamos ser capazes de observar aquilo que provavelmente vamos encarar daqui em diante. A implementação do marketing empreendedor não será a ideal e não terá um impacto significativo se não estivermos preparados para antecipar o que acontecerá no futuro.

▶ O que estamos encarando hoje?

Os diversos desdobramentos dos últimos anos nos ensinaram o seguinte:

Colaborar é fundamental

Nem toda empresa tem acesso, por conta própria, a vantagens que a ajudem a encarar os desafios do futuro. Aquelas cujas fontes de vantagens são muito limitadas ou insuficientes para superar os desafios precisam redefinir o mais rapidamente possível a concorrência e refletir sobre formas de colaborar com os demais interessados, até mesmo com os competidores. *Colaboração* é a palavra-chave para levar sua empresa rumo ao futuro.

Os consumidores estão muito sofisticados

Num mundo cada vez mais conectado, o consumidor também está mudando. Desde o começo dos anos 2010, o cliente parece ter se metamorfoseado num novo tipo de consumidor, pois consegue pesquisar e absorver uma extraordinária quantidade de informações. Ele se tornou altamente sofisticado, com um poder de barganha cada vez maior. Conquistar novos clientes ficou ainda mais complicado, que dirá satisfazê-los. Por isso, é preciso encontrar novas formas de lidar com eles.

É preciso fazer a convergência entre oposições

As empresas precisam ser capazes de se adaptar a transformações relevantes no ambiente de negócios, recorrendo à flexibilidade ou à agilidade. Precisam reinventar-se continuamente para existir a longo prazo. Por essa razão, é necessário fazer a convergência entre diversas oposições: por exemplo, a oposição de gerações, a oposição tecnológica, e a fusão entre a mentalidade empreendedora e a mentalidade profissional. Realizar esse processo de convergência essencial é um desafio para a maioria das empresas.

Estratégia e tática sensatas são essenciais

Um ambiente de negócios cada vez mais dinâmico e complexo exige uma análise aguçada do impacto de todas as transformações sobre as empresas que administramos. É preciso, portanto, identificar as diversas opções, o que nem sempre é fácil, e levar em conta as diversas competências de que dispomos. Por fim, precisamos elaborar uma estratégia sólida e uma tática coerente.

Talentos são importantes

Para assegurar o sucesso, precisamos de gente talentosa, com competências variadas. Não se pode esperar que uma só pessoa tenha todas as qualificações necessárias. Portanto, as empresas precisam encontrar, atrair, desenvolver e reter os melhores funcionários. Devem propiciar condições que permitam a esses talentos liberar seu potencial, envolver-se plenamente com a empresa e se atualizar. Precisam possuir competências omni para permanecer relevantes e continuar a existir a longo prazo.

É preciso buscar a integração por dentro e por fora

Deve-se pôr fim a todos os silos dentro da empresa. Se uma colaboração interdisciplinar não for possível devido a esses silos, então não se pode esperar uma boa colaboração com os diversos interessados externos nem realizar algo relevante e significativo em nome do bem da sociedade. É preciso garantir a integração de todos os setores da empresa primeiro, antes de seguir em frente rumo a algo maior. Precisamos rever ou atualizar nossa cadeia de valor, nos tornar parte do ecossistema de negócios (convencional e digital) e utilizar as vantagens desse ecossistema para nos manter sustentáveis.

Vivemos a era do marketing com base em tecnologia

O marketing com base em tecnologia mudou nossa forma de implementar a gestão de clientes, produtos e marcas, no presente e no futuro. A tecnologia, de modo geral, também precisa estar voltada à humanização. Internamente, devemos oferecer diversas tecnologias para auxiliar nosso pessoal a maximizar a criação de valor. Temos que oferecer tecnologia aos clientes, para que nossas soluções sejam acessíveis. Também precisamos utilizar as diversas tecnologias para garantir que sempre haja atenção à sociedade e ao meio ambiente, da melhor forma possível.

Flexibilidade operacional é crucial

O aspecto operacional também será afetado, é claro. A empresa precisa equilibrar diversos processos operacionais rígidos com as demandas extremamente flexíveis do mercado. Ao mesmo tempo, tanto as empresas B2C quanto as B2B precisam aprimorar a qualidade de seus produtos e diversos serviços de suporte, com custos e entregas mais eficientes, de acordo com as expectativas do cliente (até mesmo as superando). Todos os pontos de contato precisam proporcionar uma ótima experiência ao cliente.

A importância do que vem pela frente

Por mais profundo que tenha sido o impacto da pandemia da covid-19, é hora de dar a volta por cima. Apesar da incerteza que se percebe no mundo inteiro, há vários fenômenos interessantes que precisamos antecipar nos próximos anos.

A fase áurea da Geração Z foi adiada

De acordo com o Fórum Econômico Mundial, em comparação com as gerações anteriores e com base nos dados de 2020, a taxa de desemprego da Geração Z praticamente duplicou em quase todos os países da OCDE (Organização para a Cooperação e o Desenvolvimento Econômico). O motivo dessa alta é o fato de a Geração Z estar em busca de emprego (a maioria se formou recentemente na escola ou na faculdade) e, por coincidência, ter uma participação acima da média no setor de serviços, como turismo e alimentação, que foi mais duramente atingido pela pandemia. A Geração Z perdeu a oportunidade de acumular experiência de trabalho e treinamento, ambos essenciais para a formação de competências, o que afetará a trajetória de suas carreiras.[1] A fase áurea da Geração Z parece ter sido adiada.

O metaverso está começando

A evolução das comunidades on-line está em andamento: da Web 1.0, passamos à Web 2.0, e agora estamos embarcando na Web 3.0, a era do metaverso. Em diversos fóruns se discute como o metaverso, ainda em estágio embrionário, vai revolucionar tudo, do e-commerce à mídia, do entretenimento ao setor imobiliário. O metaverso tem potencial para transformar nossa forma de interagir socialmente e fazer negócios e até dar um gigantesco salto à frente na economia da internet.

Os critérios de ESG estão mais relevantes

A ESG tornou-se um critério não financeiro crucial na análise de investimentos, que é a base para a compreensão dos verdadeiros riscos e do potencial de crescimento de uma empresa. Essas métricas tornaram-se parte indispensável do processo de seleção de investimentos.[2] A aplicação das métricas de ESG demonstra a adoção universal da prioridade aos stakeholders em inúmeras empresas. Além disso, o uso simultâneo de métricas de ESG mostra que as diversas métricas não financeiras estão se tornando cada vez mais relevantes para determinar o valor da empresa e analisar até que ponto ela coloca em práticas seus muitos valores. A ESG tornou-se um padrão que vem sendo cada vez mais adotado.[3]

O prazo para os ODS está chegando

As Nações Unidas criaram os Objetivos de Desenvolvimento Sustentável (ODS) em 2015 para erradicar a pobreza, proteger o planeta e garantir que em 2030 todos possam desfrutar de uma vida plena de paz e prosperidade. Os ODS são relevantes para as empresas, embora cada uma possa priorizar um ODS específico. Os ODS são um guia essencial para que as empresas alinhem suas diversas estratégias com os interesses da sociedade atual. Curiosamente, também combinam com o novo tipo de marketing empreendedor, porque enfatizam a inovação e as oportunidades de abertura de novos mercados.[4]

Os Wicked 7

Assim como os ODS, os chamados *Wicked 7* ("os sete malvados") podem elucidar as questões urgentes que atingem o planeta, a saber: destruição da natureza; desigualdade; ódio e guerras; poder e corrupção; trabalho e tecnologia; saúde e bem-estar; crises populacionais e migrações. Esses sete temas também representam os cinco subfatores da transformação.[5]

A era do compartilhamento e da economia circular

A expressão *economia de compartilhamento* tem sido cada vez mais usada. Seu desenvolvimento está intrinsecamente relacionado à facilidade com que nos conectamos por meio de múltiplas redes e plataformas digitais.[6] Além disso, estamos cada vez mais acostumados com a *economia circular*, que se baseia em três princípios: eliminação do desperdício e da poluição; circulação de produtos e materiais a seu mais alto valor; e regeneração da natureza.[7] Precisamos levar em conta todas as consequências das iniciativas de reúso, redução e reciclagem.

▎ A próxima curva

A próxima curva é nossa jornada até 2030. A jornada até 2023, de acordo com as previsões do Fundo Monetário Internacional (FMI), era vista como plena de incertezas. Para além de 2023, ainda não há muito a dizer neste momento, muito menos sobre a jornada até 2030.

Em relação ao crescimento econômico mundial previsto pelo FMI, na Tabela E.1 podemos constatar uma desaceleração após 2021.

Tabela E.1 Crescimento econômico mundial (%)[8]

	2019	2020	2021	2022	2023	2024*	2025*
Economia global	2,9	-3,1	6,1	3,5	3,1	3,1	3,2
Países desenvolvidos	1,7	-4,5	5,2	2,7	1,6	1,5	1,8
Mercados emergentes e países em desenvolvimento	3,7	-2,0	6,8	4,0	4,1	4,1	4,2

*Projeções

De forma coerente, o crescimento econômico dos países emergentes e em desenvolvimento parece maior que o dos países desenvolvidos. Apesar de uma desaceleração após 2021, ainda ocorre crescimento econômico positivo. Além disso, podemos constatar que a projeção de crescimento econômico mundial para 2024 e 2025 é melhor que o de 2019.

O FMI afirmou que as perspectivas da economia mundial tendem a ser sombrias e incertas e acredita que há várias causas para isso, inclusive o declínio no desempenho de grandes países, considerados potências econômicas, especificamente China, Rússia e Estados Unidos. A guerra na Ucrânia também contribuiu para a deterioração das condições da economia global, sobretudo na Europa, devido à interrupção do fornecimento de gás da Rússia. A fragmentação geopolítica também continua a ofuscar, podendo tolher a cooperação e o comércio globais. Em 2022, esperava-se um aumento da taxa de inflação mundial.[9]

A economia global pode melhorar, estagnar ou até piorar depois de 2023. A forma como vamos lidar com as diversas possibilidades até 2025 é extremamente decisiva. O que quer que ocorra na próxima curva nesta era "pós-normal", não podemos ficar simplesmente parados. A incerteza da situação também sugere que uma abordagem holística do marketing empreendedor está se tornando cada vez mais relevante para lidar com um mundo que se anuncia desafiador (Figura E.1).

Durante o pior momento da pandemia da covid-19, embora muitas empresas tenham declinado, muitas outras conseguiram sobreviver mesmo sem um crescimento significativo, ficando estagnadas. Outras conseguiram crescer, não apenas devido à influência do lucro inesperado, mas porque tiveram êxito ao integrar uma abordagem profissional à mentalidade empreendedora.

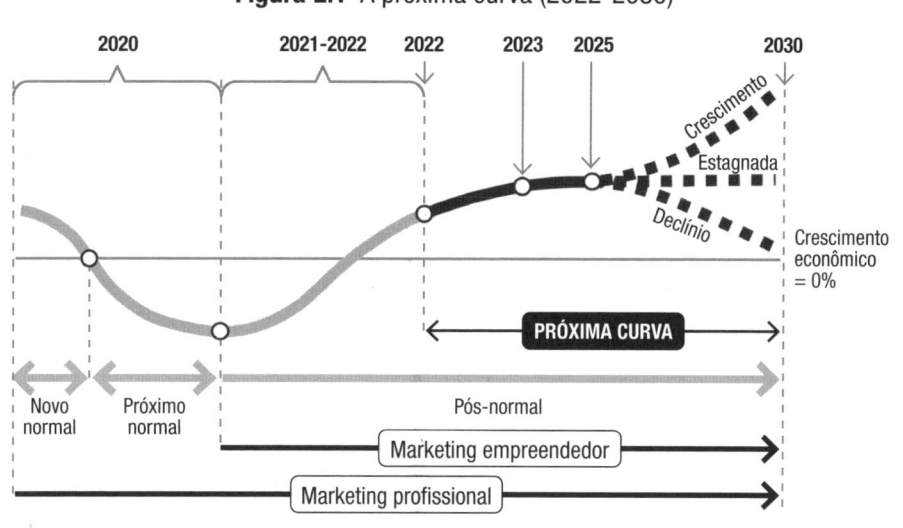

Figura E.1 A próxima curva (2022-2030)

▌ Políticas em relação a recursos, habilidades e competências

As empresas que ainda têm potencial de crescimento precisam otimizar seus recursos, adequar suas diferentes habilidades à direção estratégica movida por um propósito e identificar suas competências distintivas numa situação de crescimento. Nesse estado de crescimento, a empresa pode até pensar em diversificação.

Empresas com performance estagnada podem concentrar seus esforços no aumento da eficiência, da eficácia e da produtividade geral, além de executar vários ajustes às táticas e estratégias de marketing. Esse ajuste pode exigir recursos adicionais, a atualização das habilidades atuais, sua calibragem com a revitalização da direção estratégica e uma retomada do foco nas competências centrais.

Numa situação de declínio, a empresa precisa realizar um processo de renovação, tirando proveito de todas as oportunidades de negócios disponíveis. Isso pode exigir recursos adicionais, que complementem os já existentes, ou até mesmo a busca de novos recursos. A organização também precisa fazer um upgrade das habilidades atuais, conquistando habilidades novas e ímpares. Por fim, pode revisar as competências existentes ou iniciar a obtenção de novas (Tabela E.2).

Tabela E.2 Performance da empresa e opções para os estágios seguintes

Performance da empresa	Recursos	Habilidades	Competências
Em crescimento	Otimizar os recursos disponíveis	Adequar as habilidades à direção estratégica movida por propósitos	Buscar competências distintivas
Estagnada	Acrescentar mais recursos	Fazer um upgrade das existentes e calibrá-las com a revitalização da direção estratégica	Retomar o foco nas competências centrais
Em declínio	Adicionar mais recursos e/ou adquirir novos	Fazer um upgrade das existentes e/ou criar novas habilidades (sem igual) para renovar-se	Revisar as competências existentes ou desenvolver novas

Como afirmou o FMI, a jornada à frente é cheia de incertezas, e isso desperta medo em muitos de nós. Um estudo revelou que a imprevisibilidade aumenta significativamente o desconforto das pessoas, o que, segundo Ema Tanovic, pode intensificar nossa percepção de ameaça.[10] No entanto, precisamos manter o otimismo, assim como o realismo, ao encarar os diversos desafios do futuro.

Por um lado, quanto mais adiarmos ou procrastinarmos a mudança, maior a chance de surgirem complicações com o passar do tempo, agravando a situação da empresa e levando-a em última instância ao colapso. Por outro lado, como explica David Teece, mesmo que executássemos o processo de renovação de imediato, ainda teríamos que lidar com as incertezas.

Por isso, não hesite em colaborar. Use a mentalidade empreendedora junto com a mentalidade profissional. Faça a convergência das diferentes oposições e elabore e implemente estratégias e táticas sensatas. Certifique-se de que os talentos não fiquem confinados em silos dentro da empresa e que estejam prontos para fazer parte do ecossistema de negócios.

É preciso estar alerta e prever vários fatores que terão um impacto significativo no futuro – por exemplo, a chegada da Geração Z e a ascensão do metaverso. Seja flexível em relação às mudanças e não tenha aversão às tecnologias, caso sejam necessárias.

Não há nada de errado em continuar a ter o lucro como forte motivação, mas isso não significa que possamos esquecer nossas diversas agendas de responsabilidade com relação aos aspectos sociais e ambientais da vida humana. Para aqueles que ainda não o fizeram, esta é a hora de incorporar imediatamente a questão da sustentabilidade no modelo de negócio da sua empresa.

Os desafios da próxima curva não serão fáceis, mas podemos superá-los. Está comprovado que o ser humano sobreviveu a incontáveis obstáculos e catástrofes ao longo de milhares de anos. Se continuarmos fortalecendo nossa mente e usando nossa consciência como um farol para o marketing, então o futuro estará ao nosso alcance. Desistir está fora de cogitação.

Bem-vindo à próxima curva!

APÊNDICE
Punokawan e Pandava

Os mitos indonésios do CI-EL e do PA-PG no modelo omnihouse

O conceito de marketing empreendedor foi criado como uma resposta aos desafios do futuro. O advento da digitalização e a pandemia da covid-19 exigiu dos líderes agilidade, flexibilidade e resiliência ao lidar com as transformações. O CI-EL é a chave para que empresários, governantes, ativistas sociais e líderes das mais diversas organizações não vacilem ao reagir a um ambiente dinâmico.

O surgimento desse conceito também se baseia na filosofia da Indonésia, sobretudo nas histórias *wayang*, que fazem parte do legado cultural do país. Segundo a tradição javanesa, as histórias *wayang* baseiam-se em mitos dos povos nativos e nos épicos hindus.[1] O *wayang* floresceu nas cortes reais de Java – a principal ilha da Indonésia – e de Bali, ao longo de mil anos. Também se disseminou pelas ilhas vizinhas – Lombok, Madura, Sumatra e Kalimantan –, onde se transformou em diversos estilos locais de expressão artística.

A história mais popularmente representada nos espetáculos de *wayang* é o Mahabharata. É um dos dois principais épicos da Antiguidade hindu, juntamente com o Ramayana.[2] Os protagonistas da história do Mahabharata são os Pandava, cinco irmãos chamados Yudhishthira, Bhima, Arjuna, Nakula e Sadewa. São nobres cavaleiros com diferentes poderes sobrenaturais.

Na tradição javanesa, há ainda quatro personagens locais conhecidos como Punokawan, uma espécie de palhaço. São serviçais dos Pandava e se chamam Semar, Gareng, Petruk e Bagong. Embora sejam descritos como personagens que fazem rir, os Punokawan possuem grandes habilidades e sabedoria. Não raro, ajudam e aconselham os Pandava.

Essa colaboração entre os Punokawan e os Pandava inspirou os conceitos de CI-EL (criatividade, inovação, empreendedorismo e liderança) e PA-PG (produtividade, aprimoramento, profissionalismo e gestão), como uma das principais oposições do modelo omnihouse. Os Punokawan, com sua singularidade e seu comportamento divertido – muitas vezes oferecendo soluções inesperadas –, simbolizam o CI-EL. Enquanto isso, com seus personagens "de elite", os Pandava são uma manifestação do PA-PG.

▌ Os Punokawan como símbolos do CI-EL

O personagem mais jovem dos Punokawan é Bagong. É baixinho e rechonchudo, mas tem olhos e boca enormes.[3] É engraçado, brincalhão e inteligente. Embora seus movimentos não sejam tão ágeis quanto os de seus irmãos, Bagong é conhecido por ter muitas ideias. É por isso que o escolhemos como símbolo da criatividade.

A segunda figura dos Punokawan é Petruk. Ele tem um enorme senso de humor, mas também é um lutador de muita agilidade. Tem um rosto característico, uma postura corporal altiva e um enorme nariz. Outras partes do corpo – mãos, pescoço e pernas – têm características semelhantes. Petruk possui várias habilidades mágicas e não hesita em testá-las nas mais diversas situações.[4] Gosta de experimentar novas ideias, por isso é o símbolo da inovação.

Já Gareng é descrito como uma figura humana cujo corpo tem certas características atípicas. É vesgo, coxo, e suas mãos são imperfeitas.[5] Na verdade, a imperfeição física de Gareng esconde suas habilidades singulares. Os olhos vesgos não são um defeito; simbolizam sua precisão e minúcia na análise do ambiente à sua volta. Graças a essa precisão, Gareng consegue enxergar oportunidades que os outros deixam passar: uma das principais características do empreendedorismo.

Dentre os Punokawan, Semar é a figura de maior autoridade. É como um pai para os demais. É descrito como gordo e curvado, com um imenso traseiro e nariz arrebitado.[6] Nas histórias *wayang* javanesas, desempenha um papel crucial como conselheiro dos Pandava. Portanto, nada mais apropriado que representar a liderança na figura de Semar.

Figura A.1 Os Punokawan

Bagong   Petruk   Gareng   Semar

Os Pandava como símbolos do PA-PG

Os mais jovens dos cinco irmãos Pandava são os gêmeos Nakula e Sadewa. Nakula tem um profundo conhecimento sobre cavalos e é considerado um exímio espadachim.[7] Sadewa, que nasceu depois do irmão, é o mais júnior dos Pandava, mas tem uma inteligência aguçada e domina astrologia. Também possui as mesmas habilidades com a espada que o irmão.[8] Com suas diversas habilidades e seus conhecimentos, os gêmeos conseguem atender a diversas necessidades da família. É por isso que representam bem a produtividade.

O personagem seguinte é Arjuna. No épico Mahabharata, ele é o terceiro dos Pandava. Foi excelente aluno na infância e era o favorito de seu estimado mestre, Drona. Na idade adulta, Arjuna se transforma num exímio arqueiro.[9] Sempre tenta aprimorar seus poderes sobrenaturais por meio da meditação e do treinamento. Devido à sua persistência em se aperfeiçoar, escolhemos Arjuna como símbolo do aprimoramento.

Figura A.2 Os Pandava

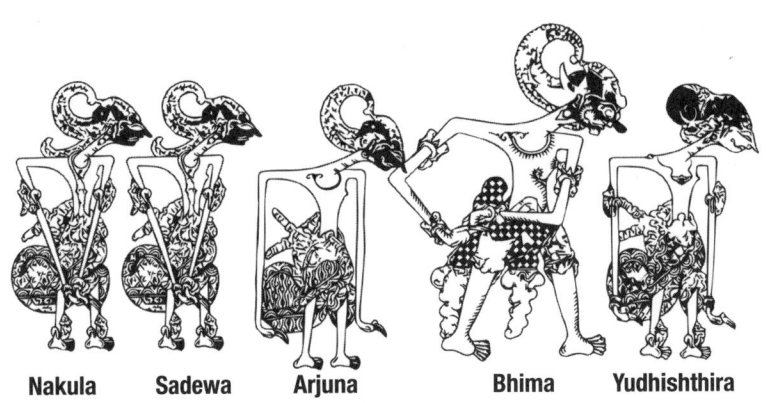

| Nakula | Sadewa | Arjuna | Bhima | Yudhishthira |

Bhima é um Pandava com raras habilidades de combate. Sua tremenda força e estatura o destaca dos irmãos.[10] Por conta de sua capacidade física, não é raro que Bhima receba a missão de comandar o combate. É capaz de executar tarefas pesadas com excelência. Por isso é a figura ideal para representar o profissionalismo.

Yudhishthira é o irmão mais velho. Honestidade, justiça, tolerância e discernimento estão entre suas qualidades. Também é conhecido por seu rigor em relação ao cumprimento das regras.[11] Isso às vezes o torna rígido demais ao comandar os Pandava. Como decano do grupo, é o personagem mais apropriado para representar o conceito de gestão.

Agradecimentos

Somos gratos pelo inestimável apoio e incentivo de toda a equipe de gestão da MarkPlus, Inc., em especial da equipe de direção: Michael Hermawan, Taufik, Vivie Jericho, Iwan Setiawan, Ence, Estania Rimadini e Yosanova Savitry.

Um agradecimento especial e nosso reconhecimento a Richard Narramore, que com paciência e comprometimento supervisionou a preparação deste livro do esboço à publicação. Sem Richard, esta obra não existiria.

Agradecemos à equipe editorial da Wiley pela incrível atenção e colaboração em todas as etapas de criação deste livro: Angela Morrison, Deborah Schindlar, Susan Geraghty e Rene Caroline. Somos gratos também a Kevin Anderson, da Kevin Anderson & Associates, e sua equipe editorial, que ajudaram a garantir que cada capítulo fosse bem mais conciso e fácil de ler: Emily Hillebrand, Amanda Ayers Barnett e Rachel Hartman.

Também gostaríamos de agradecer e dar nosso like à equipe do MarkPlus Institute, que trabalhou de forma incansável, durante quase dois anos, para nos ajudar a realizar pesquisas e brainstormings e preparar diversos materiais preciosos: Ardhi Ridwansyah, Giovanni Panudju e Thasya Fadilla.

Somos profundamente gratos pelo apoio do World Marketing Summit e das seguintes organizações, integrantes da Federação Asiática de Marketing e do Conselho Asiático das Pequenas Empresas (ACSB):

Organizações da Federação Asiática de Marketing

- Associação de Marketing da Indonésia
- Associação de Marketing da Mongólia
- Associação de Marketing da Tailândia
- Associação de Marketing das Filipinas
- Associação de Marketing do Camboja
- Associação de Marketing do Japão
- Associação de Marketing do Nepal
- Associação de Marketing do Vietnã
- Conselho Chinês para a Promoção do Comércio Internacional – Subconselho Comercial
- Instituto da Sociedade de Marketing de Myanmar
- Instituto de Ciência do Marketing de Taiwan
- Instituto de Marketing da Malásia
- Instituto de Marketing de Hong Kong
- Instituto de Marketing de Macau
- Instituto de Marketing de Cingapura
- Instituto de Marketing do Sri Lanka
- Sociedade de Marketing da Coreia
- Sociedade de Marketing de Bangladesh

Organizações do Conselho Asiático das Pequenas Empresas

- ACSB Bangladesh
- ACSB China
- ACSB Filipinas
- ACSB Indonésia
- ACSB Sri Lanka
- ICSB Coreia
- ICSB Laos
- ICSB Macau
- ICSB Tailândia
- ICSB Taiwan
- ICSB Vietnã
- ICSMEE Malásia
- ICSMEHK
- SEAANZ

Referências

Prólogo O marketing na era pós-normal

1 Acessado em 20 de agosto de 2022 em https://www.marketing-schools.org/types-of-marketing/entrepreneurial-marketing/
2 Baseado em várias definições explicadas em Robert D. Hisrich e Veland Ramadani, "Entrepreneurial Marketing: Entrepreneurship and Marketing Interface," *Entrepreneurial Marketing* (Elgar, 2018).

2 Do marketing profissional ao marketing empreendedor

1 Nina Toren, "Bureaucracy and Professionalism: A Reconsideration of Weber's Thesis," *The Academy of Management Review*, v. 1, n. 3 (1976), pp. 36-46. https://doi.org/10.2307/257271
2 https://www.statista.com/statistics/273883/netflixs-quarterly-revenue/; https://www.hollywoodreporter.com/business/digital/netflix-q4–2021-earnings-1235078237/
3 https://www.forbes.com/sites/forbestechcouncil/2021/06/15/13-industry-experts-share-reasons-companies-fail-at-digital-transformation/?sh=5aca2d2f7a3f; https://www.forbes.com/sites/forbesdallascouncil/2019/08/23/how-modern-organizations-can-adapt-to-change/?sh=64ea3cf5687e
4 https://www.weforum.org/agenda/2014/12/8-ways-negative-people-affect-your-workplace/
5 https://hbr.org/2021/09/every-leader-has-flaws-dont-let-yours-derail-your-strategy; https://hbr.org/2021/08/leaders-dont-be-afraid-to-talk-about-your-fears-and-anxieties
6 https://globalnews.ca/news/771537/target-starbucks-partnership-brews-up-perfect-blend/
7 https://foundr.com/articles/leadership/personal-growth/4-startup-case-studies-failure
8 https://www.forbes.com/sites/georgedeeb/2016/02/18/big-companies-must-embrace-intrapreneurship-to-survive/?sh=6b51f30348ab; https://www.fm-magazine.com/issues/2021/sep/boost-your-career-with-intrapreneurship.html; https://www.cnbc.com/2021/12/16/google-20-percent-rule-shows-exactly-how-much-time-you-should-spend-learning-

-new-skills.html; https://www.inc.com/bill-murphy-jr/google-says-it-still-uses-20-percent-
-rule-you-should-totally-copy-it.html
9   https://www.linkedin.com/business/talent/blog/talent-engagement/how-pwc-success-
fully-built-culture-of-work-flexibility;https://www.pwc.com/vn/en/careers/experienced-
-jobs/pwc-professional.html
10 https://hbr.org/amp/2013/10/the-hidden-dangers-of-playing-it-safe
11 https://www.linkedin.com/pulse/bureaucracy-hindering-your-organisations-agility-a-
dapting-sean-huang/?trk=public_profile_article_view
12 https://www.investopedia.com/terms/i/intrapreneurship.asp
13 https://hbr.org/2020/11/innovation-for-impact?registration=success

3 Como repensar a concorrência

1   https://www.euronews.com/next/2022/06/20/demand-for-evs-is-soaring-is-europes-
-charging-station-network-up-to-speed#:~:text=The%20EU%20has%20more%20
than,in%20a%20report%20last%20year
2   https://www.press.bmwgroup.com/global/article/detail/T0275763EN/bmw-group-
-daimler-ag-ford-motor-company-and-the-volkswagen-group-with-audi-and-
-porsche-form-joint-venture?language=en
3   https://ctb.ku.edu/en/table-of-contents/implement/changing-policies/overview/main
4   https://www.bbc.com/news/business-59946302
5   https://en.wikipedia.org/wiki/The_rich_get_richer_and_the_poor_get_poorer#:~:tex-
t=%22The%20rich%20get%20richer%20and,due%20to%20Percy%20Bysshe%20Shel-
ley.&text=The%20aphorism%20is%20commonly%20evoked,market%20capitalism%20
producing%20excessive%20inequality
6   https://www.oecd.org/trade/understanding-the-global-trading-system/why-open-
-markets-matter/
7   https://www.channelnewsasia.com/cna-insider/how-fujifilm-survived-digital-age-u-
nexpected-makeover-1026656
8   https://www.doughroller.net/banking/largest-banks-in-the-world/; https://www.china-
daily.com.cn/china/2007-07/24/content_5442270.htm
9   https://daveni.tuck.dartmouth.edu/research-and-ideas/hypercompetition
10 Adam Brandenburger e Barry Nalebuff, "The Rules of Co-opetition," *Harvard Business Review* (jan.-fev. 2021).
11 Michael A. Hitt e R. Duane Ireland, "Corporate Distinctive Competence, Strategy, Industry and Performance," *Strategic Management Journal*, v. 6, n. 3, pp. 273-293.
12 C. K. Prahalad e Gary Hamel, "The Core Competence of the Corporation," *Harvard Business Review* (1990). https://hbr.org/1990/05/the-core-competence-of-the-corporation; https://en.wikipedia.org/wiki/Core_competency
13 https://hbr.org/2003/11/coming-up-short-on-nonfinancial-performance-measurement
14 Peter Weill e Stephanie L. Woerner, *What's Your Digital Business Model?* (Cambridge, MA: Harvard Business Review Press, 2018).
15 https://www.bbc.com/news/technology-56592913; https://medium.com/@TheWEIV/
how-social-media-has-impacted-the-modeling-industry-a25721549b65; https://www.
youtube.com/watch?v=6OKDa9h4lDo

16 Wiboon Kittilaksanawong e Elise Perrin, "All Nippon Airways: Are Dual Business Model Sustainable?", *Harvard Business Review* (29 jan. 2016).
17 https://bizfluent.com/info-8455003-advantages-disadvantages-economic-competition.html
18 https://www.autoritedelaconcurrence.fr/en/the-benefits-of-competition
19 https://www.marketing91.com/5-advantages-of-market-competition/
20 https://opentextbc.ca/strategicmanagement/chapter/advantages-and-disadvantages-of-competing-in-international-markets/
21 https://www.entrepreneur.com/article/311359
22 https://bizfluent.com/info-8455003-advantages-disadvantages-economic-competition.html
23 *Ibid.*
24 https://www.thebalancesmb.com/what-is-competition-oriented-pricing-2295452
25 https://www.mdpi.com/2071–1050/10/8/2688/pdf
26 https://hbr.org/2021/01/the-rules-of-co-opetition
27 *Ibid.*
28 https://www.mdpi.com/2071–1050/10/8/2688/pdf
29 https://www.forbes.com/sites/briannegarrett/2019/09/19/why-collaborating-with-your-competition-can-be-a-great-idea/?sh=451bd432df86
30 https://www.mdpi.com/2071–1050/10/8/2688/pdfKotler835202
31 *Ibid.*
32 https://hbr.org/2021/01/when-should-you-collaborate-with-the-competition
33 https://www.americanexpress.com/en-us/business/trends-and-insights/articles/what-are-the-advantages-and-disadvantages-of-a-partnership/
34 *Ibid.*
35 https://www.valuer.ai/blog/examples-of-successful-companies-who-embraced-new-business-models
36 https://www.3deo.co/strategy/additive-manufacturing-delivers-economies-of-scale-and-scope/
37 https://sloanreview.mit.edu/article/why-your-company-needs-more-collaboration/
38 https://www.bangkokpost.com/thailand/pr/2078987/marhen-j-brand-collaborates-with-samsung-in-in-store-launch-showcase
39 Dorothe Kossyva, Katerina Sarri e Nikolaos Georgopoulos, "Co-opetition: A Business Strategy for SMEs in Times of Economic Crisis", *South-Eastern Europe Journal of Economics*, n. 1 (jan. 2014), pp. 89-106.
40 https://myassignmenthelp.com/free-samples/challenges-ikea-faced-in-the-global-market

4 Como conduzir o cliente

1 https://en.wikipedia.org/wiki/Airbnb
2 https://econsultancy.com/airbnb-how-its-customer-experience-is-revolutionising-the-travel-industry/
3 https://www.airbnb.com/luxury; https://www.airbnb.com/plus
4 https://www.wired.co.uk/article/liechtenstein-airbnb
5 https://www.mycustomer.com/customer-experience/loyalty/four-customer-experience-lessons-from-the-airbnb-way

6. https://hbr.org/2014/11/what-airbnb-gets-about-culture-that-uber-doesnt
7. https://techcrunch.com/2021/02/24/airbnb-plans-for-a-new-kind-of-travel-post-covid-with-flexible-search/
8. https://www.thinkwithgoogle.com/marketing-strategies/search/informeddecisionmaking/
9. https://www.inriver.com/resources/inside-the-mind-of-an-online-shopper/#resource-gated-content; https://www.ge.com/news/press-releases/ge-capital-retail-banks-second-annual-shopper-study-outlines-digital-path-major; https://insights.sirclo.com/
10. https://www2.deloitte.com/content/dam/Deloitte/uk/Documents/consumer-business/consumer-review-8-the-growing-power-of-consumers.pdf
11. https://www.inriver.com/resources/inside-the-mind-of-an-online-shopper/#resource-gated-content; https://www.ipsos.com/en-nl/exceeding-customer-expectations-around-data-privacy-will-be-key-marketers-success-new-studies-find
12. https://www.businesswire.com/news/home/20211021005687/en/TruRating-Announce-the-Release-of-New-Report-Investigating-Consumer-Loyalty-in-2021-Following-Survey-of-180000-US-Consumers
13. https://nielseniq.com/global/en/insights/analysis/2019/battle-of-the-brands-consumer-disloyalty-is-sweeping-the-globe/
14. https://hbr.org/2017/01/customer-loyalty-is-overrated
15. Philip Kotler, Hermawan Kartajaya e Den Huan Hooi, *Marketing for Competitiveness: Asia to the World; In the Age of Digital Consumers* (Cingapura: World Scientific, 2017).
16. https://segment.com/2030-today/
17. https://jcirera.files.wordpress.com/2012/02/bcg.pdf
18. https://firsthand.co/blogs/career-readiness/jobs-that-will-likely-be-automated-in-the-near-future
19. https://www2.deloitte.com/content/dam/Deloitte/ch/Documents/innovation/ch-en-innovation-automation-competencies.pdf
20. Adaptado de https://www.fintalent.com/future-enabled-digital-banking-skill-sets/
21. https://www.mckinsey.com/business-functions/marketing-and-sales/our-insights/the-big-reset-data-driven-marketing-in-the-next-normal
22. https://www.thinkwithgoogle.com/future-of-marketing/creativity/marketing-in-2030/
23. https://www.ignytebrands.com/adaptive-brand-positioning/
24. Xóchitl Austria, "13 Marketing Trends for 2030." https://www.studocu.com/es-ar/document/instituto-educativo-siglo-xxi/comercializacion-en-marketing/13-tendencias-de-marketing-para-2030/19069461
25. Peter Weill e Stephanie Woerner, *What's Your Digital Business Model? Six Questions to Help You Build the Next-Generation Enterprise* (Cambridge, MA: Harvard Business Review Press, 2018).
26. https://www.mckinsey.com/~/media/McKinsey/Business%20Functions/McKinsey%20Digital/Our%20Insights/How%20do%20companies%20create%20value%20from%20digital%20ecosystems/How-do-companies-create-value-from-digital-ecosystems-vF.pdf
27. https://hbr.org/2012/02/why-porters-model-no-longer-wo
28. https://theconversation.com/wordle-how-a-simple-game-of-letters-became-part-of-the-new-york-times-business-plan-176299; https://www.forbes.com/sites/mikevorhaus/2020/11/05/digital-subscriptions-boost-new-york-times-revenue-and-profits/?sh=1c459ea96adc

29 https://cissokomamady.com/2019/04/02/debunking-the-myth-of-competitive-strategy-forces-disrupting-porter-five-forces/
30 https://www.cgma.org/Resources/Reports/DownloadableDocuments/The-extended-value-chain.pdf
31 https://www.forbes.com/advisor/banking/capital-one-360-bank-review/
32 Bernard Jaworski, Ajay K. Kohli e Arvind Sahay, "Market-Driven Versus Driving Markets," *Journal of the Academy of Marketing Science*, n. 28 (2000), pp. 45-54.
33 Empresas assim são chamadas de "impulsionadoras de ecossistema". Sobre isso, voltamos a indicar Weill e Woerner (2018).
34 https://backlinko.com/tiktok-users
35 https://www.theverge.com/2021/7/1/22558856/tiktok-videos-three-minutes-length
36 https://www.kompas.com/properti/read/2021/04/10/135228821/membaca-peta-persaingan-cloud-kitchen-di-jakarta-ini-7-pemainnya?page=all
37 https://knowledge.insead.edu/blog/insead-blog/how-dbs-became-the-worlds-best-bank-17671; https://www.reuters.com/world/asia-pacific/singapore-lender-dbs-q2-profit-jumps-37-beats-market-estimates-2021–08–04/
38 Ray Kurzweil, *Singularity Is Near* (Nova York: Penguin, 2005).

5 Como unificar competências

1 https://www.spotify.com/id/about-us/contact/
2 https://en.wikipedia.org/wiki/Spotify
3 https://www.macrotrends.net/stocks/charts/SPOT/spotify-technology/number-of-employees#:~:text=Interactive%20chart%20of%20Spotify%20Technology,a%2017.12%25%20decline%20from%202019
4 https://corporate-rebels.com/spotify-2
5 https://corporate-rebels.com/spotify-1/
6 https://hbr.org/2017/02/how-spotify-balances-employee-autonomy-and-accountability
7 *Ibid.*
8 https://divante.com/blog/tribes-model-helps-build-agile-organization-divante/
9 https://achardypm.medium.com/agile-team-organisation-squads-chapters-tribes-and-guilds-80932ace0fdc
10 https://corporate-rebels.com/spotify-1/
11 https://www.reuters.com/article/us-spotify-employees-idUSKBN2AC1O7
12 https://corporate-rebels.com/spotify-1/
13 https://www.linkedin.com/pulse/thinking-using-spotifys-agile-tribe-model-your-company-schiffer/
14 De Cambridge Assessment International Education, "Developing the Cambridge Learner Attributes," usado em mais de 160 países. https://www.cambridgeinternational.org/support-and-training-for-schools/teaching-cambridge-at-your-school/cambridge-learner-attributes/
15 Tatiana de Cassia Nakano e Solange Muglia Wechsler, "Criatividade e Inovação: Competências para o Século XXI", *Estudos de Psicologia*, v. 35, n. 3 (2018), pp. 237-246. https://doi.org/10.1590/1982–02752018000300002
16 O. C. Ribeiro e M. C. Moraes, *Criatividade em uma perspectiva transdisciplinar: Rompendo crenças, mitos e concepções* (Brasília: Líber Livro, 2014), citado em Tatiana de

Cassia Nakano e Solange Muglia Wechsler, "Criatividade e Inovação: Competências para o Século XXI", *Estudos de Psicologia*, v. 35, n. 3 (2018). https://www.scielo.br/j/estpsi/a/vrTxJGjGnYFLqQGcTzFgfcp/?lang=en&format=html

17 L. Zeng, P. R. W. Proctor e G. Salvendy, "Can Traditional Divergent Thinking Tests Be Trusted in Measuring and Predicting Real-World Creativity?", *Creativity Research Journal*, v. 23, n. 1 (2011), pp. 24-37, citado em "Criatividade e Inovação: Competências para o Século XXI", *Estudos de Psicologia*, v. 35, n. 3 (2018). https://www.scielo.br/j/estpsi/a/vrTxJGjGnYFLqQGcTzFgfcp/?lang=en&format=html

18 https://www.mindtools.com/pages/article/professionalism.htm

19 http://graduate.auburn.edu/wp-content/uploads/2016/08/What-is-PROFESSIONALISM.pdf

20 https://blogs.lse.ac.uk/management/2018/04/03/breaking-promises-is-bad-for-business/

21 Universidade Brandman, "Professionalism in the Workplace: A Guide for Effective Etiquette." https://www.experd.com/id/whitepapers/2021/03/1583/professionalism-in-the-workplace.html

22 Jillian de Araugoa e Richard Beal, "Professionalism as Reputation Capital: The Moral Imperative in the Global Financial Crisis", *Social and Behavioral Sciences*, v. 99 (2013), pp. 351-62.

23 Johanna Westbrook et al., "The Prevalence and Impact of Unprofessional Behaviour Among Hospital Workers: A Survey in Seven Australian Hospitals", *Medical Journal of Australia*, v. 214, n. 1 (2021), pp. 31-7. doi: 10.5694/mja2.50849

24 https://www.teamwork.com/project-management-guide/why-is-project-management-important/

25 https://www.pmi.org/-/media/pmi/documents/public/pdf/learning/thought-leadership/why-good-strategies-fail-report.pdf/

26 https://www.fastcompany.com/3054547/six-companies-that-are-redefining-performance-managemen

6 Como integrar funções

1 https://www.investopedia.com/terms/s/silo-mentality.asp#:~:text=In%20business%2C%20organizational%20silos%20refer,shared%20because%20of%20system%20limitations

2 https://www.adb.org/sites/default/files/publication/27562/bridging-organizational-silos.pdf

3 https://www.forbes.com/sites/brentgleeson/2013/10/02/the-silo-mentality-how-to-break-down-the-barriers/?sh=2921022d8c7e

4 https://www.investopedia.com/terms/s/silo-mentality.asp#:~:text=In%20business%2C%20organizational%20silos%20refer,shared%20because%20of%20system%20limitations

5 http://www.managingamericans.com/Accounting/Success/Breaking-Down-Departmental-Silos-Finance-394.htm

6 https://hbr.org/2019/05/cross-silo-leadership

7 https://www.ericsson.com/en/blog/2021/5/technology-for-good-how-tech-is-helping-us-restore-planet-earth

8 https://www.businessmodelsinc.com/machines/

9 https://smallbusiness.chron.com/strategic-flexibility-rigidity-barriers-development-management-65298.html
10 https://www.linkedin.com/pulse/process-rigidity-leads-organizational-entropy-milton-mattox
11 https://blog.lowersrisk.com/culprits-complacency/
12 https://www.businessnewsdaily.com/8122-oldest-companies-in-america.html
13 https://delawarebusinesstimes.com/news/features/dupont-creates-new-digital-center/
14 https://www.aei.org/carpe-diem/fortune-500-firms-1955-v-2017-only-12-remain-thanks-to-the-creative-destruction-that-fuels-economic-prosperity/
15 https://www.nationalbusinesscapital.com/blog/2019-small-business-failure-rate-startup-statistics-industry/
16 https://www2.deloitte.com/us/en/insights/topics/digital-transformation/digital-transformation-survey.html
17 https://www.gartner.com/en/human-resources/insights/organizational-change-management

7 Como convergir criatividade e produtividade

1 Para a redução e eventual perda total da criatividade na empresa, consulte https://bettermarketing.pub/the-problem-with-creativity-3fdf7c061803
2 https://www.anastasiashch.com/business-creativity
3 https://hbr.org/2002/08/creativity-is-not-enough
4 https://www.forbes.com/sites/work-in-progress/2010/04/15/are-you-a-pragmatic-or-idealist-leader/?sh=72b90bbf3e67; https://hbr.org/2012/01/the-power-of-idealistic-realism
5 https://www.linkedin.com/pulse/problem-creativity-its-free-tom-goodwin
6 https://www.irwinmitchell.com/news-and-insights/newsletters/focus-on-manufacturing/edition-6-industry-40-and-property
7 https://hbr.org/2012/09/are-you-solving-the-right-problem
8 https://www.mantu.com/blog/business-insights/is-the-status-quo-standing-in-the-way-of-productivity/
9 https://krisp.ai/blog/why-do-people-hate-productivity-heres-how-to-embrace-it/
10 https://www.bbc.com/worklife/article/20180904-why-time-management-so-often-fails
11 https://happilyrose.com/2021/01/10/productivity-culture/
12 https://www2.deloitte.com/xe/en/insights/topics/innovation/unshackling-creativity-in-business.html
13 https://www.oecd.org/dac/results-development/what-are-results.htm
14 https://businessrealities.eiu.com/in-brief-shifting-customer-demands
15 Robert J. Sternberg e Todd I. Lubart, "An Investment Theory of Creativity and Its Development", *Human Development*, v. 34, n. 1 (jan.-fev. 1991), pp. 1-31.
16 *Ibid.*
17 https://www.inc.com/marc-emmer/95-percent-of-new-products-fail-here-are-6-steps-to-make-sure-yours-dont.html
18 https://www.vttresearch.com/en/news-and-ideas/business-case-creativity-why-invest-organizational-creativity
19 De acordo com a opinião de Chris Savage (2018). https://wistia.com/learn/culture/investing-in-creativity-isnt-just-a-money-problem

20 https://www.forbes.com/sites/adamhartung/2015/02/12/the-reason-why-google-glass-amazon-firephone-and-segway-all-failed/?sh=69676682c05c

8 Criatividade e balanço da empresa

1. https://www.bbc.com/news/business-58579833; https://www.investopedia.com/terms/v/venturecapital.asp; https://www.investopedia.com/terms/p/privateequity.asp
2. https://www.topuniversities.com/student-info/careers-advice/7-most-successful-student-businesses-started-university
3. https://newsroom.airasia.com/news/airasia-group-is-now-capital-a
4. https://www.wired.com/story/great-resignation-tech-workers-great-reconsideration/
5. https://hbr.org/2021/05/why-start-ups-fail

9 Convergência entre inovação e aprimoramento

1. https://www.scmp.com/tech/big-tech/article/3156192/tiktok-owner-bytedance-post-60-cent-revenue-growth-2021-media-report
2. https://asia.nikkei.com/Business/36Kr-KrASIA/TikTok-creator-ByteDance-hits-425bn-valuation-on-gray-market
3. https://hbr.org/2020/07/how-spotify-and-tiktok-beat-their-copycats
4. https://www.ycombinator.com/library/3x-hidden-forces-behind-toutiao-china-s-content-king; https://digital.hbs.edu/platform-digit/submission/toutiao-an-ai-powered-news-platform/
5. IDEO, *The Field Guide to Human-Centered Design* (IDEO, 2015), p. 14; Kristann Orton, "Desirability, Feasibility, Viability: The Sweet Spot for Innovation," *Innovation Sweet Spot* (28 mar. 2017). https://medium.com/innovation-sweet-spot/desirability-feasibility-viability-the-sweet-spot-for-innovation-d7946de2183c
6. Os fatores "concorrência", "cliente" e "companhia" são referência ao conceito de Kenichi Ohmae, *The Mind of the Strategist: The Art of Japanese Business* (McGraw-Hill, 1982).
7. https://www.ariston.com/en-sg/the-comfort-way/news/ariston-launches-singapores-first-ever-wifi-enabled-smart-water-heater-with-app-controls-the-andris2-range/
8. https://www.autocarpro.in/news-international/f1-legend-niki-lauda-dies-aged-70-43064
9. https://martinroll.com/resources/articles/strategy/uniqlo-the-strategy-behind-the-global-japanese-fast-fashion-retail-brand/; https://www.fastretailing.com/eng/group/strategy/uniqlobusiness.html
10. Para saber mais sobre as diferenças entre empresas impulsionadas pelo mercado e impulsionadoras de mercado, consulte Nirmalya Kumar, Lisa Scheer e Philip Kotler, "From Market Driven to Market Driving," *European Management Journal*, v. 18, n. 2 (2000), pp. 129-142. https://ink.library.smu.edu.sg/lkcsb:research/5196; Andrew Stein, "9 Differences Between Market-Driving And Market-Driven Companies." http://steinvox.com/blog/9-differences-between-market-driving-and-market-driven-companies/
11. https://www.ideatovalue.com/inno/nickskillicorn/2019/07/ten-types-of-innovation-30-new-case-studies-for-2019/
12. https://www.linkedin.com/pulse/subscription-economy-did-start-power-by-the-hour-gene-likins

13 https://www.23andme.com/en-int/; https://www.mobihealthnews.com/news/23andme-heads-public-markets-through-spac-merger-vg-acquisition-corp; https://www.virgin.com/about-virgin/virgin-group/news/23andme-and-virgin-groups-vg-acquisition-corp-successfully-close-business
14 https://www.retailbankerinternational.com/news/n26-transferwise-expand-alliance-to-support-fund-transfers-in-over-30-currencies
15 https://open-organization.com/en/2010/04/01/open-innovation-crowdsourcing-and-the-rebirth-of-lego
16 https://www.pwc.com/us/en/library/case-studies/axs.html
17 *Ibid.*
18 *Ibid.*
19 *Ibid.*
20 *Ibid.*
21 *Ibid.*

10 Convergência entre liderança e gestão

1 https://about.netflix.com/en/sustainability
2 https://press.farm/founder-ceo-netflix-reed-hastings-definitive-startup-guide-successful-entrepreneurs/#:~:text=Born%20in%20Boston%2C%20Massachusetts%2C%20Reed,a%20Master's%20in%20artificial%20intelligence
3 https://www.bbc.com/news/business-60077485
4 Alan Gutterman, *Leadership: A Global Survey of Theory and Research* (ago. 2017). 10.13140/RG.2.2.35297.40808
5 Para saber mais sobre liderança transformacional, consulte James M. Kouzes e Barry Z. Posner, *The Leadership Challenge: How to Make Extraordinary Things Happen in Organizations*, 6ª ed. (Wiley, 2017); Abdullah M. Abu-Tineh, Samer A. Khasawneh e Aieman A. Al-Omari, "Kouzes and Posner's Transformational Leadership Model in Practice: The Case of Jordanian Schools", *Leadership & Organization Development Journal*, v. 29, n. 8 (2009). https://www.researchgate.net/publication/234094447
6 Daniel Goleman, "Leadership That Gets Results", *Harvard Business Review* (mar./abr. 2000).
7 Jim Clifton e Jim Harter, *It's the Manager: Moving From Boss to Coach* (Washington, DC: Gallup Press, 2019).
8 Rita Gunther McGrath e Ian C. MacMillan, *The Entrepreneurial Mindset: Strategies for Continuously Creating Opportunity in an Age of Uncertainty* (Boston: Harvard Business School Press, 2000).
9 https://www.bdc.ca/en/articles-tools/entrepreneurial-skills/be-effective-leader/7-key-leadership-skills-entrepreneurs
10 https://www.ccl.org/articles/leading-effectively-articles/are-leaders-born-or-made-perspectives-from-the-executive-suite/
11 https://www.antoinetteoglethorpe.com/entrepreneurial-leadership-why-is-it-important/
12 Muhammad Shahid Mehmood, Zhang Jian, Umair Akram e Adeel Tariq, "Entrepreneurial Leadership: The Key to Develop Creativity in Organizations", *Leadership & Organization Development Journal* (fev. 2021). doi:10.1108/LODJ-01-2020-0008

13 Juan Yang, Zhenzhong Guan e Bo Pu, "Mediating Influences of Entrepreneurial Leadership on Employee Turnover Intention in Startups", *Social Behavior and Personality: An International Journal*, v. 47, n. 6 (2019), p. 8.117.
14 https://thomasbarta.com/what-is-marketing-leadership/
15 https://engageforsuccess.org/strategic-leadership/marketing-strategy/
16 https://www.forbes.com/sites/steveolenski/2015/01/07/4-traits-of-successful-marketing-leaders/?sh=48796a83fde8
17 https://deloitte.wsj.com/articles/the-cmo-survey-marketers-rise-to-meet-challenges-01634922527
18 https://cmox.co/marketing-leadership-top-5-traits-of-the-best-marketing-leaders/
19 https://www.launchteaminc.com/blog/bid/149575/what-s-the-leader-s-role-in-marketing-success
20 https://www2.deloitte.com/us/en/pages/chief-marketing-officer/articles/cmo-council-report.html
21 https://courses.lumenlearning.com/principlesmanagement/chapter/1-3-leadership-entrepreneurship-and-strategy/
22 https://online.hbs.edu/blog/post/strategy-implementation-for-managers
23 https://home.kpmg/xx/en/home/insights/2019/11/customer-loyalty-survey.html
24 https://www2.deloitte.com/content/dam/insights/us/articles/4737_2018-holiday-survey/2018DeloitteHolidayReportResults.pdf
25 https://www.statista.com/statistics/264875/brand-value-of-the-25-most-valuable-brands/
26 https://www.forbes.com/sites/jackzenger/2015/01/15/great-leaders-can-double-profits-research-shows/?sh=3b6094776ca6
27 https://businessrealities.eiu.com/insights-field-balancing-stakeholder-expectations-requires-communication
28 https://hbr.org/2015/04/calculating-the-market-value-of-leadership
29 https://blog.orgnostic.com/how-can-investors-measure-the-market-value-of-leadership/
30 https://www2.deloitte.com/content/dam/Deloitte/global/Documents/HumanCapital/dttl-hc-leadershippremium-8092013.pdf
31 A partir de várias fontes, entre elas: Gabriel Hawawini e Claude Viallet, *Finance for Executives* (Mason: Cengage Learning, 2019); https://en.wikipedia.org/wiki/Price%E2%80%93earnings_ratio; https://www.investopedia.com/terms/p/price-earningsratio.asp; https://www.investopedia.com/investing/use-pe-ratio-and-peg-to-tell-stocks-future/; https://www.moneysense.ca/save/investing/what-is-price-to-earnings-ratio/; https://corporatefinanceinstitute.com/resources/knowledge/valuation/price-earnings-ratio/; https://ycharts.com/glossary/terms/pe_ratio; https://www.forbes.com/advisor/investing/what-is-pe-price-earnings-ratio/; https://cleartax.in/s/price-earnings-ratio
32 A partir de várias fontes, entre elas: Gabriel Hawawini e Claude Viallet, *Finance for Executives* (Mason: Cengage Learning, 2019); https://www.investopedia.com/terms/p/price-to-bookratio.asp; https://www.investopedia.com/investing/using-price-to-book-ratio-evaluate-companies/; https://corporatefinanceinstitute.com/resources/knowledge/valuation/market-to-book-ratio-price-book/; https://en.wikipedia.org/wiki/P/B_ratio; https://www.fool.com/investing/how-to-invest/stocks/price-to-book-ratio/; https://groww.in/p/price-to-book-ratio/; https://gocardless.com/en-au/guides/posts/what-is-price-book-ratio/

33 https://www.forbes.com/sites/martinzwilling/2015/11/03/10-leadership-elements--that-maximize-business-value/?sh=418f3b4568a1
34 https://www.leaderonomics.com/articles/leadership/market-value-of-leadership
35 https://www.investopedia.com/terms/p/price-earningsratio.asp
36 https://hbr.org/2020/03/are-you-leading-through-the-crisis-or-managing-the-response
37 https://leadershipfreak.blog/2016/04/27/over-led-and-under-managed/
38 Rita Gunther McGrath, "How the Growth Outliers Do It", *Harvard Business Review* (jan.-fev. 2012).

11 Como encontrar e aproveitar oportunidades

1 https://www.finextra.com/pressarticle/73937/dbs-to-roll-out-live-more-bank-less-rebrand-as-digital-transformation-takes-hold
2 https://www.dbs.com/newsroom/DBS_invests_in_mobile_and_online_classifieds_marketplace_Carousell
3 https://blog.seedly.sg/dbs-ocbc-uob-valuations/
4 https://www.dbs.com/about-us/who-we-are/awards-accolades/2020.page
5 https://sdgs.un.org/2030agenda
6 World Economic Forum, "What Is the Gig Economy and What's the Deal for Gig Workers?" (26 maio 2022). https://www.weforum.org/agenda/2021/05/what-gig-economy--workers/
7 https://www.entrepreneur.com/article/381850
8 https://www.northbaybusinessjournal.com/article/opinion/outlook-for-the-gig-economy-freelancers-could-grow-to-50-by-2030/
9 https://ellenmacarthurfoundation.org/topics/circular-economy-introduction/overview
10 https://www.dnv.com/power-renewables/publications/podcasts/pc-the-rise-of-the--circular-economy.html
11 https://wasteadvantagemag.com/the-rise-of-the-circular-economy-and-what--it-means-for-your-home/#:~:text=The%20Rise%20Of%20The%20Circular%20Economy%20and%20What%20It%20Means%20For%20Your%20Home,-July%20 24%2C%202019&text=According%20to%20research%20by%20Accenture,new%20 jobs%20by%20then%20too
12 https://www.forbes.com/sites/forbesagencycouncil/2021/12/21/what-is-the-metaverse-and-how-will-it-change-the-online-experience/?sh=21a761f52f32
13 https://www.newfoodmagazine.com/news/158831/plant-based-consumption-uk/
14 https://www.weforum.org/agenda/2019/09/technology-global-goals-sustainable-development-sdgs/
15 https://www.fastcompany.com/1672435/nike-accelerates-10-materials-of-the-future
16 https://www.themarcomavenue.com/blog/how-xiaomi-is-dominating-the-global--smartphone-market/
17 https://gs.statcounter.com/vendor-market-share/mobile
18 https://www.themarcomavenue.com/blog/how-xiaomi-is-dominating-the-global--smartphone-market/
19 https://www.quora.com/Why-are-Oppo-and-Vivo-spending-so-much-on-advertising
20 https://www.livemint.com/news/business-of-life/yolo-fomo-jomo-why-gens-y-and-z--quit-1567429692504.html

21 Philip Kotler, Hermawan Kartajaya e Iwan Setiawan, *Marketing 4.0: Do tradicional ao digital* (Sextante, 2017).
22 https://egade.tec.mx/en/egade-ideas/research/experience-demanding-customer
23 https://www.referenceforbusiness.com/encyclopedia/Dev-Eco/Distinctive-Competence.html
24 Jay B. Barney. https://thinkinsights.net/strategy/vrio-framework/
25 https://www.designnews.com/design-hardware-software/what-can-design-engineers-learn-ikea
26 As inúmeras transformações em conceitos de marketing (o chamado marketing new wave) são discutidas em Philip Kotler, Hermawan Kartajaya e Den Huan Hooi, *Marketing for Competitiveness: Asia to the World!* (Cingapura: World Scientific, 2017).
27 As atividades de "obter", "manter" e "crescer" (porém não a de "recuperar") são referências a Steve Blank e Bob Dorf, *The Start-Up Manual: The Step-by-Step Guide for Building a Great Company* (Hoboken: Wiley, 2020), Figura 3.10 e Tabela 3.3.
28 David A. Aaker, *Building Strong Brands* (Nova York: Free Press, 1995).

12 Como adquirir competências omni

1 https://hrmasia.com/talent-search-shopee/; https://www.linkedin.com/company/shopee/about/; https://careers.shopee.co.id/; https://careers.shopee.co.id/job-detail/6078; https://medium.com/shopee/the-role-of-brand-design-in-cultivating-a-powerful-employer-brand-6bc574143bca; https://www.reuters.com/article/us-sea-mexico-idUSKBN2AM2BS
2 https://www.weforum.org/agenda/2016/01/the-fourth-industrial-revolution-what-it-means-and-how-to-respond/
3 *Ibid.*
4 A partir de várias fontes, entre elas: https://www.indeed.com/career-advice/finding-a-job/traits-of-creative-people; http://resourcemagonline.com/2020/01/what-are-the-characteristics-of-creative-people-and-are-you-one-of-them/181380/; https://www.verywellmind.com/characteristics-of-creative-people-2795488; https://www.tutorialspoint.com/creative_problem_solving/creative_problem_solving_qualities.htm; https://thesecondprinciple.com/understanding-creativity/creativetraits
5 https://www.fastcompany.com/90683974/how-and-why-to-train-your-brain-to-be-more-curious-at-work
6 https://www.inc.com/martin-zwilling/how-to-grow-your-business-by-thinking-outside-the-box.html
7 https://hbr.org/2016/10/help-employees-innovate-by-giving-them-the-right-challenge
8 A partir de várias fontes, entre elas: https://kantaraustralia.com/what-stands-in-the-way-of-creative-capability/; https://www.googlesir.com/characteristics-of-a-creative-organization/; https://slideplayer.com/slide/14881811/; https://www.slideshare.net/gdpawan/creative-organisation; https://www.iedp.com/articles/managing-creativity-in-organizations/; https://hbr.org/2017/05/how-to-nourish-your-teams-creativity
9 https://www.forbes.com/sites/forbescoachescouncil/2019/05/13/how-to-break-down-silos-and-enhance-your-companys-culture/?sh=41f35a5d4ab1
10 https://www.forbes.com/sites/forbeshumanresourcescouncil/2020/09/09/how-autonomous-teams-enhance-employee-creativity-and-flexibility/?sh=66cf7415538e

11 https://hbr.org/2019/01/the-hard-truth-about-innovative-cultures
12 https://www.workamajig.com/blog/creative-resource-management-basics
13 https://www.flexjobs.com/employer-blog/companies-use-flexibility-foster-creativity/
14 https://hbr.org/2019/03/strategy-needs-creativity
15 A partir de várias fontes, entre elas: https://www.forbes.com/sites/rebeccabagley/2014/01/15/the-10-traits-of-great-innovators/?sh=192e0b7f4bf4; https://dobetter.esade.edu/en/characteristics-innovative-people?_wrapper_format=html; https://ideascale.com/blog/10-qualities-of-great-innovators/; https://inusual.com/en/blog/five-characteristics-that-define-successful-innovators; https://hbr.org/2013/10/the-five-characteristics-of-successful-innovators
16 https://www.forbes.com/sites/larrymyler/2014/06/13/innovation-is-problem-solving-and-a-whole-lot-more/?sh=301612c233b9
17 https://www.techfunnel.com/information-technology/continuous-innovation/
18 https://www.forbes.com/sites/forbestechcouncil/2019/10/17/innovation-starts-with-ownership-how-to-foster-creativity-internally/?sh=58de6d3d4087
19 A partir de várias fontes, entre elas: https://www.fastcompany.com/90597167/6-habits-of-the-most-innovative-people; https://hbr.org/2002/08/inspiring-innovation; https://quickbooks.intuit.com/ca/resources/uncategorized/common-characteristics-innovative-companies/; https://innovationmanagement.se/2012/12/18/the-seven-essential-characteristics-of-innovative-companies/; https://smallbusiness.chron.com/top-three-characteristics-innovative-companies-10976.html; https://www.linkedin.com/pulse/eight-traits-innovative-companies-ashley-leonzio; https://innovationone.io/six-traits-highly-innovative-companies/; https://www.forbes.com/sites/marymeehan/2014/07/08/innovation-ready-the-5-traits-innovative-companies-share/?sh=69c83bd01e28; https://miller-klein.com/2020/06/15/what-are-the-characteristics-of-innovative-companies/
20 https://www.forbes.com/sites/forbestechcouncil/2019/03/28/spur-innovation-by-sharing-knowledge-enterprisewide/?sh=1d03e0b55ce0
21 A partir de várias fontes, entre elas: https://www.babson.edu/media/babson/site-assets/content-assets/about/academics/centres-and-institutes/the-lewis-institute/fund-for-global-entrepreneurship/Entrepreneurial-Thought-and-Action-(ETA).pdf; https://online.hbs.edu/blog/post/characteristics-of-successful-entrepreneurs; https://www.forbes.com/sites/theyec/2020/05/11/six=-personality-traits-of-successful-entrepreneurs/?sh-505d02470ba9; https://www.forbes.com/sites/tendayiviki/2020/02/24/the-four-characteristics-of-successful-intrapreneurs/?sh=5546a5b17cad
22 https://www.forbes.com/sites/forbesbusinesscouncil/2021/07/29/three-steps-to-find-the-best-opportunities-for-your-business/?sh=1dc8f6e34d87
23 https://www.forbes.com/sites/chriscarosa/2020/08/07/why-successful-entrepreneurs-need-to-be-calculated-risk-takers/?sh=17d917142f5b
24 A partir de várias fontes, entre elas: https://www.inc.com/peter-economy/7-super-successful-strategies-to-create-a-powerfully-entrepreneurial-culture-in-any-business.html; https://www.fastcompany.com/90158100/how-to-build-an-entrepreneurial-culture-5-tips-from-eric-ries; https://hbr.org/2006/10/meeting-the-challenge-of-corporate-entrepreneurship; https://medium.com/@msena/corporate-entrepreneurship-in-8-steps-7e6ce75db88a; https://www.business.com/articles/12-ways-foster-entrepreneurial-culture/

25 https://www.forbes.com/sites/forbesbusinesscouncil/2021/03/11/three-lessons-on-creating-a-culture-of-learning/?sh=6e03101a5d13
26 https://www.forbes.com/sites/forbesfinancecouncil/2020/04/15/how-an-ownership-mindset-can-change-your-teams-culture/?sh=4b1987434b8b
27 *Ibid.*
28 A partir de várias fontes, entre elas: https://www.forbes.com/sites/deeppatel/2017/03/22/11-powerful-traits-of-successful-leaders/?sh=5fe70ebc469f; https://online.hbs.edu/blog/post/characteristics-of-an-effective-leader; https://www.gallup.com/cliftonstrengths/en/356072/how-to-be-better-leader.aspx; https://asana.com/resources/qualities-of-a-leader; https://www.briantracy.com/blog/personal-success/the-seven-leadership-qualities-of-great-leaders-strategic-planning/
29 https://www.pmi.org//media/pmi/documents/public/pdf/learning/thought-leadership/pulse/pulse-of-the-profession-2017.pdf
30 https://www.forbes.com/sites/theyec/2021/01/19/nine-communication-habits-of-great-leaders-and-why-they-make-them-so-great/?sh=1c87617b6ec9
31 https://www.forbes.com/sites/forbescoachescouncil/2021/07/27/achieve-more-success-by-leading-from-your-helicopter/?sh=681b362d57e8
32 A partir de várias fontes, entre elas: https://www.entrepreneur.com/article/335996; https://learnloft.com/2019/07/24/how-the-best-leaders-create-more-leaders/; https://www.inc.com/tom-searcy/4-ways-to-build-leaders-not-followers.html; https://hbr.org/2003/12/developing-your-leadership-pipeline; https://www.themuse.com/advice/5-strategies-that-will-turn-your-employees-into-leaders
33 https://www.forbes.com/sites/forbesbusinesscouncil/2021/08/05/three-ways-you-can-be-a-leader-and-mentor-to-those-on-your-same-path/?sh=738f6f8044ad
34 https://hbr.org/2019/03/as-your-team-gets-bigger-your-leadership-style-has-to-adapt
35 A partir de várias fontes, entre elas: https://scienceofzen.com/productivity-state-mind-heres-get; https://hbr.org/2020/05/want-to-be-more-productive-try-doing-less; https://sloanreview.mit.edu/article/own-your-time-boost-your-productivity/; https://www.nytimes.com/guides/business/how-to-improve-your-productivity-at-work; https://news.mit.edu/2019/how-does-your-productivity-stack-up-robert-pozen-0716; https://www.cnbc.com/2019/04/11/mit-researcher-highly-productive-people-do-these-5-easy-things.html
36 https://hbr.org/2020/05/want-to-be-more-productive-try-doing-less
37 https://www.inc.com/samira-far/5-monotasking-tips-that-will-save-your-brain-and-make-you-more-successful.html
38 A partir de várias fontes, entre elas: https://www.forbes.com/sites/theyec/2021/09/20/five-tips-to-increase-productivity-in-the-workplace/?sh=49f09626257b; https://www.businesstown.com/8-ways-increase-productivity-workplace/; https://www.forbes.com/sites/forbeslacouncil/2019/09/18/12-time-tested-techniques-to-increase-workplace-productivity/?sh=4a7d6b9c274e; https://www.forbes.com/sites/theyec/2020/07/13/want-a-more-productive-focused-team-encourage-these-10-habits/?sh=2d64cc5f2ef9; https://www.lollydaskal.com/leadership/6-powerful-habits-of-the-most-productive-teams/; https://blogin.co/blog/7-habits-of-highly-productive-teams-74/
39 https://clockify.me/blog/productivity/team-time-management/
40 https://www.fearlessculture.design/blog-posts/pixar-culture-design-canvas
41 A partir de várias fontes, entre elas: https://www.spica.com/blog/kaizen-principles;

https://createvalue.org/blog/tips-creating-continuous-improvement-mindset/; https://mitsloan.mit.edu/ideas-made-to-matter/8-step-guide-improving-workplace-processes; https://hbr.org/2012/05/its-time-to-rethink-continuous; https://hbr.org/2010/10/four-top-management-beliefs-th

42 https://www.velaction.com/curiosity/
43 https://hbr.org/2012/09/are-you-solving-the-right-problem
44 https://hbr.org/2012/05/its-time-to-rethink-continuous
45 https://hbr.org/2021/05/break-down-change-management-into-small-steps
46 https://au.reachout.com/articles/a-step-by-step-guide-to-problem-solving
47 A partir de várias fontes, entre elas: https://tulip.co/blog/continuous-improvement-with-kaizen/; https://www.mckinsey.com/business-functions/operations/our-insights/continuous-improvement-make-good-management-every-leaders-daily-habit; https://sloanreview.mit.edu/article/americas-most-successful-export-to-japan-continuous-improvement-programs/; https://theuncommonleague.com/blog/2018618/creating-a-mindset-of-continuous-process-improvement; https://hbr.org/2019/05/creating-a-culture-of-continuous-improvement; https://www.zenefits.com/workest/top-10-ways-to-improve-employee-efficiency/
48 https://www.viima.com/blog/collect-ideas-from-frontline-employees
49 https://www.industryweek.com/talent/education-training/article/21958430/action-learning-key-to-developing-an-effective-continuous-improvement-culture
50 https://hbr.org/2021/05/break-down-change-management-into-small-steps
51 A partir de várias fontes, entre elas: https://smallbusiness.chron.com/build-professionalism-709.html; https://www.robinwaite.com/blog/7-ways-to-develop-and-practice-professionalism/; https://www.umassglobal.edu/news-and-events/blog/professionalism-and-workplace-etiquette; https://www.conovercompany.com/5-ways-to-show-professionalism-in-the-workplace/
52 https://www.robinwaite.com/blog/7-ways-to-develop-and-practice-professionalism/
53 *Ibid.*
54 https://www.oxfordlearnersdictionaries.com/definition/american_english/integrity#:~:text=noun-,noun,a%20man%20of%20great%20integrity
55 https://www2.deloitte.com/content/dam/Deloitte/sk/Documents/Random/sk_deloitte_code_ethics_conduct.pdf
56 https://www.forbes.com/sites/forbesbusinesscouncil/2021/03/11/three-lessons-on-creating-a-culture-of-learning/?sh=6e03101a5d13
57 A partir de várias fontes, entre elas: https://www.pmi.org/learning/library/core-competencies-successful-skill-manager-8426; https://bizfluent.com/info-8494191-analytical-skills-management.html; https://distantjob.com/blog/helicopter-manager-remote-team/; https://www.lucidchart.com/blog/plan-do-check-act-cycle; https://www.teamwork.com/project-management-guide/project-management-skills/
58 https://www.forbes.com/sites/forbescoachescouncil/2021/07/27/achieve-more-success-by-leading-from-your-helicopter/?sh=681b362d57e8
59 https://www.pmi.org/-/media/pmi/documents/public/pdf/learning/thought-leadership/pulse/pulse-of-the-profession-2017.pdf
60 *Ibid.*
61 https://www.forbes.com/sites/brianscudamore/2016/03/09/why-team-building-is-the-most-important-investment-youll-make/?sh=1657a771617f

62 A partir de várias fontes, entre elas: https://www.investopedia.com/terms/s/succession-planning.asp; https://www.vital-learning.com/blog/how-to-build-better-manager; https://thepalmergroup.com/blog/the-importance-of-open-communication-in-the-workplace/
63 https://hbr.org/2016/10/the-performance-management-revolution
64 https://hbr.org/2014/06/how-to-give-your-team-feedback
65 Rob Silzer e Ben E. Dowell, *Strategy-Driven Talent Management: A Leadership Imperative* (São Francisco: Jossey-Bass, 2010).

13 Como garantir a trajetória futura

1 https://www.lvmh.com/news-documents/press-releases/new-records-for-lvmh-in-2021/
2 https://fashionunited.uk/news/fashion/louis-vuitton-ranks-as-most-valuable-luxury-company-in-interbrand-s-2021-top-global-brands/2021110258951
3 https://www.lvmh.com/news-documents/press-releases/new-records-for-lvmh-in-2021/
4 https://www.investors.com/etfs-and-funds/sectors/sp500-companies-stockpile-1-trillion-cash-investors-want-it/
5 https://www.kotaksecurities.com/ksweb/articles/why-is-the-cash-flow-statement-important-to-shareholders-and-investors
6 https://money.usnews.com/investing/dividends/articles/what-is-a-good-dividend-payout-ratio
7 https://www.investopedia.com/articles/03/011703.asp
8 Adaptado de Gabriel Hawawini e Claude Viallet, *Finance for Executives: Managing for Value Creation* (Mason: South-Western College Publishing, 1999).
9 https://www.growthforce.com/blog/how-giving-discounts-can-destroy-your-business-profits
10 https://www.mckinsey.com/business-functions/marketing-and-sales/our-insights/the-power-of-pricing
11 https://www.marketingweek.com/marketers-continue-to-waste-money-as-only-9-of-digital-ads-are-viewed-for-more-than-a-second/?nocache=true&adfesuccess=1
12 Chris B. Murphy, "What Is Net Profit Margin? Formula for Calculation and Examples", *Investopedia* (out. 2021). https://www.investopedia.com/terms/n/net_margin.asp
13 https://www.theactuary.com/features/2020/07/08/joining-dots-between-operational-and-non-operational-risk; https://corporatefinanceinstitute.com/resources/knowledge/accounting/non-operating-income/; https://www.accountingtools.com/articles/non-operating-income-definition-and-usage.html#:~:text=Examples%20of%20non%-2Doperating%20income%20include%20dividend%20income%2C%20asset%20impairment,losses%20on%20foreign%20exchange%20transactions
14 Adaptado de Gabriel Hawawini e Claude Viallet, *Finance for Executives: Managing for Value Creation* (Mason: South-Western College Publishing, 1999).
15 https://valcort.com/assets-marketing-assets/
16 https://www.cbinsights.com/research/report/how-uber-makes-money/
17 https://www.forbes.com/advisor/investing/roa-return-on-assets/
18 https://investor.maersk.com/static-files/b4df47ef-3977–412b-8e3c-bc2f02bb4a5f

19 https://bizfluent.com/info-8221377-types-income-statements-marketing-expenses.html
20 https://www.investopedia.com/ask/answers/041515/how-does-financial-accounting--help-decision-making.asp
21 https://www.pwc.com/sg/en/publications/assets/epc-transform-family-businesses-201805.pdf

14 Como unir marketing e finanças

1 https://www.marketingweek.com/the-top-100-most-valuable-global-brands-2013/; Sunil Gupta, Srinivas Reddy e David Lane, "Marketing Transformation at Mastercard", *Harvard Business Review Case*, n. 517-040 (2019); https://www.kantar.com/campaigns/brandz/global
2 https://cmosurvey.org/wp-content/uploads/2021/08/The_CMO_Survey-Highlights_and_Insights_Report-August_2021.pdf
3 *Ibid.*
4 https://www2.deloitte.com/us/en/insights/topics/strategy/impact-of-marketing-finance-working-together.html
5 https://smallbusiness.chron.com/accounting-marketing-work-together-38276.html
6 https://www.investopedia.com/articles/personal-finance/053015/how-calculate-roi--marketing-campaign.asp
7 https://www.bigcommerce.com/ecommerce-answers/what-is-cost-per-acquisition--cpa-what-is-benchmark-retailers/
8 https://hbr.org/2014/12/why-corporate-functions-stumble
9 Baseado em "Condensed Consolidated Statement of Operations (Unaudited) of Apple". A Apple considera P&D como despesa operacional. https://www.apple.com/newsroom/pdfs/FY20-Q3_Consolidated_Financial_Statements.pdf
10 https://knowledge.wharton.upenn.edu/article/non-financial-performance-measures--what-works-and-what-doesnt/

15 A humanização da tecnologia

1 https://www.youtube.com/watch?v=D5VN56jQMWM
2 https://www.androidauthority.com/what-is-google-duplex-869476/
3 https://blog.google/technology/ai/making-ai-work-for-everyone/
4 https://www.theguardian.com/technology/2020/feb/05/amazon-workers-protest-unsafe-grueling-conditions-warehouse
5 https://www.bbc.com/news/business-56641847
6 https://www.wbur.org/onpoint/2021/07/09/the-prime-effect-amazons-environmental-impact
7 https://www.bbc.com/news/business-56641847
8 https://www.wbur.org/onpoint/2021/07/09/the-prime-effect-amazons-environmental-impact
9 https://cassavabagsaustralia.com.au/
10 https://www.npr.org/2022/02/04/1078050740/irma-olguin-why-we-should-bring-tech--economies-to-underdog-cities
11 https://hbr.org/2019/07/building-the-ai-powered-organization

12. https://www.collectivecampus.io/blog/10-companies-that-were-too-slow-to-respond-to-change
13. Conforme explicado por Scott Brinker e Jason Heller. https://www.mckinsey.com/business-functions/marketing-and-sales/our-insights/marketing-technology-what-it-is-and-how-it-should-work
14. https://www.currentware.com/blog/internet-usage-statistics/
15. https://www.statista.com/statistics/303817/mobile-internet-advertising-revenue-worldwide/
16. https://www.ama.org/journal-of-marketing-special-issue-new-technologies-in-marketing/
17. https://www.digitalmarketing-conference.com/the-impact-of-new-technology-on-marketing/
18. https://www.mckinsey.com/business-functions/people-and-organizational-performance/our-insights/unlocking-success-in-digital-transformations
19. https://seths.blog/2012/02/horizontal-marketing-isnt-a-new-idea/
20. https://www.retaildive.com/ex/mobilecommercedaily/mastercard-unveils-chatbot-platform-for-merchants-and-banks-along-with-wearable-payments
21. https://www.socxo.com/blog/5-ways-customer-advocacy-will-enhance-content-marketing/
22. https://blog.usetada.com/win-the-market-with-customer-advocacy
23. https://www.ibm.com/downloads/cas/EXK4XKX8
24. https://a-little-insight.com/2021/05/09/hm-are-greenwashing-us-again-can-fast-fashion-ever-be-ethical/
25. https://www.investopedia.com/terms/g/greenwashing.asp#:~:text=Greenwashing%20is%20the%20process%20of,company's%20products%20are%20environmentally%20friendly
26. https://www.bigissue.com/news/environment/hm-greenwashing-is-disguising-the-reality-of-fast-fashion/
27. https://ritzcarltonleadershipcenter.com/about-us/about-us-foundations-of-our-brand/
28. Referência ao conceito lançado por C. K. Prahalad e Venkat Ramaswamy, *The Future of Competition: Co-Creating Unique Value with Customers* (Boston: Harvard Business Review Press, 2004).
29. https://digital.hbs.edu/platform-digit/submission/my-starbucks-idea-crowdsourcing-for-customer-satisfaction-and-innovation/
30. https://skeepers.io/en/blog/customer-loyalty-increases-starbucks-profits
31. https://www.forbes.com/sites/forbestechcouncil/2019/01/08/dynamic-pricing-the-secret-weapon-used-by-the-worlds-most-successful-companies/?sh=3eadac2a168b
32. https://paradigmlife.net/perpetual-wealth-strategy
33. Philip Kotler, Hermawan Kartajaya e Iwan Setiawan, *Marketing 5.0: Technology for Humanity* (Hoboken: Wiley, 2021).
34. https://www.techopedia.com/definition/31036/webrooming
35. https://hbr.org/1992/07/high-performance-marketing-an-interview-with-nikes-phil-knight
36. https://www.bbc.com/news/entertainment-arts-55839655
37. https://www.singaporeair.com/en_UK/sg/travel-info/check-in/

16 Tecnologia e stakeholders

1. https://www.g2.com/categories/compensation-management#:~:text=Compensation%20management%20software%20helps%20organizations,report%20on%20company%20compensation%20data
2. https://www.paycom.com/resources/blog/paycom-recognized-for-helping-businesses-thrive-in-2020/
3. https://www.cobizmag.com/the-future-of-work-how-technology-enables-remote-employees/
4. https://www.careermetis.com/ways-cloud-computing-improve-employee-productivity/
5. https://www.forbes.com/sites/forbespr/2013/05/20/forbes-insights-survey-reveals-cloud-collaboration-increases-business-productivity-and-advances-global-communication/?sh=295bd24d2a50
6. https://bernardmarr.com/amazon-using-big-data-to-understand-customers/
7. https://www.ibm.com/thought-leadership/institute-business-value/report/ar-vr-workplace
8. https://www.cae.com/news-events/press-releases/cae-healthcare-announces-microsoft-hololens-2-applications-for-emergency-care-ultrasound-and-childbirth-simulators/#:~:text=and%20childbirth%20simulators-,CAE%20Healthcare%20announces%20Microsoft%20HoloLens%202%20applications,care%2C%20ultrasound%20and%20childbirth%20simulators&text=CAE%20Healthcare%20announces%20the%20release,physiology%20into%20its%20patient%20simulators
9. https://www.nytimes.com/2020/03/18/business/customization-personalized-products.html
10. https://3duniverse.org/2020/10/26/how-3d-printing-can-reduce-time-and-cost-during-product-development/
11. https://www.techrepublic.com/article/3-ways-robots-can-support-human-workers/
12. https://www.theverge.com/2020/2/27/21155254/automation-robots-unemployment-jobs-vs-human-google-amazon
13. https://www.oracle.com/internet-of-things/what-is-iot/
14. https://www.forbes.com/insights-inteliot/connecting-tomorrow/iot-improving-quality-of-life/#4add0b2717a5
15. https://www.machinemetrics.com/blog/industrial-iot-reduces-costs
16. https://medium.datadriveninvestor.com/how-manufacturers-use-iot-to-improve-operational-efficiency-2c9192cc9725
17. https://ati.ec.europa.eu/sites/default/files/2020–07/Industry%204.0%20in%20Aeronautics%20%20IoT%20Applications%20%28v1%29.pdf
18. https://www.icas.com/news/10-companies-using-big-data
19. https://digitalmarketinginstitute.com/blog/chatbots-cx-how-6-brands-use-them-effectively
20. https://www.iotworldtoday.com/2021/02/24/how-iot-devices-can-enhance-the-connected-customer-experience/
21. https://www.babycenter.com/
22. https://www.forbes.com/sites/forbesagencycouncil/2020/09/04/10-industries-likely-to-benefit-from-arvr-marketing/?sh=f0461522ed2a
23. https://www.kaspersky.com/resource-center/definitions/what-is-facial-recognition

24 https://www.americanbanker.com/news/facial-recognition-tech-is-catching-on-with-banks
25 *Ibid.*
26 https://www.meetbunch.com/terms/high-touch-support; https://www.providesupport.com/blog/faq-page-customer-self-service-choose-questions-cover/; https://www.forbes.com/sites/theyec/2020/11/12/four-easy-ways-to-increase-customer-loyalty/?sh=3b3edc1e55a1
27 https://hbr.org/2007/02/understanding-customer-experience; https://www.forbes.com/sites/blakemorgan/2019/09/24/50-stats-that-prove-the-value-of-customer-experience/?sh=1484d99f4ef2
28 https://www.seventhgeneration.com/values/mission
29 https://www.symbiosis.dk/en/
30 https://www.forbes.com/sites/justcapital/2018/04/20/these-5-companies-are-leading-the-charge-on-recycling/?sh=7a1727d423ec
31 https://www.unilever.com/reuse-refill-rethink-plastic/
32 https://www.ucsusa.org/resources/benefits-renewable-energy-use
33 https://theconversation.com/what-is-the-social-cost-of-carbon-2-energy-experts-explain-after-court-ruling-blocks-bidens-changes-176255
34 https://www.emg-csr.com/sdg-4–8-shell/
35 https://digitalmarketinginstitute.com/blog/corporate-16-brands-doing-corporate-social-responsibility-successfully
36 https://www.cnbc.com/2021/02/18/why-an-emboldened-walmart-is-looking-to-beyond-retail-for-future-growth.html; https://www.tradegecko.com/blog/supply-chain-management/incredibly-successful-supply-chain-management-walmart#:~:text=Walmart's%20supply%20chain%20management%20strategy,competitive%20pricing%20for%20the%20consumer; https://querysprout.com/walmarts-competitive-advantages/; https://www.thestrategywatch.com/competitive-advantages-wal-mart/
37 https://corporate.walmart.com/purpose/sustainability

17 Excelência pós-operacional

1 Willy C. Shih, Chen-Fu Chien, Chintay Shih e Jack Chang, "The TSMC Way: Meeting Customer Needs at Taiwan Semiconductor Manufacturing Co.", *Harvard Business School Case*, n. 610-003 (2009).
2 https://www.tsmc.com/english
3 Shih, Chien, Shih e Chang, "The TSMC Way".
4 https://www.forbes.com/sites/ralphjennings/2021/01/11/taiwan-chipmaker-tsmc-revenues-hit-record-high-in-2020-stocks-follow/?sh=220c30343077
5 https://www.theguardian.com/commentisfree/2013/jan/15/why-did-hmv-fail
6 https://www.daxx.com/blog/development-trends/outsourcing-success-stories; https://biz30.timedoctor.com/outsourcing-examples/
7 https://www.forbes.com/sites/forbestechcouncil/2021/06/09/why-poland-should-be-the-next-go-to-it-outsourcing-for-us-startups/?sh=40d0dc1a74d9
8 https://jorgdesign.springeropen.com/articles/10.1186/s41469–018–0035–4
9 https://www.magellan-solutions.com/blog/companies-that-outsource-to-india/; https://www.outsource2india.com/india/outsourcing-customer-support-india.asp

10 Shih, Chien, Shih e Chang (2009); https://appleinsider.com/articles/21/11/02/apple-gets-preferential-treatment-in-close-tsmc-partnership
11 Katsuhiko Shimizu e Michael A. Hitt, "Strategic Flexibility: Organizational Preparedness to Reverse Ineffective Strategic Decisions", *The Academy of Management Executive (1993–2005)*, v. 18, n. 4 (nov. 2004), pp. 44-59.
12 https://keydifferences.com/difference-between-supply-chain-and-value-chain.html
13 Referência a Eamonn Kelly e Kelly Marchese. https://www2.deloitte.com/content/dam/insights/us/articles/platform-strategy-new-level-business-trends/DUP_1048-Business-ecosystems-come-of-age_MASTER_FINAL.pdf
14 https://smallbusiness.chron.com/strengths-weaknesses-supply-chain-75987.html
15 https://www.bcg.com/publications/2019/do-you-need-business-ecosystem
16 https://www2.deloitte.com/us/en/insights/focus/business-trends/2015/supply-chains-to-value-webs-business-trends.html
17 https://www2.deloitte.com/us/en/insights/focus/business-trends/2015/supply-chains-to-value-webs-business-trends.html
18 https://www.investopedia.com/terms/b/business-ecosystem.asp
19 https://smallbizclub.com/run-and-grow/innovation/how-is-a-business-ecosystem-a-key-driver-to-success/; https://www2.deloitte.com/content/dam/insights/us/articles/platform-strategy-new-level-business-trends/DUP_1048-Business-ecosystems-come-of-age_MASTER_FINAL.pdf
20 https://www.timreview.ca/article/227 and https://smallbizclub.com/run-and-grow/innovation/how-is-a-business-ecosystem-a-key-driver-to-success/; https://www.tallyfox.com/insight/what-value-business-ecosystem
21 Masaaki Imai, *Gemba Kaizen: A Commonsense Approach to a Continuous Improvement Strategy* (Nova York: McGraw-Hill, 2012).
22 https://www.jbs.cam.ac.uk/wp-content/uploads/2020/08/wp1006.pdf
23 https://www.linkedin.com/pulse/death-value-chain-new-world-order-requires-ecosystem-analysis-shwet
24 Para uma discussão mais aprofundada do mecanismo de coordenação, consulte https://www.bptrends.com/bpt/wp-content/uploads/05–02–2017-COL-Harmon-on-BPM-Value-Chains.pdf
25 Michael A. Hitt, Barbara W. Keats e Samuel M. DeMarie, "Navigating in the New Competitive Landscape: Building Strategic Flexibility and Competitive Advantage in the 21st Century", *Academy of Management Perspectives*, v. 12, n. 4 (nov. 1998). https://doi.org/10.5465/ame.1998.1333922

Epílogo Um vislumbre da próxima curva

1 https://www.weforum.org/agenda/2021/03/gen-z-unemployment-chart-global-comparisons/#:~:text=There%20are%20more%20than%202,about%2027%25%20of%20the%20workforce
2 https://www.cfainstitute.org/en/research/esg-investing#:~:text=ESG%20stands%20for%20Environmental%2C%20Social,material%20risks%20and%20growth%20opportunities.&text=This%20guide%20takes%20fiduciary%20duty,important%20ESG%20issues%20into%20account
3 https://cglytics.com/what-is-esg/

4 https://www.17goalsmagazin.de/en/the-relevance-of-the-sustainable-development-goals-sdgs-for-companies/
5 Christian Sarkar e Philip Kotler, *Brand Activism: From Purpose to Action* (Idea Bite Press, 2021).
6 https://english.ckgsb.edu.cn/knowledges/what-happened-sharing-economy-in-china/
7 https://ellenmacarthurfoundation.org/topics/circular-economy-introduction/overview
8 https://www.imf.org/en/Publications/WEO/Issues/2020/06/24/WEOUpdateJune2020; https://www.imf.org/en/Publications/WEO/Issues/2022/07/26/world-economic-outlook-update-july-2022; www.imf.org/en/Publications/WEO/Issues/2023/07/10/world-economic-outlook-update-july-2023; https://www.imf.org/en/Publications/WEO/Issues/2024/01/30/world-economic-outlook-update-january-2024
9 https://www.imf.org/en/Publications/WEO/Issues/2022/07/26/world-economic-outlook-update-july-2022
10 https://www.bbc.com/worklife/article/20211022-why-were-so-terrified-of-the-unknown

Apêndice Punokawan e Pandava

1 https://ich.unesco.org/en/RL/wayang-puppet-theatre-00063
2 Amaresh Datta, *The Encyclopaedia of Indian Literature* (vol. 2: Devraj to Jyoti). (Nova Déli: Sahitya Akademi, 1988).
3 https://www.indonesia.travel/gb/en/trip-ideas/wayang-s-own-four-musketeers-punokawan
4 https://indonesiar.com/getting-to-know-the-punakawan-characters-petruk-in-javanese-puppetry/
5 https://soedonowonodjoio.family/the-story-of-our-ancestors/dive-into-the-philosophical-meaning-of-gareng,-javanese-puppet-characters.html
6 Claire Holt, *Art in Indonesia: Continuities and Change* (Ithaca: Cornell University Press, 1967).
7 Kanjiv Lochan, *Medicines of Early India* (com apêndice sobre um raro texto da Antiguidade) (Varanasi: Chaukhambha Sanskrit Bhawan, 2003).
8 https://dbpedia.org/describe/?uri=http%3A%2F%2Fdbpedia.org%2Fresource%2FSahadeva
9 https://www.britannica.com/topic/Arjuna
10 https://detechter.com/bhima-who-slayed-all-kauravas-including-duryodhana/
11 https://www.mahabharataonline.com/stories/mahabharata_character.php?id=59

CONHEÇA OS LIVROS DE PHILIP KOTLER

Marketing 4.0

Os 10 pecados mortais do marketing

Marketing 5.0

8 estratégias de marketing para crescer

Marketing empreendedor

Para saber mais sobre os títulos e autores da Editora Sextante,
visite o nosso site e siga as nossas redes sociais.
Além de informações sobre os próximos lançamentos,
você terá acesso a conteúdos exclusivos
e poderá participar de promoções e sorteios.

sextante.com.br